Horst Bosetzky
Streifzüge durch meine Heimat

Horst Bosetzky

Streifzüge durch meine Heimat

Von der Ostsee über Berlin bis zum Spreewald

Jaron Verlag

Originalausgabe
1. Auflage 2017

www.jaron-verlag.de
Umschlaggestaltung: Bauer+Möhring, Berlin, unter Verwendung eines Fotos von Günter Schneider, Berlin
Satz: Prill Partners | producing, Barcelona
Druck und Bindung: CPI books GmbH, Leck

ISBN 978-3-89773-822-5

Inhalt

Zwei literarische Leben: Horst Bosetzky wird 80
von Norbert Jaron *7*

Vorwort *11*

Brandenburg

Die Gosener Berge *15* · Oranienburg *21* · Bad Belzig und Wiesenburg *26* · Bad Freienwalde und Falkenberg/Mark *29* · Am westlichen Ufer der Oder *35* · Groß Pankow und die Prignitz *40* · Ferch und der Schwielowsee *53* · Wildenbruch und der Große Seddiner See *57* · Kyritz und Kampehl *59* · Potsdam und Sanssouci *62* · Brandenburg an der Havel und der Beetzsee *66* · Neuruppin und Fehrbellin *70* · Rheinsberg *75* · Guben *78* · Bohsdorf mit Grodk und Senftenberg *82* · Bad Wilsnack und die Plattenburg *86* · Von Beeskow nach Branitz *90* · Templin *95* · Storkow und der Scharmützelsee *99* · Jüterbog und Kloster Zinna *106* · Der Stechlin *110* · Von Königs Wusterhausen aus *113* · Zwischen Angermünde und Prenzlau *120* · Fürstenberg/Havel *124* · Gransee und Zehdenick *128* · Von Birkenwerder zum Werbellinsee *133* · Lindow und der Wutzsee *142* · Wassersuppe *145* ·

Buckow, Müncheberg und die Märkische Schweiz *150* · Baruth, Dahme und Luckau *154* · Kloster Lehnin, Klaistow und Werder / Havel *157* · Strausberg und der Gamengrund *161* · Erkner, die Löcknitz und der Werlsee *167* · Lychen und Himmelpfort *172* · Kloster Chorin, der Parsteiner See und Bernau *175* · Im Spreewald *180* · Die Krausnicker Berge und Märkisch Buchholz *186*

Dicht hinter Brandenburgs Grenzen

Küstrin und Schloss Tamsel *193* · In den Weiten der Terra Transoderana *199* · Von Zieko zur Lutherstadt Wittenberg *204* · Die Müritz *210* · Die Ostsee mit Göhren, Zingst und Kühlungsborn *213* · Havelberg und Tangermünde *218* · Die Feldberger Seenlandschaft und Carwitz *221*

Berlin

Mein Neukölln *225* · An den Ufern der Havel *230* · Auf dem Campus der Freien Universität Berlin *236* · Westend und das Olympiastadion *240* · Der Kiez Bundesplatz und der Hohe Bogen *245* · In und um Schmöckwitz *251* · Von Tegel bis Heiligensee *257* · Die Müggelberge und der Müggelsee *261* · Die Gropiusstadt und der Britzer Garten *266* · Der Teufelsberg *270* · Die Zitadelle Spandau *273* · Berliner Dampferfahrten *277* · Zoo und Tiergarten *285* · Die Orte meiner Täter und Stadtheiligen *289* · Standort Kudamm-Karree *295* · Zu Besuch in Kreuzberg SO 36 *299* · Frohnau und der Friedhof an der Hainbuchenstraße *306*

Zwei literarische Leben: Horst Bosetzky wird 80

Wenn ein großer Schriftsteller sein 80. Lebensjahr vollendet, darf man ein wenig Rückschau halten – auch wenn man sich, seiner Leserschaft und nicht zuletzt ihm selbst wünscht, dass dem Jubilanten noch viele weitere Jahrzehnte produktiven literarischen Schaffens vergönnt sein mögen.

Horst Bosetzky blickt auf zwei höchst erfolgreiche schriftstellerische Leben zurück. Das erste begann 1971 mit seinem Kriminalroman *Zu einem Mord gehören zwei* und machte ihn innerhalb kürzester Zeit zu einem der bekanntesten deutschsprachigen Krimiautoren. Bosetzkys literarhistorischer Verdienst war, dass er – gemeinsam mit einigen weiteren Schriftstellern wie Hansjörg Martin oder Richard Hey – das Genre nachhaltig in Deutschland voranbrachte. Vormals als Trivialliteratur verschmäht, wurde der Krimi durch diese Autoren gesellschaftsfähig, und zwar in Form eines politisch dezidiert kritischen »Soziokrimis«, der sich thematischer Ansätze bediente, die in den Jahren zuvor in Skandinavien entwickelt worden waren. In schneller Abfolge veröffentlichte Bosetzky über ein Dutzend Erfolgsromane, darunter *Einer von uns beiden* (1972) und *Kein Reihenhaus für Robin Hood* (1979), die verfilmt wurden.

Sein erstes schriftstellerisches Leben ließ Prof. Dr. Horst Bosetzky allerdings einen gewissen -ky führen. Wer sich hinter dem Kürzel verbarg, wussten über Jahre nur einige wenige Eingeweihte im Rowohlt Verlag. Noch befürchtete der angesehene Wissenschaftler, es würde seiner Laufbahn schaden, wenn die Öffentlichkeit erführe, dass er stillheimlich Krimis verfasste. Der Fachwelt war der promovierte Soziologe, der fast drei Jahrzehnte lang an der Fachhochschule für Verwaltung und Rechtspflege in Berlin lehrte, als einer der führenden Köpfe im Bereich der Verwaltungs- und Organisationssoziologie bekannt.

Derlei Befürchtungen waren längst obsolet, als der mittlerweile hochangesehene Schriftsteller Anfang der 1990er-Jahre unter seinem Klarnamen sein zweites literarisches Leben begann. Dieses als sein Verleger begleiten zu dürfen ist mir bis heute eine große Freude. Weit über den Kriminalroman hinausgehend – diesen aber nie vernachlässigend –, erschrieb sich Bosetzky den Ruf des wohl erfolgreichsten Berliner Unterhaltungsschriftstellers unserer Zeit.

Unsere Zusammenarbeit begann mit einem Flop. Daran trugen aber weder Autor noch Verleger die Schuld, sondern der berüchtigte »Kaufhauserpresser Dagobert«, dessen Identität von der Polizei gelüftet wurde, als wir gerade einen höchst vergnüglichen Erzählband veröffentlicht hatten, der sich augenzwinkernd die Frage stellte, wer wohl hinter Dagobert stecke.

Unserem größten gemeinsamen Reinfall folgte unser größter gemeinsamer Erfolg: der autobiografisch geprägte Familienroman *Brennholz für Kartoffelschalen* (1995). In ihm kam einer der wohl wichtigsten literarischen Fertigkeiten des Autors zum Tragen, die noch viele weitere seiner Werke bestimmen sollte: seine unvergleichliche Art, Lokal- und Zeitkolorit einzufangen. Von klein auf ein sehr aufmerksamer Beobachter seiner Umwelt, schaffte er es auf beispiellose Weise, ein äußerst lebendiges Abbild der Berliner Nachkriegszeit zu zeichnen.

Seine Fähigkeit, im Einzelnen das Allgemeine erkennbar werden zu lassen, mit kleinen Strichen gesellschaftliche Zustände und eine bestimmte Ära gegenwärtig zu machen, bestimmt neben seinen zahlreichen Familienromanen auch seine dokumentarischen Spannungsromane. Einige von denen gehören zu dem literarisch Besten, was Bosetzky in den letzten 25 Jahren geschaffen hat: *Wie ein Tier* (1995), *Der kalte Engel* (2002) oder *Der Teufel von Köpenick* (2009). Mit psychologischem Gespür machte der Autor in diesen Romanen das Denken und Fühlen von Menschen plausibel, die sich furchtbarster Verbrechen schuldig gemacht hatten. Dasselbe Feingefühl für die Beweggründe seiner Figuren kam aber auch zum Ausdruck, wenn er sich in seinen biografischen Romanen den großen Persönlichkeiten der Berliner Geschichte zuwandte, so in *Kempinski erobert Berlin* (2010).

Ganz dem Krimi abgeschworen hat der Autor aber auch in seinem zweiten schriftstellerischen Leben nicht. Im Gegenteil, 2007 begründete er mit dem Jaron Verlag die erfolgreichste Berliner Krimiserie unserer Zeit: *Es geschah in Berlin*, Kennern als »Kappe-Reihe« bekannt.

Was für ein Buch sollte sich der Jaron Verlag von seinem wichtigsten Romanautor zu dessen Geburtstag wünschen? Drei Passionen ziehen sich durch Horst Bosetzkys Leben. Die erste heißt Fußball. Darüber lassen sich leider nur schwer gute belletristische Bücher machen (auch wenn wir es mal versuchten: mit dem weithin vergessenen Roman *Kante Krümel Kracher*, 2004). Seine zweite Passion ist der öffentliche Nahverkehr. Über den hat Horst Bosetzky schon so manches schöne Buch verfasst (zuletzt *Mit Genuss in Taxe, Bahn und Bus*, 2016). Also setzten wir auf seine dritte Leidenschaft: die unermüdliche Erkundung seiner geliebten Heimatregion. Wer wie ich oft das Glück hatte, ihn über die Landschaften und Seen, Städte und Flecken vor allem Brandenburgs erzählen zu hören, weiß, wie viel Interessantes er zu berichten weiß. Das Lesenswerteste davon hat er nun zu Papier gebracht. Entstanden ist eine höchst vergnügliche literarische Reise von der Ostseeküste über Berlin bis zum Spreewald – und zugleich eine Art Quintessenz eines bewegten Lebens.

Lieber Horst, mein Verlagsteam und ich ganz besonders danken dir für dieses Buch und für all die anderen Werke, die wir mit dir realisieren durften. Wir wünschen uns und deinen Lesern, die gar nicht genug bekommen können von deinen mal spannenden, mal tiefgründigen, mal humorvollen, immer aber höchst unterhaltsamen Büchern, dass dir noch so manches schriftstellerische Glanzstück gelingen möge.

Norbert Jaron

Vorwort

Die Anregung zu diesem Buch stammt von meinem verehrten Verleger Dr. Norbert Jaron. Ich hätte mich aber nicht an die Arbeit gemacht, wenn ich nicht zeitgleich in dem Buch *Je älter desto besser* von Ernst Pöppel und Beatrice Wagner auf eine Abhandlung über das episodische Gedächtnis gestoßen wäre, in der es unter anderem heißt: *Das episodische Gedächtnis ist eine der drei Wissensformen, aus denen sich das Langzeitgedächtnis zusammensetzt. Hier werden ausschließlich Bilder und Episoden aus der eigenen Biografie gespeichert, die einen emotionalen Stellenwert für uns haben.* Ich möchte auf den folgenden Seiten die Orte beschreiben, zu denen es mich immer wieder hinzieht und an denen ich »faustische Augenblicke« erlebe: *Verweile doch! du bist so schön!*

Passend für ein Vorwort ist auch ein Zitat von Otto von Bismarck aus dem Jahre 1847: *Wie schön ist es, eine Heimat zu haben und eine Heimat, mit der man durch Geburt, Erinnerungen und Liebe verwachsen ist.* Ich sehe Berlin als meine Heimat an und nehme noch Brandenburg und die Terra Transoderana dazu, aber auch Teile von Mecklenburg-Vorpommern, Sachsen und Sachsen-Anhalt. Alle haben sie mit mir das getan, was Heimaten mit einem Menschen machen: Sie sozialisieren ihn, prägen seinen Charakter, seine Mentalität und seine Einstellungen, kurzum, sie schaffen seine Ich-Identität und sorgen für seine Abgrenzung gegenüber dem, was ihm nicht Heimat ist, also der Fremde.

Für mich hat es vor allem zwei Anlässe gegeben, durch meine Heimat zu wandern: die Einladungen zu Lesungen und die allmonatliche Gruppenwanderung mit Freunden und Verwandten. Durch Brandenburg bin ich bereits als Kind unzählige Male gestreift – in Gedanken. Auch als West-Berliner zur DDR-Zeit habe ich wieder und wieder in einem Heft geblättert, das schon meinen Vater geleitet hatte: in dem von ihm für zwei Mark gekauften *Kartenbuch für Fahrt und Wanderung – 1000 Wege um Berlin*, herausgegeben von der *Berliner Morgenpost*. Es ist undatiert, muss aber zwischen 1930 und 1940 erschienen sein.

Mit den Gosener Bergen will ich anfangen, weil es heißt, dass ich dort gezeugt worden bin, und mit dem Frohnauer Friedhof schließen, weil ich dort einmal begraben sein werde.

Es muss aber vor Beginn des ersten Streifzugs noch gesagt werden, dass ich dieses Buch nicht für mich schreibe, sondern für möglichst viele meiner lieben Mitmenschen, die lohnende Ziele für ihre Ausflüge in das weitere Berliner Umland suchen oder interessante Kieze in der Stadt selbst, die ihnen noch unvertraut sind.

Brandenburg

Die Gosener Berge

Ich habe in »meinem« Gosen nie gelebt, aber es geht die Sage, dass ich auf den Höhen der Gosener Berge gezeugt worden bin. Es muss im Mai 1937 gewesen sein. Zu Hause hatten es meine Eltern schwer, sich ungestört zu lieben, denn in ihrer Familien-WG am Neuköllner Weichselplatz lebten sie mit den Eltern meiner Mutter, meinem Urgroßvater sowie der Schwester meiner Mutter nebst deren Mann zusammen. Nur in ihrem Faltboot waren sie allein. Allerdings, ich hatte selbst solch ein Boot und wage die These, dass sich mitten auf einem Gewässer nur erfahrene Akrobaten erfolgreich paaren können. Also werden meine Eltern, Hildegard und Otto, von Schmöckwitz her über den Seddinsee kommend, wohl auf Gosener Territorium angelegt und sich in einer schützenden Sandkuhle unter märkischen Tannen ans Werk gemacht haben.

Gosen, heute Gosen-Neu Zittau, liegt im Bundesland Brandenburg, das am nordöstlichen Ufer des Seddinsees so richtig imperialistisch dem großen Berlin ein Stück Land abgenommen hat. Gegründet worden sein soll es im Jahre 1752 von Friedrich dem Großen als »Spinnerdorf«. Nicht etwa, dass der Preußenkönig die damalige Kreativszene Berlins hierher umsiedeln wollte – nein, es sollten hier Maulbeerbäume angepflanzt und ihre Wolle versponnen werden. Die Gosener Berge nun, bis zu achtzig Meter hoch, gehören zum Teil noch zu Berlin. Dies gilt auch für das Areal, auf dem in den Jahren 1905/06 das Ausflugslokal »Schillerwarte« mit einem Aussichtsturm errichtet worden ist. Diese Schillerwarte war für mich, als wir über den Seddinsee schipperten und ich als Kleinkind vorn im Faltboot meiner Eltern saß, etwas so Großartiges, dass ich sie heute noch deutlich vor Augen habe, wenn ich in Friedrich Schillers *Die Kraniche des Ibykus* lese: *Schon winkt auf hohem Bergesrücken / Akrokorinth des Wandrers Blicken …* Leider ist die Schillerwarte in den 1970er-Jahren verfallen und abgetragen worden, und Akrogosen ist heute nur noch eine chaotische Wildnis. Aber gleich nach der deutschen Wiedervereinigung haben sich meine Wanderfreunde und ich, nachdem wir mehrere verrostete Zäune überwunden hatten, noch unter der berühmten Wurzelkiefer gegenseitig fotografiert.

Der Blick ringsum ist, sofern man eine Sichtschneise gefunden hat, noch immer faszinierend, und es kommt einem das Heimatlied des Neu Zittauer Hauptlehrers Gause in den Sinn:

Stehst du am Rande jener Hügel,
da wo die Heide weit sich dehnt,
hättest dem Schauen weite Flügel
für diesen Anblick schnell entlehnt.
Vorn ducken sich die Häuser nieder,
dort hinten schlängelt sich der Fluss.
Wald, Wiese, Hügel grüßen wieder
– ein prächtig Bild, das ewig bleiben muss.

Gosen klingt nach Bibel. Der Pharao bot Joseph an, sich mit seinem Vater und seinen Brüdern in diesem besten Teil des Landes anzusiedeln: … *du sollst im Lande Gosen wohnen und nahe bei mir sein* … (2. Buch Mose, 45,10). Manche allerdings nehmen an, dass Gosen im Osten des alten Nildeltas lag.

Vielleicht hat diese Verbindung zwischen Brandenburg und Ägypten Ernst Lubitsch im Jahre 1922 bewogen, bei den Dreharbeiten für seinen Film *Das Weib des Pharao* in die Gosener Berge zu gehen und hier die Schlachtszenen zwischen den Ägyptern und den Nubiern spielen zu lassen (so jedenfalls der *Tagesspiegel* vom 25. Januar 2017, für den allerdings die Äthiopier die Gegner des Pharao sind).

Die Gosener Berge sind auch ein Stück deutscher, genauer ein Stück DDR-Geschichte: In ihren Tiefen verbargen sich die Bunkeranlagen der zentralen Diensteinheiten des Ministeriums für Staatssicherheit, und am Rande Gosens erstreckten sich die Gebäude der MfS-Hochschule zur Ausbildung von Auslandsagenten.

Einige Hundert Meter von der Stelle entfernt, auf der einst die Schillerwarte stand, gab es ein Hotel- und Kongresszentrum, in dessen großem Saal ich am 21. Juni 1991, organisiert von der Humboldt-Universität, am frühen Vormittag einen organisationssoziologischen Vortrag halten sollte. Anzureisen war schon einen Tag vorher, also am Donnerstag, dem 20. Juni 1991. An ebendiesem Tage wurde im Bonner Bundestag bis in den späten Abend darüber diskutiert, ob man nun nach erfolgter Wiedervereinigung den Parlaments- und Regierungssitz nach Berlin verlegen solle oder nicht. Die Debatte dauerte zehn Stunden und wurde in die Lobby des Hotels übertragen. Für mich als geborenen und bekennenden Berliner war das spannender als jedes Fußball-WM-Endspiel mit deutscher Beteiligung. Endlich nahm der Bundestag den Antrag zur »Vollendung der Einheit Deutschlands« mit 338 zu 320 Stimmen an. Hurra! Wolfgang Schäubles Rede hat wohl den Ausschlag für Berlin gegeben, und ihn liebe ich, obwohl seit 51 Jahren SPD-Genosse, noch heute dafür.

Nach Gosen, so sehe ich gerade auf meiner Karte, kann man mit dem Bus der Linie 369 von Müggelheim aus anreisen, aber auch von Erkner aus mit dem 424er-Bus, der bis zur Haltestelle Schillerhöhe fährt. Den habe ich wohl genommen, als ich vor etwa zwanzig Jahren zu einer Lesung in der Heimatstube Gosen, einem kleinen Museum, angereist bin.

Wer als Kenner der Gegend den Namen Gosen hört, denkt sofort an den Gosener Graben und den Gosener Kanal. Beide verbinden den Seddin- mit dem Dämeritzsee, aber der eine ist Natur pur, der andere eine schnurgerade künstliche Schifffahrtsstraße.

Wenn ich von Schmöckwitz her mit schon etwas müden Paddelschlägen an das Ende des Seddinsees gekommen war, ging es links in den Kanal und rechts, nicht leicht zu finden, in den Graben. Erst kam die Straßenbrücke, dann das Forsthaus Fahlenberg. Ein paar Hundert Meter weiter begann das Sumpf- und Wiesengebiet, das man auch als ein Delta der Spree bezeichnen kann oder als einen Spreewald en miniature. Rechts mündete ein schmaler Wasserlauf, kaum breiter, als ein Paddel lang ist, in den Gosener Graben. In den bin ich etwa 1956 mit meinem Vater an Bord eingebogen, aus reiner Neugier. Wir paddelten immer parallel zur Gosener Landstraße entlang und mussten uns im Boot lang ausstrecken, um unter einem niedrigen Holzsteg hindurchzukommen. Plötzlich ein Aufschrei. Oben auf der Straße stand ein schwarz-rot-goldenes Schilderhäuschen der DDR-Grenzpolizei, denn hier verlief die Grenze zwischen Ost-Berlin und der DDR – und in diese einzureisen, hätte uns als West-Berlinern eine saftige Strafe eingebracht. Was nun? Zu wenden war in dem engen Rinnsal unmöglich. Also paddelten wir im Rückwärtsgang wieder zum Gosener Graben.

Vom Gosener Graben zweigte auch der sogenannte Große Strom ab, und auf dem erreichte man in der Nähe von Schönschornstein die richtige Spree. Nebenbei: Aus Schönschornstein bei Erkner kommt auch Paul Quappe, der in den Romanen der Reihe *Es geschah in Preußen* als komischer Hausdiener eine dankbare Nebenrolle spielt.

Auf den nächsten Kilometern gab es dann seltene Tiere, Pflanzen und Bauern zu bestaunen. Letztere beim Heumachen. An einigen kleinen »Ablagen« – so wurden früher sandige Stücke am Ufer genannt – konnte man gut anlegen und Pause machen, jedenfalls so lange, bis eine offenbar nicht ganz ausgelastete untere Behörde der DDR beschlossen hatte, den Gosener Graben mittels einer Spundwand aus eingeschlagenen Pflöcken von seiner Urwüchsigkeit zu befreien. Das hinderte uns aber nicht daran, aus dem Boot zu steigen, um unser Margon-Tafelwasser aus dem Schmöckwitzer Konsum zu trinken. Belegte Brote hatten wir uns immer aus Schmöckwitz mitgebracht. Bei einer Fahrt mit dem Frohnauer Freund Dr. Jürgen Zingler aus West-Berlin hatte ich stattdessen einen Müsliriegel dabei. Als ich in den biss, schrie ich derart auf, dass mein Begleiter, der Internist war, befürchtete, ich hätte einen Herzinfarkt erlitten. Doch ich hatte nur eine teure Brücke aus ihrer Verankerung gelöst und sie um ein Haar verschluckt. »Das wäre ein schöner Bolustod für dich gewesen und hätte dir als Kriminalautor hohe PR-Werte gebracht«, sagte er gelassen. »Allerdings hätte ich dich mit dem Heimlich-Handgriff noch gerade gerettet.«

Bisweilen schlugen wir bei der Fahrt durch den Gosener Graben wild um uns. Die Bremsen hatten uns entdeckt und wollten ihre stilettartigen Saugrüssel in unsere Rücken versenken. Schafften sie es und delektierten sich an unserem Blut, dann hatte man es stundenlang mit irre juckenden »Flatschen« auf der Haut zu tun. Gosen war nichts für Mimosen.

Vom Gosener Graben kam man auf den Dämeritzsee. Durch ihn verlief die Grenze zwischen Ost-Berlin und der DDR, und auf einem Prahm saßen die Grenzposten, um die Papiere zu kontrollieren. Wir West-Berliner mussten nach links abbiegen, wo sich in Hessenwinkel an einem Arm der Müggelspree gut rasten ließ. Zurück nahmen wir dann, ausgebremst im Graben, lieber den Weg über den insektenfreien Kanal.

Oranienburg

Oranienburg ist für mich fast ein Jahrzehnt lang ein Ort der Sehnsucht gewesen, denn als ich 1982 nach Frohnau gezogen war, lag es zwar recht nahe, aber schier unerreichbar hinter Stacheldraht und Grenzsperren. Die S-Bahn fuhr nur bis Frohnau, und nördlich des Bahnhofs war der stillgelegte Bahndamm ein beliebter Spazierweg mit freiem Blick in die grünen Weiten der DDR. Meine Ost-Berliner Verwandten belehrten mich, dass der Ort O-Burg hieße, wie man auch KW für Königs Wusterhausen sage. Ich nenne Oranienburg manchmal Bötzow und werde dann angesehen, als hätte nun auch mich die Altersdemenz gepackt.

Der Ort, eine slawische Siedlung, wurde im Jahr 1216 als Bothzowe erstmals urkundlich erwähnt. Nachdem die Christen das Gebiet erobert hatten, bauten sie in Bötzow, so der »eingedeutschte« Name, eine Burg, die der brandenburgische Kurfürst Joachim II. später zu einem Jagdschloss umbauen ließ. Fünf Generationen später, im Jahre 1650, schenkte der berühmte Große Kurfürst die Domäne Bötzow seiner Gattin Louise Henriette, die dem Hause Oranien entstammte, und ließ an alter Stelle ein neues Schloss in holländischem Barock errichten: Oranienburg.

Nachdem während des 19. Jahrhunderts die Chemische Produkten-Fabrik das Gebäude genutzt hatte und später ein Lehrerseminar hier eingezogen war, musste das Schloss ab 1933 als SS-Kaserne herhalten. Die militärische Nutzung dauerte nach dem Ende der NS-Diktatur an: Nun machten sich die Rote Armee sowie in der DDR-Zeit die Kasernierte Volkspolizei und die Grenztruppen im Schloss breit. Heute ist der älteste Barockbau in Brandenburg Museum und Kulturstätte. In den 1990er-Jahren durfte ich hier einmal zu einer Lesung verweilen.

O-Burg liegt an einem See – aber nicht, wie man denken sollte, am Oranienburger See, sondern am Lehnitzsee. Der hat die Form eines Magens, erstreckt sich über 2,3 Kilometer in Nord-Süd-Richtung und ist mal 250, mal 400 Meter breit.

Am südlichen Ende des Sees fließt die Havel weiter Richtung Elbe, und S- und Regionalbahn überqueren den Fluss auf einer mächtigen Brücke. Unter der kann man auf einem schmalen Weg an der hier kanalartigen Havel entlanggehen. Ein schützendes Gitter gibt es nicht, und unter der Kaimauer scheint in der Dunkelheit der Hades zu lauern. Dorthin wurde ich einmal vom RBB beordert, damit mich Uwe Madel für seine Fernsehsendung *Täter – Opfer – Polizei* interviewen konnte. Mich packt heute noch die Angst, wenn ich daran zurückdenke.

Steigt man in Lehnitz aus der S-Bahn, kann man von seinem südlichen Zipfel aus fast ganz um den See herumwandern. An seinem nördlichen Ende mündet er in die Havel-Oder-Wasserstraße, und mit Blick auf die Lehnitzschleuse kann man den Kanal auf einer Brücke überqueren. Die L273 wird hier zur O-Burger Magistrale, der Bernauer Straße, zur DDR-Zeit Straße des Friedens. Auf ihr erreicht man nach wenigen Hundert Metern die Gedenkstätte und das Museum Sachsenhausen. Oranienburg kann sich glücklich schätzen, dass sein Name meist zuerst mit dem Schloss assoziiert wird – und erst dann mit dem Konzentrationslager. Unzählige Menschen sind hier gequält worden, wie etwa Jurek Becker, oder ermordet, wie der Hitler-Attentäter Georg Elser. Gott, was wäre der Welt an Schrecken und Elend erspart worden, hätte er am 8. November 1939 im Münchener Bürgerbräukeller sein Werk vollenden können!

Am Ufer des Lehnitzsees kann man im »Eiscafé Dietrich« einkehren und versuchen, die dunkelste Epoche deutscher Geschichte zu verdrängen. So ganz wird das aber nie gelingen, zumal in und um O-Burg regelmäßig nicht explodierte Bomben aus dem Zweiten Weltkrieg gefunden werden, die aufwendig entschärft werden müssen. Weil hier viele Chemie- und Rüstungsbetriebe ansässig waren, war die Stadt ein vorrangiges Ziel der Luftangriffe der Alliierten. Es soll Berliner geben, die sich wegen der ständig gefundenen Blindgänger weigern, nach O-Burg zu fahren.

Wagt man den Ausflug dennoch und steigt an der Endhaltestelle Oranienburg aus der Berliner S-Bahn, sticht einem sofort der riesige Komplex des Gymnasiums F. F. Runge ins Auge. Gleich nach der Wiedervereinigung sind hier auch etliche sitzengebliebene Schüler aus den Nordberliner Ortsteilen Frohnau und Hermsdorf untergekommen. Weil es damals in Brandenburg nur 12 Schuljahre gab, in West-Berlin aber noch 13, konnten sie dann im selben Jahr ihr Abitur machen wie ihre ehemaligen Klassenkameraden.

Rechts vom Gymnasium beginnt die Willy-Brandt-Straße. Gehen wir die hinunter, können wir unter Umgehung der Hauptstraße über den Louise-Henriette-Steg den Schlossplatz erreichen. Ganz hier in der Nähe muss der Ort gelegen haben, an dem mein Ost-Berliner Freund und Kollege Jan Eik und ich gleich nach der friedlichen Revolution gemeinsam lesen sollten. Die Gastgeberin machte es sich leicht und bat uns, als wir vorn am Lesetisch nebeneinander Platz genommen hatten, uns doch bitte selbst vorzustellen. Auf mich zeigte sie zuerst. Und so sagte ich: »Mein Name ist Jan Eik, eigentlich Helmut Eikermann, geboren am 16. August 1940 in Berlin, und ick jloobe, det hört man ooch. Eigentlich bin ich Diplomingenieur für Informationstechnik, seit 1987 aber freiberuflicher Autor. Ich hoffe, Sie kennen meine beiden Kriminalromane hier.« Die lagen vor uns auf dem Tisch, und ich brauchte sie nur hochzuheben. »*Das lange Wochenende*, Verlag Neues Leben, Berlin 1975, und *Poesie ist kein Beweis*, 1986, erschienen in der DIE-Reihe.«

Danach stellte sich Jan Eik als Horst Bosetzky vor. Zu unserem Entsetzen durchschaute lange Zeit keiner, was da gespielt wurde.

Fällt das Wort Oranienburg, dann rufen viele sofort: »Ah, Eden!« Gemeint ist dabei aber nicht Rolf Eden mit seinem Berliner Nachtklub, sondern die Oranienburger »Gemeinnützige Obstbau-Siedlung Eden«, 1893 gegründet und ausgerichtet auf naturnahes und gesundes Leben.

Eine möglichst nachhaltige Genesung mit der Option auf ein gesundes Leben versuchte auch die Lungenheilstätte am Grabowsee zu gewährleisten, an welche ich als Lungenkranker sofort denken muss. An ihren Zäunen haben wir nach der Wiedervereinigung bei unseren Ausflügen von Frohnau aus oft gestanden. Bis 1995 war sie noch russisches Lazarett, dann begann sie langsam zu zerfallen. Heute wird die Anlage gern als Filmkulisse genutzt.

Auch Friedrichsthal sollte man besuchen und sich den Malzer Kanal mit seinen Schleusen ansehen. In der Friedrichsthaler Kirche wirkte der spätere evangelische Bischof und Ratsvorsitzende der Evangelischen Kirche in Deutschland Kurt Scharf von 1933 bis 1945 als Pfarrer.

KW und O-Burg – diese DDR-Kürzel haben sich in meinem Gedächtnis derart festgesetzt, dass ich zu raten beginne, als mein Cousin Curt mir sagt, seine Tochter sei in SPO. »Sperenberg-Ost oder Spremberg-Ost?«

»Nein, Sankt Peter-Ording.«

Bad Belzig und Wiesenburg

»Treffpunkt Bad Belzig. Wir gehen am Sonnabend durch die Rummel«, verkündet unser Wanderführer.

»*Über den* Rummel!«, schreien da reflexartig die Kenner der deutschen Hochsprache, den Rummelplatz meinend.

Doch der Mann hat recht, obwohl das Wort nicht einmal im Duden zu finden ist. Die Rummel ist eine im Hohen Fläming gebräuchliche Bezeichnung für die hier anzutreffenden periglazialen Trockentäler wie beispielsweise die Rummel »Steile Kieten« zwischen Preußnitz und Bad Belzig und die »Brautrummel« bei Grubo.

Neben Freienwalde, Liebenwerder, Saarow und Wilsnack wurde im Bundesland Brandenburg auch Belzig mit dem Beinamen Bad geadelt. Das Städtchen liegt inmitten des Naturparks Hoher Fläming und verfügt mit dem Hagelberg über eine der höchsten Erhebungen im Norddeutschen Tiefland. Zudem findet man in seiner Nähe eines der letzten Refugien der Großtrappe in Deutschland. Interessant ist auch, dass der geografische Mittelpunkt der DDR zwischen Weitzgrund und Verlorenwasser – heute Teile des Stadtgebiets – gelegen hat. Verlorenwasser heißt aber nicht nur ein Ortsteil von Bad Belzig, sondern auch ein Flüsschen, das in Richtung Havel fließt.

Was ist an Bad Belzig besonders erwähnenswert? Erstens,

dass Martin Luther hier 1530 in der Marienkirche gepredigt hat, zweitens, dass es 1547 im Schmalkaldischen Krieg von spanischen und 1636 im Dreißigjährigen Krieg von schwedischen Truppen zerstört worden ist, und drittens, dass sich hier die Burg Eisenhardt befindet. Die ist das Highlight der Stadt. Die slawischen Heveller hatten an ihrem Standort einen Burgwall errichtet, den Albrecht der Bär 1157 für die Askanier eroberte. Später ließ der Graf Siegfried von Belzig dann die massiv gebaute romanische Steinburg errichten. Den imposanten Bergfried, den »Butterturm«, im Innenhof der Burg kann man erklimmen, es sei denn, man leidet wie ich unter Höhenangst und hat nicht mehr genügend Kraft in den Oberschenkeln. Die Ringmauer und das Heimatmuseum sind einen Rundgang wert, ein wahres Erlebnis ist es aber, im Innenhof der Burg Eisenhardt zu sitzen, zu speisen und zu trinken und den Panoramablick zu genießen. Voller Glück können wir dann singen:

O Täler weit, o Höhen,
O schöner grüner Wald,
Du meiner Lust und Wehen
Andächtger Aufenthalt.

Nicht nur der Butterturm, auch der zweihundert Meter hohe Hagelberg will erklommen sein. Auf dem haben sich in den Befreiungskriegen im Vorfeld der Völkerschlacht bei Leipzig am 27. August 1813 die Preußen und die Franzosen in der sogenannten Kolbenschlacht bekriegt. Deren Name rührt daher, dass die Soldaten überwiegend mit Bajonetten und Gewehrkolben kämpfen mussten, weil wegen Dauerregens die Pulver und Gewehre feucht geworden waren. Als es schon so aussah, als würden die Preußen verlieren, erschienen die Russen auf dem Hagelberg und retteten ihnen den Sieg. Es gab Tausende von Toten und Verwundeten.

Auch ich erlitt eine Verwundung, nachdem ich den Hagelberg mit meiner Wandergruppe bestiegen hatte, jedoch nicht durch den Stich eines Bajonetts, sondern durch die Klinge meines Taschenmessers. Ich hatte mir einen Apfel mundgerecht zerteilen wollen, schrie auf wie ein preußischer Landsturmmann und wälzte mich filmreif im Grase. Zum Glück hatten wir einen Arzt in unserer Mitte, der meine Wunde kunstgerecht verbinden konnte.

Ist man schon einmal in Bad Belzig, lohnt es sich, auch das nahegelegene Wiesenburg zu besichtigen. Nach rund zweieinhalb Stunden Fußmarsch ist man vor Ort und kann das im Stil der Neorenaissance erbaute Schloss bewundern und im Schlosspark flanieren. Vom Bahnhof Wiesenburg ist man mit einem Zug der Linie RE7 in etwas mehr als einer Stunde wieder am Berliner Bahnhof Zoo.

Bad Freienwalde und Falkenberg / Mark

Der Name Bad Freienwalde (Oder) ist etwas irreführend, denn die Stadt liegt nicht, wie man annehmen könnte, an der bekannten großen Oder, sondern an der vergleichsweise kümmerlichen Alten Oder am Nordwestrand des Oderbruchs. Da hier das Barnimplateau beginnt, finden wir im Stadtgebiet Höhenunterschiede von bis zu 150 Metern.

Als wir Bad Freienwalde um das Jahr 2005 zum ersten Mal erwandern wollten, trafen wir uns auf dem Marktplatz mit der Stadtpfarrkirche St. Nicolai und dem Rathaus. Von dort gingen wir die leicht ansteigende Uchtenhagenstraße entlang. Die Uchtenhagens sind ein altes Adelsgeschlecht, und ihr Name ist ab 1250 in alten Urkunden zu finden. Beim Wegweiser *Fontane-Wanderweg* bogen wir nach rechts ab und stiegen zwischen mehreren Grundstücken einige Stufen hinauf. Wir erklommen einem Hang mit Buchen- und Eichenwäldern, und ich habe schnell die Orientierung verloren. Meistens versperrte dichtes Gebüsch den Blick auf die Stadt. Angesteuert haben wir vier Aussichtstürme, und wer mit einem Turm-Ticket alle bestieg, dem wurde ein Turm-Diplom verliehen. Darauf verzichtete ich mit der Begründung, schon ein Diplom zu haben, wenn auch nur das 1968 an der Freien Universität Berlin erworbene für Soziologen.

Den Aussichtsturm auf dem Galgenberg bestieg ich aber doch, und das hinterließ bei mir einen solchen Eindruck, dass ich einen der Protagonisten der Krimi-Reihe *Es geschah in Berlin* nach ihm benannt habe, nämlich den Assistenten des Kriminalkommissars Hermann Kappe: Gustav Galgenberg. Det is een richtija Berliner, der tut lupenrein berlinern und hat ooch alle Sprüche druff wie etwa: »Wer Jott vatraut und Bretta klaut, der hat 'ne billje Laube.«

Dann entdeckte ich etwas, das mir aus Bayern, Österreich und Holmenkollen gut bekannt ist, das ich aber nie und nimmer im Landkreis Märkisch-Oderland vermutet hätte: Skisprungschanzen. Drei davon gibt es hier im Papengrund, und auf der ältesten Schanze ist Birger Ruud, der Olympiasieger von 1936, den Rekord von sage und schreibe 40,5 Metern gesprungen.

Bad Freienwalde liegt mir auch deshalb am Herzen, weil mein Freund Volker Panecke dort aufgewachsen ist und er mich ins Redaktionskollegium des Jahrbuchs *Viadrus* geholt hat, das den Untertitel *Heimatbuch für Bad Freienwalde (Oder) und Umgebung et Terra Transoderana* trägt. Zum siebenhundertsten Stadtjubiläum (1316–2016) wurde das Sonderheft *Freyenwaldia* herausgegeben, in dem alles Wissenswerte über Bad Freienwalde nachzulesen ist. Spiritus Rector des Ganzen war der Ortschronist und Augenarzt Dr. Ernst-Otto Denk, und ein jeder Besuch in seiner Stadt ist damit ein denkwürdiger.

Zu Bad Freienwalde gehört auch die Ansiedlung Schiffmühle. Dort verweile ich gern, da mich dieser Ort ganz besonders an meinen Lieblingsdichter Theodor Fontane erinnert. Immer wieder lese ich Fontanes autobiografischen Roman *Meine Kinderjahre* und werde im Folgenden auch mehrfach aus dem 16. Kapitel (*Vierzig Jahre später*) zitieren. Aber recht eigentlich höre ich Fontane-Texte viel lieber – vorausgesetzt, sie werden so vollendet vorgetragen wie von Gert Westphal –, beispielsweise diese Sätze über Fontanes Vater:

Er wohnte damals, schon zehn oder zwölf Jahre lang, in Nähe von Freienwalde, und zwar in einer an der alten Oder gelegenen Schifferkolonie, die den Namen »Schiffmühle« führte und ein Anhängsel des Dorfes Neu-Tornow war. Vereinzelte Häuser lagen da, in großen Abständen voneinander, an dem träg vorüberschleichenden und von gelben und weißen Mummeln überwachsenen Flusse hin, während sich, unmittelbar hinter der Häuserreihe, ziemlich hohe, hoch oben mit einem Fichtenwalde besetzte Sandberge zogen. Genau da, wo eine prächtige alte Holzbrücke den von Freienwalde heranführenden Dammweg auf die Neu-Tornow'sche Flußseite fortsetzte, stand das Haus meines Vaters.

Und da steht es heute noch, an die 150 Jahre später.

Louis Henry Fontane wurde am 24. März 1796 in Berlin geboren und starb am 5. Oktober 1867 in Schiffmühle. Sein Vater, Theodor Fontanes Urgroßvater, ist unter anderem Kabinettssekretär der legendären Königin Luise von Preußen gewesen. Louis Henry Fontane hat in Berlin das Gymnasium zum Grauen Kloster besucht und in der Leipziger Straße eine Apothekerlehre absolviert, war aber zwischenzeitlich Soldat. Am 2. März 1813 hat er in der Schlacht bei Großgörschen trotz seiner französischen Wurzeln gegen Napoleons Truppen gekämpft hat und ist von einer Kugel getroffen worden, die jedoch in seiner Brieftasche stecken blieb. Später musste er aufgrund von hohen Spielschulden seine Apotheke in Neuruppin verkaufen. Eine Zeichnung von Hellmuth Raetzer zeigt ihn so, wie er im Erinnerungsbuch seines berühmten Sohnes beschrieben wird: *Auf dem Kopfe saß ein Käpsel, grün mit einer schwarzen Ranke darum …*

Sein Grabstein ist heute von Moosen und Flechten überwachsen. Die Inschrift lautet schlicht und einfach: *Louis Hanri Fontane.* Weder Daten noch Fakten sind darauf zu finden.

Schiffmühlen sind Wassermühlen. Da die träge dahinfließende Alte Oder alles andere als ein wild rauschender Bach ist, fragt man sich, wie mithilfe ihrer Wasserkraft bis 1770 Mehl gemahlen worden sein soll. Heute ist das kleine Fontanehaus in Schiffmühle ein Museum. Besucht man es, kann man sich das Ende der *Kinderjahre* bildlich vorstellen:

Als 5 Uhr heran war, mußt' ich wieder fort. »Ich begleite Dich noch«, und so bracht er mich bis über die Brücke.
»Nun lebewohl und laß Dich noch mal sehen.« Er sagte das mit bewegter Stimme, denn er hatte die Vorahnung, daß dies der Abschied sei.
»Ich komme wieder, recht bald.«
Er nahm das grüne Käpsel ab und winkte.
Und ich kam auch bald wieder.
Es war in den ersten Oktobertagen und oben auf dem Bergrücken, da, wo wir von »Poseidon's Fichtenhain« gescherzt hatten, ruht er nun aus von Lebens Lust und Müh.

Bad Freienwalde ist mit Falkenberg/Mark wie mit einem siamesischen Zwilling verwachsen. Und auch hier »fontanet« es sehr. Man findet in Falkenberg nicht nur die Villa

Fontane, den Fontane-Wanderweg und einen Gedenkstein mit einem Kupferrelief eines Fontanekopfes, auch der Verleger und Sohn von Theodor Fontane, Friedrich, war in dem Ort oft zu Gast. Der Höhepunkt eines jeden Ausflugs nach Falkenberg ist aber das Speisen oder Kaffeetrinken im »Panoramarestaurant Carlsburg«, das schon seit 1838 bekannt und seit 1991 wiedereröffnet ist. Grandios ist der Blick hinunter ins Oderbruch, ein Hochland nach Norden hin bis zur sogenannten Neuenhagener Insel und den bläulich grünen Höhenrücken, die schon zu Polen gehören. Hier muss Joseph von Eichendorff gestanden haben, als er die folgenden Verse gedichtet hat:

Und ich wandre aus den Mauern
Bis hinaus in's freie Feld,
Hehres Glänzen, heil'ges Schauern!
Wie so weit und still die Welt.

Schon allein das Wort Oderbruch löst bei mir hehre Gefühle aus, denn als Junge ist der Roman *Die Heiden von Kummerow* von Ehm Welk eines meiner Lieblingsbücher gewesen und das darin beschriebene vorpommersche Dorf Kummerow liegt *im Bruch hinterm Berge.* Selbstverständlich weiß ich, dass Welk eigentlich das Dorf Briesenbow bei Angermünde gemeint hat, das weit entfernt von der Oder liegt, an die sechzig Kilometer flussaufwärts an der Welse – aber was kümmert mich das?

Steht man auf der hölzernen Terrasse der »Carlsburg« und dreht den Kopf weit nach links, kann man das Schiffshebewerk Niederfinow erkennen. Schaut man nach links unten, blinken dort im Sonnenlicht die Schienen der RB60 (Eberswalde—Frankfurt / Oder), und die blau-weißen Züge der Niederbarnimer Eisenbahn erscheinen so klein wie die einer Modelleisenbahn.

Am westlichen Ufer der Oder

Der Titel *Viadrus – Heimatbuch für Bad Freienwalde (Oder) und Umgebung* verweist auf den Flussgott der Oder, einen kräftigen Mann mit Schilfblättern im Haar, der mit einem griechischen Manteltuch bekleidet ist, ein Ruder in der einen und eine Quellvase in der anderen Hand. 866 Kilometer lang ist die Oder. Das ist nicht viel im Vergleich zu den 2857 Kilometern der Donau, aber immerhin. Die Oder entspringt in Tschechien, wurde von den Polen Oddera genannt und hieß bei den deutschen Gelehrten des 16. Jahrhunderts nach ihrem Gott *Viadrus fluvius*. Diese Bezeichnung hat sich allerdings nicht durchgesetzt, nur die Europa-Universität Viadrina hat ihren Namen davon abgeleitet.

Warum die Oder der Schicksalsfluss meiner Familie ist, soll später erzählt werden, an dieser Stelle sei nur darauf hingewiesen, dass ich zwar nie auf der Oder gepaddelt bin, aber oft auf dem Oder-Spree-Kanal. Dabei habe ich immer davon geträumt, einmal den ganzen Kanal mit seinen insgesamt 65 Kilometern zu bewältigen und bei Eisenhüttenstadt jubelnd in die Oder einzubiegen.

Schreibt man über die Oder, wäre eigentlich über den Nationalpark Unteres Odertal und seine wunderschönen Flussauenlandschaften zu berichten, aber den habe ich nie erkundet – wir haben es auf dem Oderdeich nur bis zur

Nationalparkstadt Schwedt geschafft. Wichtig für mich ist dagegen das märkische Oderland zwischen Bad Freienwalde (Oder) und Neuzelle.

Von Bad Freienwalde erreicht man mit dem Auto in kurzer Zeit Oderaue, in dessen Ortsteil Zollbrücke das »Theater am Rand« von Thomas Rühmann – bekannt durch die Rolle des Dr. Heilmann in der Fernsehserie *In aller Freundschaft* – und Tobias Morgenstern betrieben wird. Das Gebäude ist aus massivem Holz und sieht aus, als gehöre es in den Wilden Westen. Hinter der Bühne gibt es keine künstlichen Kulissen, allein die Natur mit ihren Feldern, Bäumen, Hecken, Koppeln, Wegen und Zäunen dient als Bühnenbild. Das ist einzigartig. Ich habe hier mit Freunden und Verwandten im Sommer 2015 das Stück *Mitten in Amerika* gesehen, eine bitterböse Geschichte um Wasser, Boden, Öl, Windräder und Schweinefarmen in Texas und Oklahoma. Zu Beginn der Vorstellung öffnete sich kein Vorhang – einen solchen gibt es hier gar nicht –, sondern die Schauspieler kamen durch ein Kornfeld von hinten auf die Bühne.

Nach der Vorstellung ging ich zur Oder hinunter, tauchte meine Hände mit einer rituellen Geste ins Wasser und dachte daran, wie mein Vater hier im Sommer 1937 entlanggepaddelt ist. Von Breslau nach Berlin hat er es geschafft. Meine Mutter war damals, weil sie schwanger war, nicht dabei – ich also auch nicht.

Wenn man Oderaue beziehungsweise Zollbrücke besucht, sollte man einen Abstecher nach Letschin machen. Dort befindet sich in der Fontanestraße 20 die Fontane-Apotheke, vormals allerdings nicht von Theodor, sondern von seinen Eltern betrieben. Nicht weit ist es auch zu den Seelower Höhen, wo die Rote Armee am 16. April 1945 die Schlacht um Berlin eröffnet hat. Auf einer unserer Wanderungen fanden wir dort noch immer leicht erodierte Schützengräben. Der herrliche Ausblick auf die Oderniederung lässt sich deshalb nicht so recht genießen.

Mit der Wandergruppe sind wir auch fast jedes Frühjahr zu den Adonisröschen an den Oderbergen in Lebus gepilgert. Lebus war einmal eine Größe in der europäischen Geschichte. Unter dem polnischen Herrscher Mieszko I. ist es zu einem wichtigen Teil des Piastenstaates geworden, und Bolesław III. Schiefmund hat 1125 das Bistum Lebus gegründet. Mitte des 13. Jahrhunderts eroberten dann die Askanier Lebus, und es wurde brandenburgisch. Bald aber wurde Lebus bedeutungslos, denn der Bischofssitz wurde nach Göritz (Oder) verlegt.

Als wir in Lebus am Oderufer in einem Restaurant sitzen und auf das Essen warten, wandern unsere Blicke nach Polen hinüber, wo auf einem Deich Fußgänger und Reiter zu sehen sind. Ich denke an *O Cangaceiro – Die Gesetzlosen*, den brasilianischen Abenteuerfilm von 1953, und versuche die Titelmelodie *Mulher Rendeira* zu summen, werde aber durch den Ruf »Jürgen, dein Auto!« aufgeschreckt. Drüben auf der polnischen Deichkrone ist ein Mercedes zu erkennen, und mir kommt sofort eine hübsche Episode aus dem Leben meines langjährigen Freundes Jürgen Dittberner in den Sinn. Der war mit einer befreundeten Familie nach Stettin / Szczecin gefahren und hatte seinen Mercedes dort absolut diebstahlsicher geparkt, indem er mit der vorderen Stoßstange mit kaum einer Fingerbreite Zwischenraum an einen Baum herangefahren war und sein Begleiter sein Auto nur einen Millimeter von der hinteren Stoßstange entfernt abgestellt hatte. Sie waren sich sicher: Den Wagen könnte kein Weltmeister wegfahren. Als sie nach zwei Stunden Stadtrundgang zurückkamen, war der Dittberner'sche Wagen dennoch verschwunden. Großes Bohei bei der polnischen Polizei. Man hielt Jürgen für einen Spinner und Versicherungsbetrüger. Schließlich stellte sich heraus, dass der Mercedes mithilfe eines Krans eines Abschleppdiensts aus der Lücke gehoben worden war. Jürgen sollte ihn nie wiedersehen.

Während wir nach Polen schauen, lenke ich das Gespräch auf Fontane. »Hier irgendwo hinter den Hügeln auf polnischer Seite muss das Hohen-Vietz aus Fontanes Roman *Vor dem Sturm* gelegen haben. Winter 1812/13. Bernd und Lewin von Vitzewitz, Landsturmtruppe gegen die französischen Besatzer.«

Dass die Kleiststadt Frankfurt (Oder) zum Muss einer jeden Wanderung durch die Mark Brandenburg gehört, ist selbstverständlich. Auf die Universität Viadrina ist schon hingewiesen worden, und alle Baudenkmäler aufzuzählen ist nicht Sache dieses Buchs. Für mich ist nur wichtig, dass Frankfurt eine Straßenbahn hat, man auf seiner Oderbrücke stehen und in vorbeifahrende Kähne spucken kann und schnell drüben in Słubice ist. Dort kann man nicht nur *kiełbasa śląska*, die schlesische Wurst, essen, sondern von dort erreicht man auch schnell Kunowice, wo am 12. August 1759 die Schlacht bei Kunersdorf stattgefunden hat.

Über Eisenhüttenstadt, von Einheimischen kurz Hütte genannt, ist schon viel berichtet worden, allerdings noch nicht, dass ich dort Verwandte habe und dort schon zweimal zu Lesungen zu Besuch war. Die Gründung der Stadt ist 1950 auf dem III. Parteitag der SED beschlossen worden. Neben dem Eisenhüttenkombinat Ost sollte bei Fürstenberg (Oder) eine sozialistische Wohnstadt mit Namen Stalinstadt entstehen. Nach der Entstalinisierung 1961 wurden dann Fürstenberg und Stalinstadt zu Eisenhüttenstadt zusammengeschlossen. Schön ist hier das Friedrich-Wolf-Theater anzusehen, und die Partie an der Oder ist lieblich.

Weiter geht es nach Neuzelle. Hoch oben auf einem Bergsporn, der bis in die Oderniederung reicht, thront das Klosterensemble, das zwischen 1300 und 1330 von den Zisterziensern erbaut wurde. Betritt man die dreischiffige Klosterkirche, hat man das Gefühl, mitten in Bayern zu sein.

Schade, dass es wieder zurückgeht nach Berlin. Aber wir sind müde. Beenden wir dieses Kapitel mit Joachim Ringelnatz:

Wie jeder, der Großes erlebte,
Als er an Größerem bebte,
Schließlich tief ausruhen will.

Groß Pankow und die Prignitz

Die Gemeinde Groß Pankow übertreibt etwas mit ihrem Namen. Genau genommen, müsste sie mit ihren 3982 Einwohnern Klein Pankow heißen, denn der Berliner Bezirk Pankow weist 394 816 Einwohner auf und ist deshalb das eigentliche Groß Pankow.

»Aber wir liegen auch an der Panke«, lautet der Einwand aus der Prignitz.

»Nun, unsere Panke ist immerhin ein Flüsschen von 29 Kilometern Länge und eure von der Quelle hinter Kuhsdorf bis zur Mündung in die Stepenitz nur ein Bach, der noch nie richtig vermessen wurde«, entgegnet daraufhin der drittgrößte Hauptstadtbezirk.

Als ich kurz vor Weihnachten 1945 Groß Pankow zum ersten Mal betrat, war es noch ein kleines Dorf, heute zählen zu Groß Pankow 18 Ortsteile und 39 Dörfer. Da wir Kinder mit unseren Müttern im Krieg evakuiert wurden, hatte ich zuerst eine Zeit lang in Steinau an der Oder, unweit von Liegnitz, verweilen dürfen, dann in Zieko in der Nähe von Coswig in Sachsen-Anhalt und schließlich in Groß Pankow, gelegen zwischen Perleberg und Pritzwalk. Warum waren wir ausgerechnet hierher gekommen? Weil ein Teil des Reichpostzentralamtes, in dem mein Vater als Techniker beschäftigt war, nach Groß Pankow, und zwar in den

Tanzsaal des Gasthauses »Zettgries«, ausgelagert worden war. Meine Mutter und ich bekamen zwei Zimmer im Gehöft des örtlichen Reichsbauernführers Martin Blumenthal zugewiesen. Der war Mitglied in der NSDAP, aber kein überzeugter Nationalsozialist, weshalb er sich auch gut mit meinem Vater verstand, der als Mitglied des Reichsbanners Schwarz-Rot-Gold ausgewiesener Gegner des NS-Regimes war. Ich war damals nicht einmal sieben Jahre alt, und Martin Blumenthals Tochter Edith wurde meine erste Freundin, mit der ich sogar in einem Bett schlafen durfte.

Gleich hinter der Scheune der Blumenthals lag das Schloss beziehungsweise Herrenhaus der Familie Gans zu Putlitz, das auch heute noch dort zu finden ist. Edith geriet immer ins Schwärmen, wenn sie von ihren Besuchen dort sprach. Mit einer der adligen Töchter ging sie in dieselbe Klasse – leider nicht mit mir, denn ich war an die vier Jahre jünger als sie. Die Dorfschule, heute die Grundschule Juri Gagarin, war wegen uns vielen Flüchtlingskindern aus Berlin und Hamburg so überfüllt, dass eine »Willkommensklasse« im zweiten Gasthaus des Orts eingerichtet werden musste.

Das einst so stattliche Haus von Martin Blumenthal mit viel Schinkel an der Fassade verfällt heute zunehmend, dafür hat die Riesengemeinde Groß Pankow nun ein ansehnliches Rathaus bekommen.

Im Mai 2016 war ich wieder einmal vor Ort, kutschiert wurde ich von meinem Freund Volker, einem gebürtigen Brandenburger. Zuerst suchten wir nach dem Herrenhaus. Sein Wappen fasziniert mich, seitdem ich es zum ersten Mal sah. Auf ihm ist eine auffliegende goldbewehrte silberne Gans vor rotem Hintergrund abgebildet. Ebenso in den Bann gezogen hat mich als Junge der komische Name des

Schlossherrn: Waldemar Gans Edler Herr zu Putlitz. Der ließ mich nicht mehr los, und gut sechzig Jahre später habe ich Gustav Gans (1821–1890) in einem Kriminalroman der Reihe *Es geschah in Preußen* auftreten lassen. Wiedergegeben habe ich die Szene, die in den Erinnerungen von Wolfgang Gans Edler Herr zu Putlitz, erschienen unter dem Titel *Unterwegs nach Deutschland*, wie folgt beschrieben wird:

Von ihm wurde seit Großvaters Zeiten bei uns in Laaske immer als haarsträubender Skandal die Geschichte erzählt, wie während des regnerischen Sommers von 1852 in Retzin die Ernte nicht eingefahren werden konnte, weil Onkel Gustav die Scheune dazu benutzte, um darin eine heute vergessene Oper »Rübezahl« seines Freundes, des Komponisten Friedrich von Flotow, zum ersten Male aufzuführen.

Ja, Gustav Gans, Gutsbesitzer, Schriftsteller, Theaterintendant und als Politiker sogar Mitglied des Preußischen Herrenhauses, befreundet mit allen Dichtern seiner Zeit von Emanuel Geibel über Gustav Freytag bis zu Franz Grillparzer, war eine herausragende Persönlichkeit.

Angemerkt werden muss, dass Retzin heute ebenso zu Groß Pankow gehört wie die Gemarkungen Kuhsdorf, Kuhbier, Horst und Wolfshagen, während Laaske der Stadt Putlitz zugerechnet wird.

Das Rittergut Groß Pankow war seit Urzeiten im Besitz der Familie Gans zu Putlitz. Waldemar Gans Edler Herr zu Putlitz ist am 2. Mai 1945 beim Einmarsch der Roten Armee ums Leben gekommen, während ich nur eine posttraumatische Belastungsstörung erlitt, als meine Mutter zwei Meter neben mir vergewaltigt wurde.

In Groß Pankow ist Elisabeth Gans Edle Herrin zu Putlitz aufgewachsen, die Mutter des deutschen Mediziners, Kunstsammlers und Genealogen Bernhard von Barsewisch, der am 18. April 1935 geboren wurde. Unmittelbar nach Kriegsende flüchtete die Familie nach Westdeutschland. Von Barsewisch studierte zunächst Biologie, später Humanmedizin an den Universitäten in Hamburg und West-Berlin. 1960 legte er das medizinische Staatsexamen ab, fokussierte sich dann auf die Augenheilkunde, um 1978 außerplanmäßiger Professor in München zu werden. Nach der Wiedervereinigung zog es ihn zurück in seine alte Heimat. 1991 kaufte er das Gutshaus Groß Pankow, um darin eine hochangesehene Augenklinik unterzubringen.

Nebenbei: Auch Edith Blumenthal hat eine interessante Biografie. Sie heiratete einen der Lehrer der oben erwähnten Dorfschule, Herbert Szuks, der später zu einem der führenden Meeresbiologen der DDR wurde. Auf deren Trawlern reiste er um die halbe Welt, um die gefangenen Fische auf Parasiten zu untersuchen. Edith und Herbert haben in Güstrow gewohnt, aber Edith ist nach der friedlichen Revolution noch oft nach Groß Pankow gefahren, um eine Entschädigung für die Felder ihres Vaters zu fordern, die die Landwirtschaftliche Produktionsgenossenschaft vereinnahmt hatte.

An dieser Stelle muss ich auch noch einmal auf ihren Vater, Martin Blumenthal, zu sprechen kommen, der ein solch typischer Märker war, dass er eigentlich auf einer Briefmarke hätte verewigt werden müssen. Martin Blumenthal war für die Unterbringung der aus den deutschen Ostgebieten eintreffenden Flüchtlinge zuständig. Und als wir ihn einmal verzweifelt beten sahen und uns nach dem Grund dafür erkundigten, antwortete er: »Heute kommt Herr Kackstein, um alles zu kontrollieren.« Ich konnte damals nicht fassen, dass jemand tatsächlich so heißen sollte. Erwähne ich den Namen heute, unterstellen mir meine Gesprächspartner meist, er sei meiner Fantasie entsprungen, aber einen bekannten Nationalsozialisten namens Richard Kackstein hat es wirklich gegeben. Er war Bauer im nahen Kuhbier, trat schon 1920 der NSDAP bei, wurde SA-Mann und Sturmbannführer und saß als Abgeordneter seiner Partei im Preußischen Landtag und im nationalsozialistischen Reichstag. Im Frühjahr 1933 übernahm er außerdem im Kreis Ostprignitz Ämter als Kreisbauernführer und als Kreisleiter.

Zurück zu Groß Pankow: In Groß Pankow kann man hervorragend baden gehen. Die beiden wichtigsten Flüsse, die die Prignitz zwischen Pritzwalk und Perleberg durchziehen, sind die rund 29 Kilometer lange Dömnitz und die bereits oben erwähnte Stepenitz. Dieser Nebenfluss der Elbe entspringt auf einem Höhenzug nahe Meyenburg, fließt über 84 Kilometer reizvoll durchs Flachland und zählt zu den saubersten Wasserläufen Deutschlands. Man kann viele weitere Details über die Stepenitz nachlesen, nur nicht, dass ich im Juli 1946 als absoluter Nichtschwimmer um ein Haar in ihr ertrunken wäre – wie auch kurz zuvor im Dorfteich von Groß Pankow. Beide Male hat mich Edith gerettet.

Den Dorfteich konnten wir bei unserem Besuch im Jahr 2006 nicht mehr finden. Ich vermute, dass man ihn meinetwegen zugeschüttet hat. Nichtschwimmer bin ich in gewisser Weise mein Leben lang geblieben. Ich habe zwar aus meiner Bremer Zeit den Frei- und Fahrtentrinker, aber ich habe niemals eine Urkunde für den Frei- und Fahrtenschwimmer erlangt, nicht einmal das Seepferdchen habe ich.

Es sei noch hinzugefügt, dass man nach Groß Pankow am besten mit dem Auto über die B189 oder per Bahn mit dem Prignitz-Express, der Regionalexpresslinie RE6, gelangt. Auf dem Pankower Bahnhof trieb ich mich in den Jahren 1945 bis 1947 in jeder freien Minute herum, um die ankommenden Züge zu erwarten, den abfahrenden hinterherzuwinken und dem Stationsvorsteher bei der Arbeit im Stellwerk zuzuschauen. Das hat mich für mein Leben geprägt und zum Eisenbahnnarren werden lassen. Gern haben wir Kinder auch Markstücke auf die Schienen gelegt und gewartet, bis ein Zug sie platt gefahren hatte.

Nach Lindenberg reisten wir 2006 über Kyritz. Immer wieder wurden wir auf der Bundesstraße von zuckelnden Treckern ausgebremst, und immer wieder verfuhren wir uns auf der Suche nach dem optimalen Umweg. Nebel lag über der weiten Landschaft, und es nieselte leicht. Es war Ende Mai, doch das Wetter war herbstlich. Erst als Volker *Lindenberg* in sein Navigationsgerät eingab, fanden wir den richtigen Weg. Die grüne Landschaft wurde welliger. Menschenleer war es in diesem verzauberten Land.

Mit Lindenberg verbinde ich die Schmalspurbahn. Noch interessanter als die eben erwähnte normalspurige Hauptbahn war für mich als Junge die Schmalspurbahn zwischen Pritzwalk und Vettin. Die fuhr auch am Groß Pankower Nachbarort Kuhsdorf vorbei. Dort hielten die männlichen Jugendlichen beider Dörfer und wir evakuierte Jungen aus den bombardierten Großstädten oft einen nicht ungefährlichen Wettbewerb ab: Wer kann bei Annäherung eines Zugs länger ausgestreckt auf dem Gleis liegen, möglichst noch wie bei Karl May mit einem Ohr auf der Schiene? Tote gab es keine, aber tobende Eltern und Lehrer.

Von den vielen Schmalspurbahnen in der Prignitz ist bis heute nur noch der »Pollo« erhalten geblieben, die als Museumsbahn betriebene Schmalspurbahn zwischen Mesendorf und Lindenberg mit Halt in Brünkendorf und Vettin.

Als wir Lindenberg 2016 erreichten, konnten wir keine Dampflok bestaunen, denn es war Donnerstag, und die Museumsbahn verkehrt nur am Wochenende. So blieb uns nur der Besuch des Prignitzer Kleinbahnmuseums, das Einstecken eines Prospekts und der Kauf einer CD von einem Dampflokeinsatz.

Als wir Hunger verspürten, empfahl man uns die Gaststätte von Bernd Lamprecht ein Stückchen weiter an der Hauptstraße. Die Preise dort sind für Berliner Verhältnisse unglaublich niedrig. Es mundete uns trefflich, um es mit den Worten meiner Schmöckwitzer Oma auszudrücken, denn die Mutter des Wirts kochte selbst. Der plauderte munter mit uns, klagte über die strukturschwache Region und trug auf Plattdeutsch Gedichte über den Pollo vor. Es war ein Erlebnis!

Zwar konnten Volker und ich nicht mit der musealen Kleinbahn fahren, aber wir konnten eine museale »Großbahn« besichtigen, also eine, die nicht auf Schmalspurgleisen verkehrt, sondern auf der Normalspur. Als Junge war ich begeistert davon gewesen, dass zwischen Kuhbier und Pritzwalk die Gleise der Nebenbahn nach Putlitz direkt an der Chaussee entlangliefen. Wenn dort ein Zug entlangdampfte, war das für mich wie eine Weihnachtsbescherung. Bis zum 29. Juli 2016 fuhr dort die RB70 mit den Zwischenhalten Laaske, Jakobsdorf (Prignitz), Groß Langerwisch, Kuhbier und Pritzwalk West. Betrieben wurde sie von der Hanseatischen Eisenbahn. Der dieselgetriebene zweiachsige

Schienenbus, im Volksmund Ferkeltaxi genannt, stammte von der Waggonfabrik Uerdingen und war, wie uns der Lokführer auf unserer Reise 2016 verriet, im Jahre 1956 gebaut worden. Das merkte man ihm auch an, und da die Schienen im verkrauteten Gleisbett nicht unbedingt ICE-Standards entsprachen, fürchtete ich um meine Bandscheiben, obwohl wir meist nur dreißig Stundenkilometer fuhren. Wir saßen ganz vorne und genossen den Blick auf die Strecke. Es wurde eine herrliche Fahrt durch Wälder und Felder und über die Prignitzer Prärie. Ich zahlte für Hin- und Rückfahrt 5,40 Euro. Den Fahrschein sah ich mir jedoch erst zu Hause an. Sofort rief ich aus: »Horst, du heißt nicht nur so, du bist auch einer!« Die Strecke gehörte zum Verkehrsverbund Berlin-Brandenburg, und ich hätte mir den Fahrschein sparen können, da ich eine 65-plus-Monatskarte hatte.

Über Pritzwalk ist aus meiner Sicht nicht viel zu berichten. Am 15. April 1945 ist hier ein Munitionszug nach einem Fliegerangriff explodiert, und wir haben den Knall bis nach Groß Pankow gehört. Eine andere Erinnerung an Pritzwalk verdränge ich gern: Hätte meine Mutter im Sommer 1945 im hiesigen Krankenhaus keine Abtreibung vornehmen lassen, könnte ich mich heute mit einem deutsch-russischen Halbbruder über vieles Putin'sche unterhalten.

Von Pritzwalk nach Groß Pankow sind es nur rund 13 Kilometer, und diese Fahrt genoss der kleine Horst früher ganz besonders, weil die Strecke durch das Dorf mit dem schönen Namen Kuhbier führte. Ich sah im Geiste die Kühe Bier trinken und amüsierte mich köstlich darüber. Deshalb wollte ich auch 2016 unbedingt dort entlangfahren, denn unzählige Male hatte ich auf der Chaussee von Kuhbier nach Groß Pankow mit Edith einen Leiterwagen gezogen und geschoben, um den Arbeitern das Mittagsessen aufs Feld zu bringen, wo die im Ernteeinsatz gewesen waren. Aber Volkers Navigationssystem führte uns auf eine neue Schnellstraße, auf der wir erst nach vielen Kilometern wieder umkehren konnten.

Auf dem Areal zwischen Groß Pankow und Kuhsdorf waren wir Bauern- und Evakuierungskinder auch tätig gewesen. Dort haben wir in den Wäldern Martin Blumenthals Pilze und Beeren gesammelt und die Kühe am Abend von der Weide in den Stall getrieben. Ich fand das alles herrlich! Gehasst habe ich nur das nach Luggendorf hin liegende Gurkenfeld, wo wir Kinder allerlei Arbeiten zu verrichten hatten, denn fast jeden Abend gab es Schmorgurken zu essen – und die konnte ich gar nicht ausstehen. Besser schmeckte da der Knieperkohl.

Auf den Mohnfeldern haben wir die reifen Kapseln geöffnet und uns die graublauweißen Körner in den Mund rieseln lassen. Wenn mich heute jemand »mohndoof« nennen sollte, kann ich ihn nicht verklagen. Im Sommer 1946 waren Schuhe rare Kostbarkeiten, und wir sind sehr oft barfuß gelaufen, auch bei schlechtem Wetter. Hatten wir furchtbar kalte Füße, wärmten wir sie in frischen Kuhfladen auf.

Zur Leichtathletik bin ich auch durch meine Zeit in Groß Pankow gekommen. Unser Bauer besaß damals große Plantagen mit prächtigen Kirschbäumen, und da die grünen Netze noch nicht erfunden waren, mit denen man heute die reifen Früchte vor Staren und anderen Vögeln schützt, mussten wir Kinder um das Anbaugebiet herumlaufen und dabei Topfdeckel aufeinanderschlagen, um die Tiere zu vertreiben.

Groß Pankow verdanke ich zudem meine Allergien, die sich zu einer chronischen Lungenerkrankung entwickelt haben, denn wir mussten auch beim Dreschen helfen, und die damaligen Dreschmaschinen bliesen unfassbar viel Feinstaub in die Luft. Mein Leiden – Husten und Fieber – wurde deshalb auch als Drescherkrankheit bezeichnet.

An kulturellen Sehenswürdigkeiten sind die Schlösser beziehungsweise Herrenhäuser Wolfshagen und Laaske und das Königsgrab von Seddin zu nennen, außerdem das nahe Zisterzienserkloster Marienfließ und das Klosterstift Heiligengrabe sowie die Städtchen Perleberg und Putlitz. Aber der Reihe nach …

Wir machen in Teilen die »Gänsetour« – so heißt das in der Prignitzer Touristik – und fahren von Groß Pankow nach Wolfshagen, wobei wir Horst – die Ortschaft – rechts liegen lassen.

Beim Eintreten ins Schlossmuseum Wolfshagen müssen wir dem Werbeprospekt zustimmen: *So hat ein märkisches Gutshaus von innen ausgesehen.* Außerdem wird uns bestätigt, dass Wolfshagen an der Stepenitz liegt. Neu in unseren Bildungskanon fügen wir ein, dass die Familie Gans zu Putlitz aus der Altmark eingewandert ist und zum ersten Mal 1178 urkundlich erwähnt wurde. Ab 1147 hat sie beim Wendenkreuzzug die Prignitz kolonisiert und in Putlitz eine alte slawische Burg übernommen. Nach 1945 hat das Gutshaus als Flüchtlingsunterkunft gedient, zur DDR-Zeit wurde es als Schule genutzt, und 1995 wurde es zum Museum.

Vom Schloss Wolfshagen ist es nicht weit bis zum Königsgrab von Seddin, einem etwas mehr als sechzig Meter langen und zehn Meter hohen Grabhügel aus der Zeit um 800 v. Chr. Hier soll der legendäre König Hinz bestattet worden sein.

Reist man mit dem Auto über die B5 an, die vor dem

Autobahnbau für alle West-Berliner der einzige Weg war, um durch die DDR nach Hamburg zu gelangen, kann man im Raum Groß Pankow schnell alle Orte aufsuchen, die wichtig sind. Zu nennen ist hier das bereits mehrfach erwähnte Laaske, heute Teil der Stadt Putlitz, wo Wolfgang Gans Edler Herr zu Putlitz, der »rote Baron« der DDR, aufgewachsen ist. Die Liste all derer zu Putlitz, die hier gelebt und gewirkt haben, ist lang, mir hat sich nur der Name Gödula Margarethe zu Putlitz eingeprägt, weil der so herrlich verschroben ist. Im stattlichen Schloss waren nach 1945 zunächst Geschlechtskranke und dann Waisenkinder einquartiert, bevor es zu einem Feierabendheim wurde. 2004 hat es ein Hamburger Unternehmer gekauft, der dort nun ab und an seine freien Tage verbringt.

In der Umgebung von Groß Pankow finden wir aber auch viel Christliches, so das Zisterzienserkloster Marienfließ und das Klosterstift Heiligengrabe. Das Kloster Marienfließ, heute ein Altenpflegeheim der Diakonie, ist von den Edlen Herren Gans zu Putlitz gestiftet und ab 1230 von Zisterzienserinnen geleitet worden. Sein größter Schatz ist eine Reliquie, die einen Tropfen des Bluts enthalten soll, das Jesus am Kreuz vergossen hat. Otto IV. hatte sie aus Palästina mitgebracht. Nach dem Tod des Kaisers fiel sie Johann Gans in die Hände, der mit dem Bau an der Stepenitz einen sicheren Aufbewahrungsort für das Kleinod schaffen wollte. Aber das Kloster hatte auch noch einen anderen Zweck: Adlige Damen, die nicht zu verehelichen waren, sollten hier ein sicheres Zuhause finden.

Das Klosterstift Heiligengrabe wurde 1287 von jenem Markgrafen Otto IV. gegründet, der einem meiner Bücher seinen Namen gegeben hat: *Otto mit dem Pfeil im Kopf*. Die

Klosteranlage, kaum mehr als zehn Kilometer von Pritzwalk entfernt, ist mit ihren dunkelroten Backsteinbauten, etwa der Heiliggrabkapelle, für jeden ein Labsal, der die modernen Berliner Bauwerke um den Hauptbahnhof und den Potsdamer Platz scheußlich findet. Als ich zur DDR-Zeit einmal mit Freunden in Heiligengrabe war, sind wir mit der Äbtissin ins Gespräch gekommen, und es stellte sich heraus, dass sie mir mit einiger Wahrscheinlichkeit im nahen Groß Pankow Religionsunterricht erteilt hatte. Damals war sie noch Pfarrerin gewesen. Irgendjemand hat mir später erzählt, sie sei Ingeborg-Maria Freiin von Werthern gewesen.

Noch ein letztes Mal möchte ich auf das kleine Dorf Groß Pankow der Jahre 1944 bis 1946 zurückkommen. Ach, was war das für das Hinterhofkind Horst Bosetzky für ein herrliches Vergnügen gewesen, bei Martin Blumenhagen vorn auf dem Kutschbock seines Pferdefuhrwerks zu sitzen, wenn wir nach Perleberg fuhren, um Onkel Fritz zu besuchen! Rund 19 Kilometer hatten wir auf einer echten brandenburgischen Chaussee zurückzulegen, und Autos, denen auszuweichen gewesen wäre, gab es damals kaum bis gar nicht.

Perleberg an der Stepenitz war und ist eine Perle, denkt man an Marktplatz, Jacobikirche, Rathaus, Gottfried-Arnold-Gymnasium und Gänsebrunnen. Mich, der ich jahrelang in Bremen gelebt habe, entzückt natürlich ganz besonders der Perleberger Roland, der seinem Pendant an der Weser in nichts nachzustehen scheint. Ob er von Angela Merkel und Eva-Maria Hagen, die in ihrer Kindheit für einige Jahre in Perleberg gelebt haben, auch so bewundert worden ist? Oder von der weltberühmten Opernsängerin Lotte Lehmann, die hier 1888 zur Welt gekommen ist?

Da Groß Pankow nun einmal im Reiche der Edlen Herren zu Putlitz lag, möchte ich dieses Kapitel auch mit ihnen schließen. Höre ich den Namen, erinnere ich mich zuerst an Kaspar Gans zu Putlitz (1360–1429), der, als Raubritter verteufelt, mit den Quitzows, den Bredows und den Rochows zusammen verhindern wollte, dass die Mark Brandenburg unter die Herrschaft der Schwaben, also der Hohenzollern fiel. 1411 hatte König Sigismund den Nürnberger Burggrafen Friedrich VI., einen Hohenzollern-Spross, zunächst als Verweser, dann als Kurfürsten und Markgrafen in Brandenburg eingesetzt. Der Burggraf nahm den Titel Friedrich I. an und setzte sich bis 1414 erfolgreich gegen den aufsässigen brandenburgischen Adel durch, weil er über die besseren Waffen verfügte, beispielsweise über eine neumodische Kanone, die »Faule Grete«, die die Festungen der Aufständischen in Schutt und Asche legte.

Johann Gans zu Putlitz (1430–1518) hat es auf der Berliner Siegesallee zum »Seitendenkmal« des Markgrafen Otto II. gebracht. Und selbstverständlich haben wir in Berlin eine Putlitzstraße, bis 1999 trug sogar der S-Bahnhof Westhafen diesen Namen.

Von der Burganlage in Putliz ist nur der Turm erhalten geblieben, und nachdem wir den bei unserem letzten Besuch in Augenschein genommen hatten, stiegen wir wieder ins Auto und fuhren zurück nach Berlin.

Ferch und der Schwielowsee

Ferch ist ein hügeliges Dorf am Schwielowsee. Hier auf einer Endmoräne, den Fercher Bergen, hatten nahe Verwandte meiner ersten Ehefrau, Onkel Bertie und Tante Biene aus Leipzig, ihre Datsche, und da waren wir einige Male zu Besuch. Onkel Bertie war »Verdienter Erfinder« – beispielsweise hat er eine Notbremse für Rolltreppen erfunden – und als ehemaliger Mittelstreckenläufer Gegner des Meisterläufers Otto Peltzer, der sogar den großen Paavo Nurmi besiegt hatte. Darüber haben wir beim Spaziergehen immer viel geplaudert. Anschließend haben wir meist mit unseren Kindern im Strandbad Ferch gebadet und in einem Restaurant am Seeufer gespeist.

Ferch hat zusammen mit Lienewitz einen eigenen Bahnhof, der vom Bahnhof Potsdam aus mit der RB23 in rund einer Viertelstunde zu erreichen ist. Man muss nicht lange durch den prächtigen Wald gehen, um zu den beiden Lienewitzer Seen zu gelangen. Dort kann man trefflich schwimmen und baden. Einmal haben wir bei unseren Ausflügen einen Frosch gerettet, der sich im Schlund einer Schlange verklemmt hatte. Ein andermal bin ich mit meinem Freund Peter Heinrich in dieser Gegend gewandert, und als wir wieder in Ferch waren, haben wir uns vor lauter Jucken die Arme blutig gekratzt – beim Betreten des Forsts hatten wir die Warnung vor dem Eichenprozessionsspinner übersehen. Deshalb konnten wir die Fercher Obstkistenbühne, ein bekanntes Theater, auch nicht mehr besuchen.

Kommt man auf den Schwielowsee zu sprechen, müssen Theodor Fontanes *Wanderungen durch die Mark Brandenburg* (Band 3, *Havelland*) zumindest mit folgenden Sätzen zitiert werden:

Der Schwielow ist gutmütig, so sagten wir; aber wie alle gutmütigen Naturen kann er heftig werden, plötzlich, beinahe unmotiviert, und dann ist er unberechenbar. Eben noch lachend, beginnt ein Kräuseln und Drehen, nun ein Wirbel, ein Aufstäuben, ein Gewölk – es ist, als führe eine Hand aus dem Trichter, und was über ihm ist, muß hinab in die Tiefe … Es gibt ganze Linien, wo die gescheiterten Schiffe liegen.

Fontane wurde auf seinen Wanderungen von einem Fährmann aus Caputh begleitet und hat auch den gleichnamigen Ort besucht, der am Templiner See gelegen ist, aber mit dem Schwielowsee durch einen an die fünf Kilometer langen Kanal verbunden ist, den Caputher Gemünd.

Der Name Caputh wird meist mit Albert Einstein und dem »Fährhaus« assoziiert, da dieser in seinem Caputher Sommerhaus von 1929 bis 1932 einen großen Teil jedes Jahres verbracht hat. 1931 hat er seinen Sohn Eduard dorthin mit folgendem Vierzeiler eingeladen:

Sei ein gutes faules Tier,
Streck alle Viere weit von Dir.
Komm nach Caputh, pfeif auf die Welt,
Und auf Papa, wenn Dirs gefällt.

Im »Fährhaus« kann man wunderbar speisen und dabei beobachten, wie die Wagenfähre zwischen dem Caputher und dem Geltower Ufer hin- und herpendelt.

Auch der Ort Petzow liegt am Schwielowsee. Dort gibt es nicht nur ein bewundernswertes Schloss und eine guterhaltene Schinkelkirche, sondern ebenso die Villa Berglas. Zur DDR-Zeit firmierte sie von 1955 an und bis zur Wiedervereinigung als Schriftstellererholungsheim »Friedrich Wolf«, in dem in- und ausländische Schriftsteller arbeiten und sich erholen konnten. 1985 weilte hier mein Leipziger Freund und Kollege Steffen Mohr, und ich besuchte ihn dort, um mit ihm unser gemeinsames Werk zu besprechen, den ersten und letzten deutsch-deutschen Kriminalroman: *Schau nicht hin, schau nicht her*. Der Titel ist einem Schlager von Marika Rökk entlehnt, die wir als pubertierende Knaben sehr geschätzt haben: »Hoch die Rökk!« Damals glaubten wir noch an die Legende, dass die Schauspielerin einst Besitzerin der Villa gewesen sei. Diese Mär ist vermutlich darauf zurückzuführen, dass der erste Eigentümer nach dem Ersten Weltkrieg der Filmbranche angehört und den Namen Siegmund Jacob getragen hatte und bei den Rökk-Filmen meist Georg Jacoby Regie führte, der spätere Ehemann der Sängerin.

Wie auch immer, Steffen und ich siedelten unsere Geschichte an der vermeidlichen Rökk-Villa an, und wir stellten unsere Romanhandlung dort auch nach. Steffen musste die Leiche spielen. Er tat das bühnenreif, und ich fotografierte ihn dabei mit meiner Polaroidkamera – zweimal, denn jeder von uns beiden sollte ein Foto mit nach Hause nehmen, um alles authentisch beschreiben zu können. Da unser Projekt von der Stasi aufmerksam verfolgt wurde, erschien uns das als der sicherste Weg. Doch argwöhnische Nachbarn haben uns aus lichter Höh beobachtet und die Leiche für echt gehalten. Und schon war die Volkspolizei alarmiert … Da blieb uns nur die Flucht – und das Marika-Rökk-Lied zu Ende zu singen:

Schau nicht hin, schau nicht her,
Schau nur grade aus,
Und was dann auch kommt,
Mach dir nichts daraus.

Wildenbruch und der Große Seddiner See

Die Wildenbruchstraße in Neukölln bin ich als Junge unzählige Male entlanggegangen, ohne zu wissen, wem sie ihren Namen zu verdanken hatte, denn die kleinen Hinweise auf den Straßenschildern gab es damals noch nicht. Irgendwann stieß ich beim Blättern in dem Buch *1000 Wege um Berlin* jedoch auf Wildenbruch und nahm sofort an, dass die Straße nach dieser Ortschaft benannt worden war. Irrtum, denn in einem alten Schulbuch meiner Mutter fand sich der Hinweis auf den Diplomaten und Schriftsteller Ernst von Wildenbruch (1845–1909), dem die Hochkultur immerhin das Drama *Die Haubenlerche* zu verdanken hat. Von Wildenbruch ist in Berlin verstorben, und Berlin hat ihn mit der Neuköllner Straße geehrt.

Durch diese Umstände ist der Name Wildenbruch für mich zu einem Engramm geworden, und immer wieder zieht es mich in die Ortschaft Wildenbruch und damit an den Rand des Naturparks Nuthe-Nieplitz. Die wuchtige Feldsteinkirche ist ein wahres Highlight, und im Restaurant »Zur Linde« kann man ausgezeichnet speisen. Beim Lesen der Ortschronik stößt man auf die für die brandenburgische Geschichte wichtigen Adelsnamen Quitzow und Rochow. Auch mit einem Golfklub wird geworben, aber ich bin nur Minigolfer. Und eine schöne Badestelle gibt es auch.

Ist vom Großen Seddiner See die Rede, bin ich zunächst immer etwas irritiert, weil es auch den Schmöckwitzer Seddinsee gibt. Sein Bruder bei Wildenbruch hat aber mit Sicherheit das größere Anrecht auf den Namen, denn an seinem einen Ende liegt die Ortschaft Seddin. Und am Westufer des Großen Seddiner Sees kann man wunderschön von Seddin nach Wildenbruch wandern.

Wildenbruch und der Große Seddiner See sind mir so ans Herz gewachsen, dass ich in meinem Roman *Kartoffelsuppe oder Das Karussell des Lebens* einen an Selbstüberhöhung leidenden Hochschullehrer und naiven Amateurmaler namens Blücher in dieser Region einen Bauernhof kaufen lasse. Die alte Scheune verwandelt er in eine Gemäldegalerie und stellt dort seine eigenen Werke aus. Bei einer Vernissage malt schließlich ein humoristisch begabter Kollege auf das von Prof. Blücher selbst hochgelobte Ölgemälde *Sonnenaufgang mit Haubentaucher* mit schwarzem Filzstift die Ziffern 1 bis 14 …

Kyritz und Kampehl

Auf meinem Schreibtisch steht ein Bierkrug mit dem Aufdruck *Mord und Totschlag – Kyritz an der Knatter*. Das köstliche Schwarzbier ist längst ausgetrunken, und zwei Dutzend bunte Filzstifte füllen das Glas. Leider hat Kyritz seinen Namen nicht mir, -ky, zu verdanken, dennoch ist diese Stadt für mich so wichtig, dass sie mir immer wieder in den Sinn kommt – zumal ich dort auch zwei Lesungen halten durfte. Der Beiname »an der Knatter« ist auf die vielen knatternden Wassermühlen zurückzuführen, die es hier früher an einem Nebenarm der Jäglitz gegeben hat. Manche sagen auch, die nach dem Waschen im Fluss aufgehängten Bettlaken hätten ein lautes Knattern verursacht. Wie auch immer, ich habe in Kyritz nie etwas anderes als den Auspuff eines alten Mofas knattern hören.

Das Rathaus, der Marktplatz, die Stadtpfarrkirche St. Marien und die alte Stadtmauer sind allemal einen Besuch wert. Und mit der Geschichte der Stadt ist der Name Kurt von Bassewitz eng verbunden. Der Raubritter aus dem Mecklenburgischen ist 1381 brandschatzend in die Prignitz eingefallen, hat aber Kyritz nicht erobern können, weil die Bürger ihre Stadt überaus tapfer verteidigten. Dieses Ereignis wird von den Bewohnern noch heute jedes Jahr gefeiert. 1411 hat Bassewitz dann noch einmal versucht, Kyritz einzunehmen.

Er wollte durch einen unterirdischen Gang bis ins Innere der Marienkirche vordringen und von dort aus den Kyritzer Bürgern in den Rücken fallen, während seine Mannschaft einen Sturmangriff auf die Stadtmauern unternehmen sollte. Der Plan wurde jedoch verraten, und als Bassewitz mit dem Schwert in der Hand im unterirdischen Stadtgang auftauchte, überschüttete man ihn mit heißem Brei und nahm ihn gefangen, um ihn mit seinem eigenen Schwert hinzurichten.

»Horst, warst du schon einmal am Salzsee?«, werde ich bei einer Wanderung von unserem Leithammel gefragt, als wir am Bahnhof Kyritz aus einem Zug der RB73 steigen.

»Nein«, antworte ich und zähle einige der Salzseen auf, über die ich in der zwölften Klasse einmal ein Referat gehalten habe, »weder in Salt Lake City am Großen Salzsee noch am Toten Meer, am Salar de Uyuni in Bolivien oder an dem in der Atacamawüste.«

»Aber in den nächsten Stunden wirst du einen sehen.«

Ich tippe mir kurz an die Stirn, doch als wir an der Kyritzer Seenkette entlangwandern, erreichen wir nach dem Klempow-, dem Unter- und dem Obersee tatsächlich einen Salzsee. Und nicht nur das, bei Kyritz gibt es auch eine Talsperre, vor der sich das Wasser der Dosse staut. Als ich das Wort Dosse höre, denke ich sofort an Neustadt (Dosse) und schlage spontan vor, diese Stadt auch noch zu besuchen.

»Erst wandern wir nach Kampehl!«, befiehlt unser Wanderführer.

Von Kyritz nach Kampehl braucht man mit dem Auto keine Viertelstunde. Kampehl ist ein märkisches Muss, denn hier ist die Mumie des Ritters Kahlebutz zu besichtigen. Christian Friedrich von Kahlebutz (1651–1702) zeichnete sich in der Schlacht bei Fehrbellin besonders aus und erhielt deshalb vom Großen Kurfürsten das Gut Kampehl bei Neustadt an der Dosse als Erblehen. 1690 wurde er angeklagt, den Schäfer Pickert aus dem Nachbarort Bückwitz ermordet zu haben, weil der ihm bei seinem Versuch im Wege gestanden habe, bei einer Magd zum »Recht der ersten Nacht« zu gelangen, also mit ihr vor ihrem künftigen Bräutigam zu schlafen. Kahlbutz musste vor Gericht, wurde aber freigesprochen. Schließlich soll er geschworen haben: »Wenn ich doch der Mörder bin gewesen, dann wolle Gott, soll mein Leichnam nie verwesen.« Und das tut er tatsächlich nicht. Ärzte und Naturwissenschaftler der Charité, darunter Koryphäen wie Rudolf Virchow und Ferdinand Sauerbruch, haben bis heute keine Erklärung dafür. War Kahlebutz doch der Mörder von Bückwitz?

»Horst, warum willst du denn unbedingt noch nach Neustadt (Dosse)?«, fragt mich mein Wanderführer irgendwann.

»Weil ich hier 1945/46 bei Hamsterfahrten nach Groß Pankow mit meiner Mutter oft gestrandet bin, immer auf der Rückreise. Einmal konnten wir in einem kleinen Hotel gleich am Bahnhof übernachten, ein anderes Mal aber mussten wir die Nacht im Wartesaal verbringen, und da wurden wir immer wieder von Ratten belästigt. Sie wollten sich an den Lebensmitteln in unserem Rucksack zu schaffen machen.«

Bald darauf erreichen wir die Stadt, und ich kaufe mir eine Dose Pils. »Schließlich sind wir in Neustadt an der Dose«, lautet mein Kommentar.

Potsdam und Sanssouci

Bei der Suche nach einem rechten Beginn für dieses Kapitel bin ich fast am Verzweifeln, denn wenn ich an Potsdam und sein berühmtes Schloss denke, kann ich nur Karl Valentins epochaler Erkenntnis zustimmen: »Es ist schon alles gesagt, nur noch nicht von allen.« Zum Glück kommt mir doch noch etwas in den Sinn, das noch nicht gesagt worden ist: Potsdam ist eigentlich gar keine Landeshauptstadt, sondern nur der 13. Berliner Bezirk. Denn wenn es eine Landeshauptstadt wäre, hätte es wenigstens einen Verein in der Fußballbundesliga. Dann fällt mir aber ein, dass nur zwei von 13 Flächenstaaten mit einem Verein in der Saison 2016/17 vertreten sind, nämlich Bayern und Rheinland-Pfalz, und außerdem gibt es den Frauenfußballklub Turbine Potsdam.

Wie die meisten Kinder habe auch ich den Städtenamen Potsdam ungewöhnlich früh kennengelernt, nämlich mit den ersten Zungenbrechern: *Der Potsdamer Postkutscher putzt den Potsdamer Postkutschkasten. Den Potsdamer Postkutschkasten putzt der Potsdamer Postkutscher.*

Reist man nicht mit der Postkutsche, sondern mit der S- oder Regionalbahn nach Potsdam, kann man am dortigen Hauptbahnhof das fast großstädtische Treiben beobachten. Im Minutentakt kommen Busse und Straßenbahnen an oder fahren wieder ab. Steigt man in ein solches grüngestrichenes

Gefährt ein, freut man sich im ersten Moment, dass man als VIP begrüßt wird. Doch dann merkt man sehr schnell, dass ViP nur die Abkürzung für »Verkehrsbetriebe in Potsdam« ist.

Sightseeing ist in Potsdam weithin mit der Straßenbahn möglich, obwohl die Magistrale, die Brandenburger Straße, Fußgängerzone ist.

Daz gantze eyland muß ein paradeys werden, hatte 1664 der Fürst Moritz von Nassau dem Großen Kurfürsten angeraten, und Voltaire hatte ein wenig später den Charakter Potsdams wie folgt auf den Punkt zu bringen versucht: *Athen und Sparta, Feldlager und Garten Epikurs, Trompeten und Violinen, Krieg und Philosophie.*

Alle Sehenswürdigkeiten aufzuzählen, die Potsdam ausmachen, ist in diesem Rahmen unmöglich, also beschränke ich mich auf die, zu denen ich eine besondere Verbindung habe. Auf der Langen Brücke, die zwischen Hauptbahnhof und Innenstadt gelegen ist, stehe ich gerne am Geländer und sehe zu, wie die Dampfer anlegen und abfahren. Die gewaltige Architektur des »Mercure Hotels«, ehemals das »Interhotel Potsdam«, empfinde ich als störend, viele Potsdamer wollen aber nicht, dass man ihr Denkmal an die DDR-Zeit abreißt. Jubeln lässt mich dagegen der Anblick des neuerrichteten Stadtschlosses, heute Sitz des Landtages.

Früher sind wir oft und gern vom Bahnhof durch die Stadt zum Schloss Sanssouci gegangen. Und ich habe mich immer gefreut, wenn jemand keine Blumen, sondern eine Kartoffel auf das Grab Friedrichs des Großen gelegt hat, der in der DDR nur »Friedrich II. von Preußen« genannt wurde.

Blicke ich die Schlossfassade hinauf und lese in großen Lettern *Sans, souci*, muss ich sofort an das Buch *Das Kom-*

ma von Sans, Souci von Heinz Dieter Kittsteiner denken, in dem er die Inschrift mit »Ohne Rütchen sorgenfrei« übersetzt und als eine Anspielung auf eine venerische Erkrankung Friedrichs versteht, die der sich kurz vor seiner Vermählung zugezogen hatte. Sie soll zur Kastration geführt haben, ohne die der König unweigerlich gestorben wäre. Ein Hinweis auf diese Geschichte fände sich auch in einem Bericht des Leibarztes Johann Georg Zimmermann, in dem von einem *grausamen Schnitt* die Rede sei.

Nicht der Alte Fritz, sondern Friedrich Wilhelm IV. hat August Borsig beauftragt, die Wasserspiele und den Springbrunnen in Sanssouci wieder instand zu setzen. 1842 lieferte der *König vom Feuerland*, so der Titel einer meiner Romane, eine Dampfmaschine mit achtzig Pferdestärken für das neue Pumpwerk in Potsdam, das im Stil türkischer Moscheen erbaut wurde.

Manchmal sind wir auch am Bahnhof Potsdam Park Sanssouci aus der Bahn gestiegen und haben uns dem Schloss vom Neuen Palais her genähert. Die Wanderung ging dann weiter zum Ruinenberg, die Pappelallee hinunter, durch die russische Kolonie Alexandrowka hindurch zum Schloss Cecilienhof und schließlich am Ufer des Jungfernsees entlang bis zur Glienicker Brücke.

Einmal kamen wir am Fontane-Archiv vorbei, das in der Villa Quandt auf dem Pfingstberg untergebracht ist, und ich stolperte über einen Stein. »Heb den bloß nicht auf und …«, warnte mich ein guter Freund, der wusste, was mir hier vor Jahren widerfahren war. Da hatte man mich erst zu einer Lesung aus meinem Buch *Mord und Totschlag bei Fontane* ein-, dann aber wieder ausgeladen, weil meine Literatur dem hohen Niveau des Hauses doch nicht entspreche.

Später habe ich aber doch noch mehrere Lesungen in Potsdam gehalten, einmal sogar bei einer Open-Air-Veranstaltung in einem Park hinter der Viereckremise.

Gern steige ich auch am Bahnhof Babelsberg aus der S-Bahn, schlendere durch den Park, bewundere das Schloss sowie die alte Berliner Gerichtslaube und gehe dann zur Glienicker Brücke.

Das Filmmuseum Potsdam und der Filmpark Babelsbergs dürfen natürlich nicht vergessen werden, ebenso wenig das Holländische Viertel.

Beenden möchte ich dieses Kapitel mit dem Hinweis, dass schon in der frühen Bronzezeit an der Einmündung der Nuthe in die Havel Menschen gesiedelt haben und die slawischen Heveller hier später eine Burganlage errichteten. Am 3. Juli 993 und damit rund fünfzig Jahre vor Berlin wurde der Ort als Poztupimi zum ersten Mal urkundlich erwähnt. Von wegen, Potsdam sei nur ein Anhängsel Berlins!

Brandenburg an der Havel und der Beetzsee

Viele verstehen nicht, warum Brandenburg an der Havel als Wiege und Keimzelle der Mark nicht deren Landeshauptstadt ist und warum Brandenburg an der Havel so einen umständlichen Namen hat und nicht einfach Brandenburg-Stadt genannt wird wie etwa Mexiko-Stadt.

Früher, als ich in Hannover meine Ausbildung zum Industriekaufmann absolvierte, fuhren die Interzonenzüge nach Berlin noch über Magdeburg und Brandenburg an der Havel. Vom Zugfenster aus bekam ich einen guten Eindruck von der Stadt, und da beschloss ich, sie einmal zu besichtigen.

Ich habe Brandenburg an der Havel dann sogar öfter besucht, mal mit der Familie, mal mit der Wandergruppe, mal allein zu einer Lesung. Vom Berliner Bahnhof Zoologischer Garten braucht man mit dem RE1 nur um die fünfzig Minuten bis nach Brandenburg. Ich habe dagegen fünfzig Tage gebraucht, um in *Otto mit dem Pfeil im Kopf* zu erzählen, wie im Jahr 1150 nach dem Tod des Hevellerfürsten Pribislaw-Heinrich das Land durch einen Erbvertrag an den Markgrafen Albrecht der Bär gefallen ist, der den aufmüpfigen Slawenfürsten Jaxa von Köpenick besiegte und 1157 die Mark Brandenburg begründete.

Alle Baudenkmäler der Stadt zu beschreiben – die Domkirche St. Peter und Paul, die Domklausur, die St.-Katharinen- und übrigen Kirchen, die mittelalterliche Stadtmauer der Alt- und der Neustadt, die vier erhaltenen Stadttortürme und das Altstädtische Rathaus – ist Sache der Reiseführer. Ich möchte jedoch erwähnen, dass es seit 1474 einen Roland in Brandenburg an der Havel gibt, so wie ja auch in Perleburg einer steht. Das versetzt mich als zeitweiligen Bremer natürlich in Entzücken.

Als ich Brandenburg an der Havel wieder einmal mit meinem Freund Volker bereise, mahnt er mich: »Von dir als Schriftsteller erwartet man, dass du bei allen Orten, von denen du in deinen *Streifzügen* berichtest, auf die Kollegen eingehst, die dort gewirkt haben.«

Ich mache mich kundig und stoße auf Namen wie Hans von Held, Julius von Voß, Heinrich Ludwig Bolze, Elisabeth Goedicke und Jean Wiersch, von denen ich noch nie zuvor etwas gehört habe. Nur Friedrich de la Motte Fouqué kenne ich. Selbstverständlich sind mir auch berühmte Söhne der Stadt wie Theodor Hosemann (1807–1875), der Maler, Illustrator und Karikaturist, nach dem eine Straße im Berliner Stadtbezirk Prenzlauer Berg benannt worden ist, der letzte Reichskanzler der Weimarer Republik Kurt von Schleicher (1882–1934) und unser geliebter Loriot bekannt. Eine Größe der deutschen Geschichte, die in Brandenburg an der Havel lebte, ist jedoch vielleicht noch viel legendärer als sie alle zusammen: der Barbier Johann Friedrich Andreas Bollmann (1852–1901), genannt Fritze Bollmann. Bollmann hatte insgesamt elf Kinder, von denen jedoch viele starben. Da er in eine finanzielle Notlage geriet, flüchtete er sich in den Alkohol. Lief er betrunken in der Stadt umher, wurde er häufig von Kindern geärgert und verspottet. Beim Angeln nahe der Dominsel – und nicht auf dem Beetzsee – stürzte er aus seinem Kahn, worauf die Kinder der Stadt das berühmte Spottlied auf ihn dichteten:

Zu Brandenburg uff'm Beetzsee
Ja da liegt een Äppelkahn,
Und darin sitzt Fritze Bollmann
Mit seinem Angelkram.

Fritze Bollmann wollte angeln,
Doch die Angel fiel ihm rin,
Fritze wollt se wieder langen,
Doch da fiel er selber rin.

Fritze Bollmann schrie um Hilfe,
Liebe Leute, rettet mir,
Denn ick bin doch der Fritze Bollmann
Aus der Altstadt der Barbier.

Und die Angel ward jerettet,
Fritze Bollmann, der ersoff…

Tatsächlich ist Fritz Bollmann aber nicht beim Angeln ertrunken, sondern verarmt im Städtischen Krankenhaus verstorben.

Den Breitlingsee konnte ich bei meinen Fahrten vom D-Zug aus ebenfalls sehen, und vom Beetzsee habe ich durch die Fritze-Bollmann-Lieder erfahren. Der Obere Beetzsee und der Riewendsee waren mir dagegen lange Zeit unbekannt. Beide liegen nordöstlich von Brandenburg und sind durch ein sich dahinschlängelndes Fließ, genannt der

Sträng, miteinander verbunden. Auf dem Beetzsee habe ich einmal eine Dampferfahrt unternommen, und im Hotel »Bollmannsruh« am Oberen Beetzsee haben wir gut gespeist. Westlich der Stadt sind noch der Plauer und der Mösersche See zu finden.

Sehr lobenswert finde ich, dass es in Brandenburg an der Havel noch eine Straßenbahn gibt. Auf dem meterspurigen Netz verkehren drei Linien mit einer Streckenlänge von fast 18 Kilometern. Leider ist im Herbst 2002 die an die sechs Kilometer lange Strecke nach Kirchmöser wegen Brückenschäden eingestellt worden.

Auch für mich West-Berliner war Kirchmöser schon immer ein Begriff, zum einen wegen des Reichsbahnausbesserungswerks Brandenburg-West und zum anderen, weil hier viele erfolgreiche Ruderer zu Hause waren. Nicht zu vergessen ist auch der Fußballverein BSV Stahl Brandenburg, der in der Tabelle der DDR-Fußball-Oberliga auf dem 22. Platz zu finden war.

»Wir müssen zurück nach Berlin!«, ruft die Gefährtin meines Lebens. »Wir sind um 18 Uhr am Brandenburger Tor verabredet.«

Also zurück nach »Berlin an der Spree, an der Havel, an der Dahme, an der Panke, an der Wuhle, am Tegeler Fließ und am Neuenhagener Mühlenfließ«. Hoffentlich beschließt der Senat endlich, Berlin den ihm gebührenden Städtenamen zu verleihen.

Neuruppin und Fehrbellin

Es ist ein Skandal, dass sich Neuruppin nicht Fontanestadt nennt, hat doch Heinrich Theodor Fontane hier am 30. Dezember 1819 das Licht der Welt erblickt. Beide Eltern, der Apotheker Louis Henry Fontane und seine Ehefrau Emilie, waren hugenottischer Herkunft. Aufgewachsen ist der kleine Theodor in der Karl-Marx-Straße, Haus Nummer 84, das heute nach ihm benannt ist und noch immer eine Apotheke beherbergt. Ist man zu Gast in Neuruppin, sollte man deshalb zunächst die Löwen-Apotheke aufsuchen.

Ich war so oft in Neuruppin, ob zu Wanderungen, Familienausflügen oder Lesungen, dass ich es nicht mehr aufzuzählen vermag. Im Winter 1994, als mein Buch *Mord und Totschlag bei Fontane* erschien, saß ich sogar auf dem Fontane-Denkmal und schaute ehrfurchtsvoll zu meinem Vorbild hinauf.

Neuruppin hat aber nicht nur Theodor Fontane hervorgebracht, die Liste seiner berühmten Söhne und Töchter ist lang. An dieser Stelle seien nur diejenigen genannt, die für mich selbst von großer Bedeutung sind:

– Mit Karl Friedrich Schinkel (1781–1841) wird man in Berlin und Brandenburg überall konfrontiert. Nicht nur seine eigenen Bauwerke erinnern an ihn, sondern auch die unzähligen Fassaden, die seinem Stil nachempfunden wurden.

– Gustav Kühn (1794–1868), Buchdrucker und Herausgeber von Bilderbogen, hat mich schon als Kind mit seinen Vorläufern des Comics erfreut.

– Paul Carl Beiersdorf (1836–1896), Apotheker und Firmengründer der Beiersdorf AG, erfreut mich heute noch mit seiner Nivea-Creme.

– Carl Großmann (1863–1922), Serienmörder, hat mich angeregt, *Die Bestie vom Schlesischen Bahnhof* zu schreiben.

– Klaus Schwarzkopf (1922–1991), Schauspieler, spielte den Professor Kolczyk in der Verfilmung meines Romans *Einer von uns beiden.*

– Eva Strittmatter (1930–2011) war eine der Großen in der Schriftstellerzunft und insbesondere in der DDR hochgeehrt.

– Uwe Hohn (*1962) ist nicht nur ein herausragender Speerwerfer (Weltrekord mit 104,80 Metern), in der Fernsehreihe *Außenseiter Spitzenreiter* ist es ihm auch gelungen, ein Streichholz 30,68 Meter weit zu werfen.

Vergessen sollten wir auch nicht, dass Friedrich der Große (1712–1786) von 1732 bis 1740 als Kronprinz Friedrich Kommandeur der Neuruppiner Garnison gewesen ist und Georg Heym (1887–1912) in Neuruppin das Friedrich-Wilhelms-

Gymnasium besucht und hier seine ersten Gedichte geschrieben hat. Möglicherweise war auch *Abend am See* unter ihnen:

Leis kommt die Nacht auf Dämmerwegen.
Du fühlst im Waldsee ein heimliches Regen.
Der Abendwind rauscht durch das Rohr so eigen
In des Sternengeflimmers tanzenden Reigen.

Still ruhn die Wogen in dem Silberschein
Des Monds, der sich erhebet wolkenrein.
Es öffnen die Seerosen ihren Silberkranz.
Ein nie geahnet Glück sie erfüllet ganz.

Damit haben wir eine wunderbare Überleitung zum Ruppiner See, den ich mit meiner Wandergruppe unzählige Male umrundet habe. Als Ausgangspunkt diente uns dabei immer sein südliches Ende, in dessen Nähe Wustrau gelegen ist. Im altem Wustrauer Gutshaus ist Hans Joachim von Zieten 1699 geboren worden, dem Fontane 1847 das Gedicht *Der alte Zieten* gewidmet hat. Die erste Strophe beschreibt den General anschaulich:

Joachim Hans von Zieten,
Husarengeneral,
Dem Feind die Stirne bieten,
Er tat's wohl hundertmal;
Sie haben's all erfahren,
Wie er die Pelze wusch
Mit seinen Leibhusaren
Der Zieten aus dem Busch.

Zu Beginn von Zietens Karriere deutete nichts darauf hin, dass der Mann aus Wustrau neben Seydlitz einmal der berühmteste General Preußens werden sollte. Bei Beförderungen wurde er übergangen, und der Soldatenkönig Friedrich Wilhelm I. urteilte über ihn: *... ist gar klein und von schwacher Stimme für das Commandiren.* Zieten nahm daraufhin erst einmal einen zeitweiligen Abschied vom Militär. Wieder zurück, scheiterte er ein zweites Mal, aber im Siebenjährigen Krieg kam seine große Zeit. Er starb schließlich nicht auf dem Schlachtfeld, sondern 1786 in Berlin, wo er sich in der Kochstraße 61/62 ein Haus gekauft hatte.

Ich habe von Hans Joachim von Zieten zum ersten Mal erfahren, als ich ein Bild von ihm im Zigarettenbilderalbum meines Vaters entdeckte. Das zeigte ihn in Sanssouci an der Tafel Friedrichs des Großen. Angeblich soll er bei diesem Besuch im Schloss eingeschlafen sein. Friedrich der Große verhinderte jedoch, dass man ihn aufweckte: *Lasst ihn schlafen, er hat lange genug für uns gewacht.*

In meiner Jugend bin ich oft durch die Neuköllner Zietenstraße gegangen, heute Werbellinstraße.

Einmal fuhren wir mit der RE6 von Spandau eine knappe Stunde bis Wustrau-Radensleben, liefen nach Wustrau, bestaunten dort das Zieten-Schloss, besuchten das Brandenburg-Preußen Museum und marschierten dann am östlichen Ufer des Ruppiner Sees entlang, wobei wir die Ortschaften Karwe, Gnewikow und Wuthenow passierten. Ob hier Fontanes Schach von Wuthenow zu Hause war? Auf dem Seedamm überquerten wir den Ruppiner See und nahmen Kurs auf den Bahnhof Rheinsberger Tor, nicht ohne vorher den herrlichen Seeblick an der Klosterkirche Sankt Trinitatis genossen zu haben. Ich dachte an Lisa, meine ältere Tochter, und stieß einen Seufzer aus, denn sie hatte einmal beim Erlernen der deutschen Sprache statt Seeufer laut Seufer gelesen.

Ein anderes Mal sind wir von Neuruppin nach Norden gewandert und am Molchow-, Tetzen- und vorbei am Zermützel- zum Tornowsee gelaufen. Sofort fühlte ich mich an den Zermützel-, den Schermützel- und den Scharmützelsee erinnert, diese bringt der Berliner gerne durcheinander.

Neben Neuruppin gibt es auch ein Alt Ruppin, ein Ortsteil von Neuruppin, und zudem die Ruppiner Schweiz, deren Name auf das leicht Hügelige der Landschaft anspielt.

Was ist noch erwähnenswert? Die Fontane Therme vielleicht oder der Hinweis, dass man vor dem Besuch der Stadt das Buch *Der Pate* von Mario Puzo lesen sollte, denn seit 2004 macht Neuruppin Schlagzeilen durch Korruption und Vetternwirtschaft und hat bereits Spitznamen wie »Märkisches Palermo«, »Klein Palermo« und »Korruppin« verliehen bekommen. Nur beim Fußball macht Neuruppin mit seinem MSV immer wieder positive Schlagzeilen. Sollte die Mannschaft einmal gegen Hertha BSC spielen, werde ich mir das nicht entgehen lassen.

Südlich an das Neuruppiner Gebiet grenzt Fehrbellin, das ich auf keinen Fall unerwähnt lassen darf, kennt doch ein jeder die Schlacht bei Fehrbellin und Kleists *Prinz von Homburg* sowie den Ausruf des Titelhelden: *Träum ich? Wach ich? Leb ich? Bin ich bei Sinnen?* Die Brandenburger besiegten die Schweden am 28. Juni 1675 am Hakenberg, und viele Historiker deuten dieses Ereignis als den Ausgangspunkt für den Aufstieg Brandenburg-Preußens zur europäischen Großmacht. Auf dem Hakenberg steht deshalb auch ein Denkmal, eine Siegessäule, 1875 bis 1879 erbaut, 36 Meter hoch und gekrönt von einer Bronzeviktoria.

Rheinsberg

Da war der Marktplatz, der mit alten, sehr niedrigen Bäumen bepflanzt war, schattig und still lag er da. Sie schritten durch ein schmiedeeisernes Tor in den Park. Hier war es ruhig. In dem einfachen weißen Bau des Schlosses klopfte ein Handwerker. Sie gingen durch den Hof wieder in den Park, wieder in die Stille … Noch brausten und dröhnten in ihnen die Geräusche der großen Stadt, der Straßenbahnen, Gespräche waren noch nicht verhallt, der Lärm der Herfahrt … (…) Aber hier war es nun still, die Ruhe wirkte lähmend, wie wenn ein regelmäßiges, langgewohntes Geräusch plötzlich abgestellt wird. Lange sprachen sie nicht, ließen sich beruhigen von den schattigen Wegen der stillen Fläche des Sees, den Bäumen … Wie alle Großstädter bewunderten sie maßlos einen einfachen Strauch, überschätzten seine Schönheit und ohne das Praktische aller sie umgebenden ländlichen Verhältnisse zu ahnen, sahen sie die Dinge vielleicht ebenso einseitig an wie der Bauer – nur von der andern Seite. Nun, hier in Rheinsberg erforderten die Gegenstände nicht allzuviel praktische Kenntnis, man war ja nicht auf einem Gut, das bewirtschaftet werden sollte.

So und nicht anders muss dieses Kapitel beginnen – mit einem Auszug aus Kurt Tucholskys *Rheinsberg – Ein Bilderbuch für Verliebte.* Selbstverständlich findet Rheinsberg auch in Theodor Fontanes *Wanderungen durch die Mark Brandenburg* Erwähnung.

Den Bahnhof Rheinsberg kann man über Löwenberg (Mark) mit der RB54 erreichen. Vom Bahnhof bis zum Schloss braucht man aber über die B122, die Rhin- und die Mühlenstraße eine kleine Ewigkeit, bis man am Schloss angelangt ist, dem absoluten Highlight der Stadt. Ich habe es zum ersten Mal zur DDR-Zeit besucht, damals lagerten zur Seeseite hin Berge von Braunkohle vor seinen Mauern, und man sagte uns, hier sei eine Diabetikerklinik untergebracht. Ob ich an diesem Tage beschloss, auch einmal Diabetiker zu werden, um hier wohnen zu können?

Das Residenzschloss Friedrichs des Großen verdankt seine Vollendung und Schönheit den Baumeistern Johann Gottfried Kemmeter und Georg Wenzeslaus von Knobelsdorff. Friedrich verbrachte hier seine glücklichsten Jahre, bis er 1740 König wurde. Hier musizierte er viel – Carl Philipp Emanuel Bach war sein Kammercembalist –, schrieb den *Antimachiavell* und korrespondierte mit Voltaire.

Rheinsberg bietet jedoch nicht nur allerhand Geschichte und Kultur, sondern auch eine Menge Natur pur.

Nicht weit entfernt liegen die Ruppiner Heide mit dem ehemaligen Truppenübungsplatz Wittstock und das Rheinsberger Seengebiet. Letzteres habe ich mit meinem Sohn Sascha einmal mit einem Motorboot erkundet. Begonnen haben wir unsere Tour am Grienericksee, fuhren dann über einen großen Kanal zum Großen Rheinberger See, passierten eine mondförmige Insel und hielten auf den Repenter Kanal zu. Nachdem wir diesen durchfahren hatten, passierten wir eine Reihe anderer Seen: Mehlitz-, Schlaborn-, Bikow- und Dollgowsee und schließlich, nach dem Jagowkanal, Tietzow- und Großer Prebelowsee.

Wieder zurück in Rheinsberg, haben wir im Restaurant »Seehof« mit Blick auf den Grienericksee gespeist. Ich genoss einen gebratenen Zander und mein Sohn etwas Vegetarisches.

Zu Rheinsberg gehört auch der Ortsteil Flecken Zechlin, und der ist wirklich ein wunderschönes Fleckchen Erde. Der Werbeprospekt übertreibt nicht: *Inmitten der ausgedehnten Wälder mit uralten Buchen und Eichen findet der Wanderer mehr als hundert klare Seen. Der Ort breitet sich malerisch mit verwinkelten Gassen und Treppchen an den Hängen des Schwarzen Sees aus.* Unvergesslich ist für mich unsere Wanderung vom Ortsteil Kagar nach Flecken Zechlin vorbei am Bramin- und Großen Zechliner See.

Nach so viel Natur möchte ich dieses Kapitel mit etwas Kultur beenden: dem Hinweis auf die Rheinsberger Musiktage, die jährlich zu Pfingsten veranstaltet werden, und die Kammeroper Schloss Rheinsberg.

Guben

»Gubener Hüte – weltbekannt durch ihre Güte.« Diesen Werbespruch habe ich schon als Kind kennengelernt. Rita, eine gute Bekannte, erzählte oft über ihre Heimatstadt Guben, meine Schwiegertochter stammt ebenfalls aus der einstigen Wilhelm-Pieck-Stadt, und zum Ritual unserer Großfamilie gehört es, sich zu Pfingsten auf dem Grundstück ihrer Eltern im Ortsteil Kaltenborn zu treffen. Außerdem liegt Guben / Gubin an der Lausitzer Neiße, und über die »Oder-Neiße-Friedensgrenze« wurde nach 1945 fast täglich im Radio berichtet. Oft haben die Erwachsenen dann gescherzt: »Mein neuer Hut, der weiße, der fiel mir in die Sch… Schad ja nüscht, schad ja nüscht, wird ja wieder abgewüscht.« Erst später habe ich von Max Herrmann-Neiße, dem Schriftsteller, Kenntnis erhalten. Der ist sogar 1886 in Neiße geboren worden, allerdings im schlesischen Neiße.

Bekannt geworden ist die Stadt Guben leider auch durch die »Gubener Hetzjagd«, bei der rechtsextreme Jugendliche drei Ausländer angriffen und der algerische Asylbewerber Farid Guendoul in der Nacht zum 13. Februar 1999 ums Leben gekommen ist. Er hatte in seiner Panik eine Glastür eingetreten, sich schwer verletzt und ist dann verblutet.

Zurück zur Familie. War die Großfamilie in Guben versammelt, bot das kleine Haus in der Kaltenborner Kuckucksaue nicht genügend Platz für alle. Meine Kleinfamilie hatte anderswo Quartier zu nehmen, anfangs immer am Deulowitzer See, dann im »Hotel Waldow« und schließlich im »Stilhotel«.

Am Deulowitzer See konnte man gleich nach der Wiedervereinigung im ehemaligen SED-Erholungsheim preiswert übernachten. Da man dort auch die Möglichkeit hatte, sich einen Ruderkahn zu leihen, bin ich oft gleich nach dem Frühstück losgezogen, immer in Gedanken an das Kinderlied *Jetzt fahrn wir über'n See*. Kaum zu fassen, dass dieser wunderschöne kleine, fast kreisrunde See nun mitsamt der Landschaft, in die er eingebettet ist, aufgrund von unter ihm lagernder Braunkohle abgebaggert werden soll.

Schon die Anfahrt zum Deulowitzer See war stets ein Vergnügen, denn wir sind meist über den Ort mit dem lustigen Namen Atterwasch gereist.

Schöne Erinnerungen habe ich auch an das »Hotel Waldow«, das nördlich der Gubener Innenstadt in Groß Breesen gelegen ist, hier kommt nämlich mehrmals die Stunde ein Zug vorbei, und so etwas stimmt mich immer glücklich. Außerdem kann man am Mühlenfließ und an einem Fließ mit dem Namen Alte Mutter flanieren.

Vom »Stilhotel« in der Frankfurter Straße sind es nur ein paar Meter zur Neiße-Brücke und hinüber nach Polen. Ich bin begeisterter Europäer und genieße es, einfach so – als würde ich zu Hause am Bundesplatz von der Weimarischen in die Mainzer Straße einbiegen – in ein anderes Land zu spazieren.

Der östliche Teil Gubens liegt heute in Polen, gehört zur Woiwodschaft Lebus und heißt Gubin. Das historische Rathaus ist im Krieg zerstört worden, die Polen aber haben es originalgetreu wiederaufgebaut. Es ist ein Schmuckstück, und im »Ratskeller« muss man gegessen haben. Dort, wo vor dem Krieg Gubens Altstadt gestanden hat, befindet sich heute der Mickiewicz-Park, nur ein paar Meter Straßenbahnschienen hat man in der Erde zurückgelassen. Überaus imposant ist die Ruine der im 14. Jahrhundert erbauten spätgotischen Stadtkirche.

Wie gern gehe ich vom »Stilhotel« aus auf dem Neiße-Deich spazieren! Hier bin ich nie entlanggepaddelt, werde es aber ganz sicher tun, wenn es eine Wiedergeburt geben sollte. Schön ist der Blick zur Theaterinsel hinüber.

Wie bereits eingangs erwähnt, ist Guben für die Hutherstellung bekannt. Carl Gottlob Wilke war 1822 der erste Hutmacher der Stadt, sein Sohn Friedrich erfand den wetterfesten Wollfilzhut. Später entstand auf dem Gelände der ehemaligen Hutfabrik ein neues Stadtzentrum für Guben. Neben Teilen der Stadtverwaltung ist hier eine Fertigungsstätte des Erfinders der Plastination, Gunther von Hagens, untergebracht. Unmittelbar nach ihrer Eröffnung besuchte ich sie mit meiner älteren Tochter und der Schwiegermutter meines Sohnes, deren Freundin hier arbeitet. Eingeprägt hat sich mir das Bild, wie besagte Freundin an einer Vertikalschneidemaschine stand und von einem präparierten menschlichen Oberschenkel dünne Scheiben abtrennte. Sie nutzte dasselbe Modell wie die Berliner Fleischwarenfachverkäuferin, die mir damit immer Scheiben vom Schinken abschnitt. Seitdem ich das gesehen habe, kaufe ich nur noch abgepackten Schinken aus dem Kühlfach.

Als kulinarische Spezialität der Stadt ist die Gubener Plinse bekannt, eine auf spezielle Art hergestellte Hefeplinse.

Landschaftlich zeichnet sich Guben durch die Hochflächen mit ihren ausgedehnten Kiefernwäldern und zahlreichen See aus. Die Kaltenborner Berge, die fast fünfzig Meter hoch sind, kann man ganz ohne Seil besteigen.

Von den vielen Persönlichkeiten, die vor Ort geboren sind oder gewirkt haben, sind mir nur wenige im Gedächtnis geblieben, so zum Beispiel der ehemalige Präsident der DDR Wilhelm Pieck (1876–1960) oder der evangelische Theologe Otto Dibelius (1880–1967), der von 1906 bis 1907 Hilfsprediger in Guben und von 1945 bis 1966 Landesbischof von Berlin-Brandenburg war. Hätte der meine *Streifzüge* in einer seiner Predigten erwähnt, hätte er bestimmt auf eine Sentenz von Jean Paul verwiesen: *Nur Reisen ist Leben, wie umgekehrt Leben Reisen ist.* Und sei es auch nur von Berlin nach Guben.

Bohsdorf mit Grodk und Senftenberg

Ab dem Jahr 2000 war ich über 14 Jahre lang Vorsitzender des Berliner Schriftstellerverbandes (VS in ver.di). In diese Zeit fiel auch der hundertste Geburtstag des deutsch-sorbischen Schriftstellers Erwin Strittmatter (1912–1994), einer DDR-Ikone. Da meine »Kartoffel-Romane« ähnlich angelegt sind wie Strittmatters Romantrilogie *Der Laden*, baten mich die Brandenburger Kollegen, bei Festveranstaltungen in Cottbus und Bad Saarow etwas aus dem *Laden* vorzulesen. Ich fühlte mich geehrt, sagte freudig zu und vertiefte mich in die drei dicken Taschenbücher.

Der dokumentarische Roman *Der Laden* ist 1983 erschienen und erzählt die Geschichte des Jungen Esau Matt und seiner Familie, die stark autobiografisch gefärbt ist. Esaus Familie zieht von Graunstein / Grauschteen nach Bohsdorf / Bóšojce (bei Strittmatter Bossdom) und übernimmt dort einen Bäckerladen. Esau wird fortan *Bäckersch Esau* genannt, auch als er in Spremberg / Grodk auf die *hoche Schule* geht.

Ich las nicht nur die drei Bände Seite für Seite, sondern fuhr zudem mit meinem Freund Volker und seiner Frau Karin an einem Sonntag nach Bohsdorf zur Strittmatter-Gedenkstätte in der Dorfstraße 37. Auf dem Weg verfuhren wir uns einige Male hinter Cottbus. Als wir unser Ziel endlich erreichten, wurde dort gerade eine Veranstaltung abgehalten. Wir schlossen uns einer Führung an, erfuhren alles Wissenswerte über Bohsdorf, ohne aber bis zum Aussichtsturm am Rande des Felixsees zu laufen – eines Badesees, der aus dem Restloch der von 1851 bis 1930 betriebenen Braunkohlengrube Felix entstanden ist. Anschließend besichtigten wir den eigentlich recht schmucklosen Kotten mit ausgebautem Dachboden, Bäckerei und Laden, dem Strittmatter mit seiner Romantrilogie zu großem Ruhm verholfen hat und von dessen Hof aus man einen weiten Blick auf eine grüne Ebene, das Wald- und Restseengebiet Döbern, hat. Ich wollte allein sein, um mich ganz ungestört in Esau Matt beziehungsweise Erwin Strittmatter hineinversetzen zu können und nachzufühlen, wie den Schriftsteller die hiesige Atmosphäre dazu inspiriert hat, seinen Roman zu schreiben. Dessen Poesie macht die Bohsdorfer Tristesse zu einem hochinteressanten Wohlfühl-Milieu.

Im *Laden* wird nicht viel von Spremberg/Grodk berichtet, obwohl es von Bohsdorf bis dorthin gerade einmal 16 Kilometer sind. Für einen Fußmarsch ist das ein bisschen weit, mit dem Rad aber ein Klacks. Die geografische Lage der Stadt finden wir im Roman anschaulich beschrieben: *Grodk liegt im Tale, sagen die Sorben. Spremberg liegt am Berge, sagen die Deutschen. Spree am Berg gleich Spremberg. Grodk gleich Stadt, sagen die Sorben, wir sein länger hier wie die Deitschen.*

Von 1924 bis 1930 hat Erwin Strittmatter hier ein Gymnasium besucht, das heute seinen Namen trägt, obwohl er es ohne Abschluss verlassen hat.

In Spremberg ist auch Hanna-Renate Laurien (1928–2010) zur Schule gegangen, die einstige Berliner Schulsenatorin und Präsidentin des Abgeordnetenhauses von Berlin. Während meiner Hochschulzeit durfte ich einmal eine Diskussionsrunde mit ihr führen, die sehr gut besucht war. Frau Laurien trug den Spitznamen Hanna-Granata.

Beim Stadtrundgang fielen uns ganz besonders der Marktplatz mit Rathaus und Kreuzkirche, das Kavaliershaus mit dem Bullenwinkel und das Postamt auf. Und wir waren der Meinung, dass der Stadt zu Recht der Titel »Perle der Lausitz – *parlicka Łužyce*« verliehen worden war. Zum Glück waren wir nicht im März angereist, denn dann sollte hier ein Kneipenfestival stattfinden.

Beim Thema Lausitz fällt mir ein, dass ich mit meiner Wandergruppe auch einmal in Senftenberg / Zły Komorow gewesen bin. Als Fußballnarr kenne ich natürlich aus der DDR-Zeit die BSG Aktivist Brieske-Senftenberg, heute FSV Glück Auf Brieske / Senftenberg.

Für Kulturfans ist die Neue Bühne Senftenberg von Belang, hat sie doch früher den Namen »Theater der Bergarbeiter« getragen und war Sprungbrett für viele bekannte Schauspieler, Autoren und Regisseure. Beispielsweise ist Frank Castorf hier von 1976 bis 1978 Dramaturg gewesen, Freya Klier hat hier gearbeitet, und Armin Mueller-Stahl stand hier auf der Bühne.

Wir sind aber nicht dieses Theaters wegen nach Senftenberg gefahren, sondern um uns den Senftenberger See anzuschauen, der durch Flutung des ehemaligen Braunkohletagebaus Niemtsch entstanden ist, aufgefüllt wurde er mit den Wassern der Schwarzen Elster. Ob sich Theodor Fontane dadurch zu dem Namen seiner Heldin Magdalene Nimptsch in dem Roman *Irrungen, Wirrungen* hat inspirieren lassen?

Eingeschifft haben wir uns am neuen Stadthafen und sind dann auf dem Motorschiff *Santa Barbara* hinüber zum

Großkoschener Ufer geschippert, wo sich inmitten eines Kiefernwalds ein Ferienpark aufgetan hat. Am Südufer stand auf dem Boden der Gemarkung Hosena ein ebenso hoher wie schiefer Aussichtsturm, von dessen Plattform aus man eine herrliche Aussicht genießen konnte.

Bad Wilsnack und die Plattenburg

Das Highlight von Bad Wilsnack ist die Wunderblutkirche St. Nikolai an der Großen Straße. Schon als ich noch ein Junge war, ist sie mir aufgefallen, wenn wir mit dem Zug von Berlin nach Groß Pankow fuhren. Die wuchtige, dreischiffige Hallenkirche, erbaut im Stil der norddeutschen Backsteingotik, wurde am 16. August 1383 von Ritter Heinrich von Bülow in Brand gesetzt. In der Kirchenruine entdeckte dann der Priester Johannes Cabbuz drei unverbrannte und rotgefärbte Hostien – ein Wunder war geschehen! Der Bischof Dietrich II. von Man bestätigte das Hostienwunder, und Wilsnack wurde zum zentralen Wallfahrtsort in Nordeuropa. Dies änderte sich jedoch, als der evangelische Pfarrer von Wilsnack, ein gewisser Joachim Ellefeld, die Bluthostien ins Feuer warf.

Vom Wunderblutpilgerweg Berlin—Bad Wilsnack habe ich zum ersten Mal gehört, als wir eine Laube in Heiligensee erstanden, denn dieser Berliner Ortsteil ist an selbigem gelegen.

An der Großen Straße in Bad Wilsnack ist aber nicht nur die wiederaufgebaute Wunderblutkirche zu bestaunen, sondern ebenso das Alte Rathaus und eine Vielzahl von überwiegend zweistöckigen Fachwerkhäusern. Zudem ist die Stadt, die Teil des Biosphärenreservats Flusslandschaft

Elbe–Brandenburg ist, von einer wunderschönen Natur umgeben. Das Flüsschen Karthane, an dem Bad Wilsnack liegt, fließt beim nahen Wittenberge in die Elbe.

Knapp sieben Kilometer westlich der Stadt finden wir die Plattenburg, die vermutlich schon vor dem Jahr 1200 entstanden ist. 1319 hat sie der brandenburgische Markgraf Waldemar erworben, und um 1600 ist sie im Stil der Spätrenaissance ausgebaut worden. Der prachtvoll geschmückte Rittersaal ist nach Plänen von Friedrich August Stüler entstanden und versetzt einen in Entzücken. Zur DDR-Zeit wurde die Oberburg als Kinderferienheim genutzt, während der restliche Teil langsam verfiel. Inzwischen sind die Restaurierungs- und Instandsetzungsarbeiten weit fortgeschritten, und die Plattenburg ist zu einem privat betriebenen Tagungs- und Veranstaltungsort mit Museum und Restaurant geworden, der als »kulturtouristischer Schwerpunkt« der Prignitz gilt.

Von Bad Wilsnack kann man auch zum Storchendorf Rühstädt wandern. Der Name klingt außerordentlich idyllisch, Theodor Fontane beschreibt in Band V seiner *Wanderungen durch die Mark Brandenburg* aber ein Massaker, das sich am 25. Oktober 1593 in Rühstädt ereignet hat. Tragische Helden waren der Gutsherr Dietrich von Quitzow und sein Diener, der junge lehnsabhängige Adlige von Restorf. Sie weilten zur Jagd im nahen Glöwen, als ihnen gemeldet wurde, dass fünfzig bis sechzig Landsknechte aus dem kurfürstlichen Heer entlassen worden waren, die unter ihrem Hauptmann Jürgen Hanne plündernd durch die Lande zogen und nun auch Rühstädt erreichten. Dietrich von Quitzow und die Seinen stellten sich den Plünderern entgegen und versuchten sachlich zu diskutieren, doch als man Quitzow gegenüber frech und höhnisch wurde, zog der junge von Restorf eine Waffe und schloss Jürgen Hanne nieder. Fontane schrieb dazu:

Ein unüberlegter Akt, an den sich sofort auch ein furchtbares Massaker knüpfte. Wütend über den Tod ihres Führers, drangen die Landsknechte von allen Seiten auf Dietrich von Quitzow ein, zerrten ihn vom Pferde, durchstachen ihn mit ihren Spießen und Dolchen, und als das junge Leben trotz all dieser schweren Verwundungen nicht erlöschen wollte, kniete Margarethe Brandenburg, Jürgen Hannes Weib, auf die Brust des Unglücklichen nieder und durchschnitt ihm die Kehle, wobei der zehnjährige Sohn ihr Hülfe leistete. Der junge von Restorf, auf den man ebenfalls eindrang, spornte sein Pferd und suchte sich durch Flucht zu retten, aber er ward eingeholt und in gleicher Weise wie Dietrich von Quitzow ermordet.

Vom Storchendorf Rühstädt ist es nur ein Katzensprung bis Wittenberge. Im dortigen Bahnhof sind wir oft in den Zug nach Groß Pankow umgestiegen. Einmal sind wir auch durch die Stadt gegangen, weil hier der Cousin einer meiner besten Freunde wohnt.

Wittenberge hat einen hübschen Elbhafen, ist aber vor allem durch seine Industriebetriebe geprägt worden. 1823 begann man mit dem Bau einer Ölmühle, dann folgten 1846 eine Seifenfabrik, 1849 eine chemische Fabrik und 1875 das Eisenbahnausbesserungswerk, das bis heute besteht. Von 1903 bis 1992 baute Singer hier seine Nähmaschinen, der Uhrenturm der Fabrik ist noch immer ein Wahrzeichen der Stadt. Walter Gropius durfte hier ab 1912 eine große Arbeitersiedlung errichten, und 1937/38 ist an diesem Ort eine

Zellstoff- und Zellwollefabrik entstanden. Das monumentale Rathaus der Stadt soll Bedeutung ausstrahlen.

Nicht zu verwechseln ist Wittenberge mit der Lutherstadt Wittenberg. In Ersterem finden die Elblandfestspiele statt, bei denen man der Operette und der heiteren Bühnenkunst huldigt. Geschuldet ist diese Veranstaltung Paul Lincke (1866–1946), der seine musikalische Ausbildung an der Wittenberger Stadtpfeiferei erhalten hat.

Von den großen Söhnen und Töchtern der Stadt kenne ich Klaus Havenstein (1922–1998) aus der Zeit, da er zusammen mit Dieter Hildebrandt und Ursula Herking ein Star der Münchner Lach- und Schießgesellschaft gewesen ist, und den Schauspieler Udo Schenk (* 1953). Der spielte im Georg-Elser-Film meines Freundes Fred Breinersdorfer die Rolle des Adolf Hitler, und bei der Premierenfeier hatte ich Gelegenheit, mit ihm zu plaudern.

Abschließend möchte ich noch erwähnen, dass Wittenberge von der Familie Gans gegründet wurde, der ich mich bereits im Kapitel *Groß Pankow und die Prignitz* ausführlich gewidmet habe. Das Wappen der Stadt ziert deshalb auch eine rote Gans mit goldenen Füßen.

Von Beeskow nach Branitz

Die Stadt Beeskow gilt als das »Tor zur Lausitz«, weshalb ich mich ihr eigentlich vor dem Kapitel *Bohsdorf mit Grodk und Senftenberg* hätte widmen müssen, aber ich habe den Zufallsgenerator die Reihenfolge meiner *Streifzüge* bestimmen lassen.

Beeskow hat zwei bedeutende Baudenkmäler aufzuweisen: die St.-Marien-Kirche und die mittelalterliche Burg Beeskow. Erstere ist eine der größten Kirchen der Backsteingotik in der Mark Brandenburg, sie wurde 1511 fertiggestellt und am Ende des Zweiten Weltkriegs zerstört. Nach der Wiedervereinigung begann man, gefördert durch die Deutsche Stiftung Denkmalschutz, sie wiederaufzubauen.

Die Burg Beeskow ist heute ein Bildungs-, Kultur- und Musikschulzentrum des Landkreises Oder-Spree. Und ich durfte einmal eine Lesung auf ihr halten.

Beeskow liegt achtzig Kilometer östlich von Berlin an der Spree und ist von großen Wald- und Wiesengebieten umgeben, die sich mit ihren vielen Seen unterschiedlichster Größe ausgezeichnet zum Wandern wie zum Baden eignen. Mit meiner Wandergruppe bin ich einmal, nachdem wir auf dem Marktplatz unser zweites Frühstück eingenommen hatten, fröhlich durch die Spreewiesen südlich von Beeskow gelaufen, vorbei an Leißnitz- und Glower bis zum Schwielochsee. Ein Gewässer mit dem Namen Ranziger See haben wir auch passiert – in das wollte aber keiner steigen.

»Schwielochsee?«, hatte mich ein Nachbar kurz zuvor lachend gefragt, als ich ihm von unserem Plan erzählt hatte, dorthin zu fahren. »Det heißt doch Schwielowsee, det müssten Se doch wissen, und der liejt bei Potsdam.«

Ich erklärte dem Mann, dass der Schwielowsee eigentlich eine überschwemmte Wiese ist, entstanden durch das Hochwasser der Havel, während es sich beim Schwielochsee um einen sogenannten Rinnensee handelt, den das Schmelzwasser am Ende der letzten Eiszeit geschaffen hat.

Das Ufer des Schwielochsees ist von einem breiten Schilfgürtel gesäumt, sodass man nur gelegentlich einen Blick auf das Wasser werfen kann. Der Naturfreund kann sich hier an Pflanzen und Tieren »en masse de Füll« erfreuen, wie man in Berlin früher sagte. Beispielsweise findet man hier gelbe und weiße Seerosen, Laichkraut, Kalmus und Sumpffarn, aber auch Seebinsen. Zudem sind hier viele Vogelarten heimisch, so die Seeschwalbe, die Möwe, die Bachstelze, der Kiebitz, die Rohrdommel, der Fischreiher, der Storch, das Blässhuhn, der Haubentaucher, der Schwan sowie verschiedene Entenarten. Manchmal hört man eine Nachtigall singen. An lauen Sommerabenden werden sie vom Konzert der Teichfrösche unterbrochen.

Am Schwielochsee liegt auch die Ortschaft Goyatz, die mich sehr fasziniert und nach der ich die Protagonisten des Kriminalromans *Schau nicht hin, schau nicht her* benannt habe, den ich gemeinsam mit Steffen Mohr geschrieben habe.

Vom Spreewaldhafen in Lübbenau startet ganz Berlin alljährlich zur Kahnfahrt. Es ist ein Ritual aus uralten Zeiten, in langen Holzkähnen durch das Labyrinth aus Gräben und Fließen zu gleiten, gestakt von einem Fährmann, der so aussieht wie Charon bei Fahrten über den Styx. Von Lübbenau kommt man unweigerlich nach Lehde, wo angelegt wird, damit man im Restaurant »Zum fröhlichen Hecht« zünftig speisen kann, in dem es zum Glück nicht nur Spreewaldgurken gibt.

Teile des Spreewalds kann man auch sehr gut zu Fuß erkunden. Einmal unternahmen wir eine Tour von Burg aus und haben es nicht bereut.

Vor langer Zeit ist von Lübben nach Cottbus auch einmal eine besondere Eisenbahn gefahren, die meterspurige Spreewaldbahn. Zwischenstopps legte sie unter anderem in Neuzauche, Goyatz, Siegadel, Straupitz, Lieberose, Byhleguhre, Burg und Werben ein. Ihre Höchstgeschwindigkeit betrug vierzig Stundenkilometer. Die Dampflok mit der DR-Nummer 99 5703 kann man heute zusammen mit den damaligen Gepäck- und Personenwagen im Spreewaldmuseum Lübbenau am Topfmarkt bewundern, und im Erlebnisbahnhof in Burg ist ein Schienenstrang zu sehen.

Immer in Erinnerung wird mir eine Lesung im Schloss Lübbenau unmittelbar nach der friedlichen Revolution bleiben. Meine Zuhörerschaft bestand damals nur aus einem Ehepaar, abgesehen von der Schlossherrin und der Gefährtin meines Lebens. Wie auch immer, ich konnte im Schlosspark spazieren gehen, die Spreewaldbahn in Augenschein nehmen und mich mit der Familiengeschichte der Grafen zu Lynar vertraut machen, denen die Standesherrschaft Lübbenau zuletzt gehört hat. Vom Festungsbaumeister Rochus Quirinus Graf zu Lynar (1525–1596) hatte ich schon gehört, denn der hatte ab 1578 den Ausbau der Spandauer Zitadelle und des

Berliner Stadtschlosses geleitet. Nun erfuhr ich auch etwas von Wilhelm Friedrich Rochus Graf zu Lynar (1899–1944), der als deutscher Offizier und Beteiligter am Attentat vom 20. Juli 1944 gegen Hitler gehängt worden ist.

Von Lübben nach Cottbus / Chóśebuz braucht man mit dem Zug nur 18 und mit dem Auto 32 Minuten.

Was ist über Cottbus sagen, das noch nicht allgemein bekannt ist? Vielleicht, dass ich dort schon mehrfach zu Lesungen war, einmal eingeladen von meiner hochgeschätzten Kollegin Franziska Steinhauer, die mit ihren Spreewaldkrimis großen Erfolg hat. Vielleicht, dass Cottbus zwischen 1807 und 1815 zum Königreich Sachsen gehört hat. Vielleicht, dass es im Dreißigjährigen Krieg, als auch Wallenstein mit seinen Truppen durch die Stadt zog, schwer gelitten hat. Vielleicht zudem, dass sein stattliches Staatstheater dem Theater des Westens in Berlin sehr ähnlich ist, weil beide von Bernhard Sehring erbaut worden sind, und dass der Altmarkt mit seinem Brunnen und barocken Bürgerhäusern eine Augenweide ist.

Zu erwähnen ist aber auch, dass in Cottbus auf vier Linien Straßenbahnen fahren und der Fußballklub Energie Cottbus, heute vierte Liga, einst in der Fußballbundesliga spielte.

Zu diesen Zeiten sind wir am Stadion der Freundschaft vorbei nach Branitz gewandert, denn der Branitzer Park gilt als Gartenkunstwerk von internationaler Bedeutung. Erdacht wurde er vom Generalleutnant, Weltreisenden und Schriftsteller Hermann von Pückler-Muskau (1785–1871), und gekrönt wird er vom Schloss und den beiden einzigartigen Erdpyramiden. Der Fürst war zweifelsohne eine der schillerndsten Persönlichkeiten Preußens, zu loben, weil er liberale Positionen vertrat und den Reformern um den Freiherrn vom Stein nahestand, zu tadeln, weil er seine sorbischen Untertanen germanisieren wollte.

Zurück in Berlin, freuten wir uns über die U-Bahnhöfe Kottbusser Tor und Cottbusser Platz.

Templin

Wer aus Berlin kommt und den Namen Templin hört, denkt meist sofort an Tempelhof und die Tempelritter. Der Name soll aber slawischen Ursprungs sein. Templin ist mit einer Fläche von 377 Quadratkilometern die größte Stadt der Uckermark und die achtgrößte Deutschlands. Tempelhof hat dagegen nur 12,2 Quadratkilometer.

Dass Angela Merkel in Templin aufgewachsen ist, war mir bekannt, aber nicht, dass die Schauspielerin Angela Winkler dort 1944 auf die Welt gekommen ist. Es ist ein Rätsel für mich, wie sie dennoch in dem Film *Jagdszenen aus Niederbayern* so überzeugen konnte.

Um Templin erreichte die Deutsche Bahn einen Rekord an Streckenstilllegungen, man kann die Stadt aber immerhin noch über eine Stichbahn von Löwenberg (Mark) aus erreichen. Tröstlich ist auch, dass man auf dem Gleis nach Fürstenberg / Havel heute mit einer Draisine spazieren fahren kann. Da wir gerade beim Thema öffentlicher Nahverkehr sind: In Templin konnte man die Busse von 1998 bis 2002 kostenlos nutzen.

Flaniere ich durch Templin, erfreut sich mein von Berlin nicht eben verwöhntes Auge an vielerlei Bauten, beispielsweise der St.-Maria-Magdalenen-Kirche mit ihrem dreischiffigen Hallenbau, dem man das Barock des 18. Jahrhunderts deutlich ansieht, der St.-Georgen-Kapelle, der Altstadt mit ihrem barocken Rathaus und den Fachwerkhäusern sowie der vollständig erhaltenen, 735 Meter langen und bis zu 7 Meter hohen Stadtmauer mit ihren Türmen, Stadttoren und 50 Wiekhäusern.

Von Templin, erstmals 1270 urkundlich als Templyn erwähnt, kann man leicht in die nahe Heide gelangen, vor allem aber zu vielen Seen, die ich an dieser Stelle aufzählen möchte:

– *Der Lübbesee.* Dieser See zieht sich zwölf Kilometer lang vom Ortsteil Postheim zum Ortsteil Ahlimbsmühle. Als wir ihn einmal ganz umwandert hatten, fühlten wir uns, als hätten wir einen Marathonlauf erfolgreich absolviert. Lobenswert ist, dass auf ihm Boote mit Verbrennungsmotoren verboten, Ruder-, Tret- und Segelboote dagegen zugelassen sind. An seinem Ufer in Postheim ragt seit der DDR-Zeit das »Seehotel« in den uckermärkischen Himmel, in dem ich mit der Gefährtin meines Lebens bereits genächtigt habe.

– *Der Templiner Stadtsee.* Diesen See nennt manch einer auch Templiner See, obwohl es einen solchen bereits bei Potsdam gibt. Am Ufer des Templiner Stadtsees habe ich einmal eine Lesung gehalten, die offenbar nicht ganz schlecht war, denn man hat mich anschließend nicht wütend ins Wasser geworfen. Schade eigentlich, denn dort soll es vor Aalen, Barschen, Brassen, Hechten, Karauschen, Karpfen, Quappen, Rotaugen, Schleien, Welsen und Zandern nur so wimmeln.

– *Der Röddelinsee.* Der zieht sich westlich von Templin lang dahin, ist 3,3 mal 0,84 Kilometer groß und maximal 39 Meter tief. In der Nähe des Dorfs Röddelin hat man für die Liebhaber von Karl May und John Wayne die Westernstadt El Dorado errichtet.

– *Der Große Mahlgastsee.* Dieser See ist für mich von großer Bedeutung, weil ich hier um das Jahr 1999 einmal mit meinem Freund und Kollegen Peter Heinrich gebadet habe – das heißt, er ist weit hinausgeschwommen, und ich habe mich nur so weit vom Ufer entfernt, dass ich mit den Füßen noch den Grund erreichen konnte.

– *Die Beutelseen.* Die haben wir nach unserem Bad im Mahlgastsee besucht, erst den Kleinen, dann den Großen. Anschließend sind wir durch das Dorf Beutel gefahren und haben uns an Goethes *Schatzgräber* erinnert:

Arm am Beutel, krank am Herzen,
Schleppt' ich meine langen Tage.
Armuth ist die größte Plage,
Reichthum ist das höchste Gut!

– *Der Bruchsee.* Wie eine Gallenblase an der Leber hängt der am Templiner Stadtsee und ist mittels eines kanalartigen Grabens mit dem Fährsee verbunden.

– *Der Fährsee.* Der ist per Boot von der Havel aus über den Großen Kuhwallsee, den Großen Lankensee, den Röddelinsee, den Templiner Kanal, eine Schleuse, den Templiner Stadtsee und den Bruchsee erreichbar. Man soll hier gut angeln können, aber wer den Angelsport nicht beherrscht, kann sich auch im »Hotel und Restaurant Fährkrug« seinen gebratenen Zander servieren lassen und dabei Lieder von Frank Zander trällern – oder aber selbst einen Song komponieren: »Komm, wir ziehn dieses Wochenende nach Templin / und gehn baden in all seinen Seen.«

Storkow und der Scharmützelsee

Der Name Storkow leitet sich von dem slawischen Wort *Sturkuowe* ab und bedeutet so viel wie »Weg durch den Sumpf«. Nach den Slawen eroberten die Wettiner Storkow, die darauf erpicht waren, von Sachsen aus bis an die Ostsee vorzustoßen. Sie schütteten zwischen einem Sumpf und einem See einen Hügel auf, um darauf die Burg Storkow zu errichten.

Infolge der Reformation gingen 1556 die Herrschaften Storkow und Beeskow in den Besitz des Markgrafen Johann von Küstrin aus dem Geschlecht der Hohenzollern über und wurden brandenburgisch. 1745/46 hob man dann den Storkower Kanal aus und stellte damit über die Dahme eine Verbindung zu den Berliner Gewässern her. Dies diente zunächst dem Transport von Baumaterial, dann dem Tourismus.

Storkow erreicht man mit dem Auto über die A12 oder auf dem Schienenwege mit der RB36 der Niederbarnimer Eisenbahn von Königs Wusterhausen aus.

Bei einer unserer Wanderungen sind wir einmal bereits eine Station vorher ausgestiegen, in Kummersdorf, um zu Hause mit dem Spruch »Ich war neulich in Philadelphia!« angeben zu können. Philadelphia ist nämlich ein Ortsteil von Storkow, gelegen am Storkower Kanal. Ursprünglich hieß dieses Dorf Hammelstall – kein Wunder, dass es umbenannt wurde.

Kommt man, wie wir damals, von Philadelphia aus nach Storkow, kann man dessen Sehenswürdigkeiten schnell nacheinander besichtigen: die Burg, die Stadtkirche, den Marktplatz, die Klappbrücke über den Storkower Kanal, die Alte Post und das Rathaus.

Zwei Persönlichkeiten stehen mit der Stadt in besonderer Verbindung: Heinrich Ludwig Tschech (1789–1844) und mein fiktiver Ermittler Hermann Kappe (*1888) aus der Krimi-Reihe *Es geschah in Berlin*.

Tschech war Sohn eines Superintendenten, hat Jura studiert und sich in Berlin als Kaufmann versucht, bis er dort 1830 Assessor beim Eichamt wurde. Als seine Frau an Tuberkulose erkrankte, riet man ihr, aufs Land zu ziehen. Tschech bewarb sich für das Amt des Bürgermeisters in Storkow, wo das Ehepaar fortan mit seinen beiden Töchtern lebte. Was er dort vorfand, war für ihn der reinste Augiasstall, den es auszumisten galt. Holzdieben war das Handwerk zu legen, Bürger waren aus ihrer Lethargie zu reißen und inkompetente Obere zu bekämpfen. Auch mit der Moral schienen es viele Bewohner nicht allzu genau zu nehmen. Als im Jahre 1840 Männer in die Stadtverordnetenversammlung gewählt wurden, die Steuern hinterzogen, mit falschen Gewichten arbeiteten und Gesetze missachteten, platzte Tschech der Kragen. Hilfesuchend wandte er sich an den neuen König Friedrich Wilhelm IV. Der aber ließ ihn abblitzen, und so reichte Tschech sein Entlassungsgesuch ein und zog wieder nach Berlin. Seine Weiterbeschäftigung im Staatsdienst wurde abgelehnt, auch Versorgungsbezüge wollte man ihm keine gewähren. Niedergeschlagen beschloss er, sich am König zu rächen.

In meinem Roman *Zwischen Barrikade und Brotsuppe* habe

ich die folgende entscheidende Szene, als Königin und König vor dem Berliner Stadtschloss am 26. Juli 1844 morgens in ihre Kutsche stiegen, niedergeschrieben:

Der Lakai schließt den Wagen, und indem er im Begriff ist, auf seinen Platz am Wagenende zu springen, tritt Tschech heran, richtet eine doppelläufige Pistole auf die Brust des Königs und feuert schnell hintereinander zwei Schüsse auf ihn ab.
(...) Pulverdampf umhüllt das Ganze. Im Wagen ist die Königin zurückgesunken und erholt sich erst, als Friedrich Wilhelm IV. erste Lebenszeichen von sich gibt. Im Nu ist Tschech von einem Dutzend Menschen umgeben, die ihn festhalten, beschimpfen und mit Fausthieben traktieren. (...)
Der Wagen mit dem Königspaar ist ein Stückchen weitergefahren, als sich Friedrich Wilhelm IV. erhebt und aus dem Fenster schaut. Außer ein paar Quetschungen in der Herzgegend ist er unverletzt geblieben, seine dicke Montur hat die Wucht der Kugeln abgefangen. »Wer ist der Mann?«, fragt er, Tschech meinend, um dann seine herbeieilenden Untertanen zu beruhigen: »Kinder, mir fehlt nischt.«

Tschech wurde zum Tode verurteilt und am 14. Dezember 1844 in Spandau *mittels des Beils vom Leben zum Tode gebracht.*

Die fiktive Figur Hermann Kappe ist zwar in Wendisch Rietz zur Welt gekommen, ihre beachtliche Karriere hat sie aber im nahen Storkow als Gendarm begonnen. Und im Storkower Ortsteil Hubertushöhe ereignet sich das, was ihrem Leben eine entscheidende Wende gibt: Dort steht die Villa Seeblick des einflussreichen Offiziers Ferdinand von Vielitz, in deren Salon ein Einbrecher den Major in seine

Gewalt gebracht hat und ihm den Lauf seiner Pistole an die Schläfe drückt. Kappe überwältigt den Einbrecher und rettet von Vielitz das Leben. Zum Dank dafür lässt der Major seine Beziehungen spielen und verschafft Kappe eine Stelle bei der Berliner Kriminalpolizei. Der wird Schüler des legendären Ernst Gennat und löst bis zu seiner Pensionierung mehrere Dutzend Mordfälle.

Schon Cicero sagte: *Die Natur ist die beste Führerin des Lebens.* In Storkow führt sie uns zu der nördlich des Storkower Sees gelegenen, 69 Meter hohen Binnendüne Waltersberge und in die Luchwiesen westlich des Storkower Zentrums. Ringsum wimmelt es von Naturdenkmälern.

Der Große Storkower See hat beachtliche Ausmaße: eine Länge von 5,24 Kilometern und eine Fläche von 3,7 Quadratkilometern. Gemessen an den 23,68 Quadratkilometern des Berliner Wannsees ist das nicht viel, dafür liegt der Große Storkower See in einem Naturpark. Wandert man an seinem Ostufer entlang, kommt man an Dahmsdorf vorbei nach Wendisch Rietz und damit zum Südende des Scharmützelsees.

Reist man mit dem Zug nach Wendisch Rietz, so hat man vom Bahnhof über den Schilfgürtel hinweg einen herrlichen Blick auf den See hinaus, der immerhin zehn Kilometer lang ist. Nach welchem Scharmützel der wohl benannt ist? Ich bringe in Erfahrung, dass der Name aber nicht, wie man vielleicht denken könnte, auf ein Gefecht zurückzuführen sein soll. Theodor Fontane hat den See einst das Märkische Meer genannt, und mein Sohn und ich haben ihn einmal mit einem E-Boot befahren, gestartet sind wir in Bad Saarow.

Dieser Kurort schmückt den Scharmützelsee heute wie eine Krone. Das war nicht immer so, denn nachdem Fontane den Ort 1881 besucht hatte, notierte er: *Wirklich, in Saarow war nicht viel, und als ich mich genugsam davon überzeugt hatte, hielt ich mich auf den See zu (...).*

Dies änderte sich jedoch, als in den Goldenen Zwanzigern die Berliner Landbank das Gut Saarow kaufte und in Seenähe eine Landhauskolonie errichten ließ, entworfen vom berühmten Gartenarchitekten Ludwig Lesser. 1912 bekam das Dorf einen Bahnanschluss, und der Bahnhof, ein Werk des Berliner Architekten Emil Kopp, wurde zu einer wahren Augenweide. Bad Saarow entwickelte sich in den folgenden Jahren zum bevorzugten Erholungsort und Treffpunkt der Berliner Kultur- und Filmszene. Die Liste derer, die sich in Bad Saarow erholt oder gar hier gewohnt haben, ist lang. Unter anderem umfasst sie:

– Maxim Gorki (1868–1936), der von September 1922 bis Juni 1923 zur Erholung in Bad Saarow weilte,

– den Schauspieler Harry Liedtke (1882–1945), der am 28. April 1945 in Bad Saarow von Rotarmisten mit einer Bierflasche erschlagen wurde, als die seine zweite Ehefrau vergewaltigen wollten und er sich schützend vor sie stellte,

– Max Schmeling (1905–2005), der die Schauspielerin Anny Ondra (1902–1987) in Bad Saarow heiratete und dort mit ihr lebte,

– den Schriftsteller und Kulturminister der DDR Johannes R. Becher (1881–1958), von Regimegegnern spöttisch »Johannes der Erbrecher« genannt,

– Heinz Hoffmann (1910–1985), von 1960 bis 1985 Minister für Nationale Verteidigung der DDR,

– den Schriftsteller Hans Joachim Schädlich (* 1935), der in Bad Saarow die Schule besucht hat.

Und der Boxer Axel Schulz ist 1968 in Bad Saarow geboren.

Kommen wir nun zu Wendisch Rietz und dem südlichen Ende des Scharmützelsees. Der Name Wendisch Rietz ist abgeleitet von der slawischen Verbindung *Windiszchin Riecz* und bedeutet so viel wie »Graben« oder »Fließ«. Unter den Nationalsozialisten wurde der Ort in Märkisch Rietz umbenannt, 1956 erhielt er seinen ursprünglichen Namen aber wieder zurück.

Südlich von Wendisch Rietz finden wir eine Kette lieblicher Seen: den Glubig-, den Spring-, den Melang- und den Grubensee. In ihrer Nähe befand sich zur DDR-Zeit ein sowjetischer Truppenübungsplatz. Da dieser nicht als solcher ausgeschildert war, haben wir uns bei einer Wanderung einmal auf ihm verirrt. Als wir plötzlich einen Panzer auf uns zurollen sahen, war uns angst und bange. Zum Glück ist uns nichts geschehen.

Nach der friedlichen Revolution und dem Abzug der Russen haben wir uns dann noch einmal alles angeschaut. Anschließend haben wir in Wendisch Rietz das Geburtshaus von Hermann Kappe fotografiert und sind italienisch essen gegangen. Mit von der Partie war auch Karen aus München, die Tochter meines ältesten noch lebenden Schulfreundes. Karen war bescheiden und bestellte Spaghetti mit Tomatenpesto. Als die Nudeln serviert wurden und sie hungrig einen Happen davon nahm, schrie sie plötzlich auf: »Aua, eine Gräte!« Da Karen Schauspielerin am Ingolstädter Theater war, hielten wir das für eine Inszenierung und klatschten alle Beifall. Eine Gräte in den Nudeln – undenkbar! Doch Karen jammerte weiter: »Ich habe mir das Zahnfleisch verletzt!« Langsam nahmen wir an, sie sei nicht mehr ganz bei Sinnen. Auch als zwei Frauen mit ihr in die Toilette eilten, damit sie sich den Mund ausspülen konnte, ließ sich nichts finden. Schließlich fuhren wir nach Hause. Ich saß neben Karen in der S-Bahn, und als wir die Charité passierten, schlug ich ihr vor, sich dort untersuchen zu lassen. Nach einigem Zögern stieg sie aus und begab sich in die Notfallaufnahme. Das Ergebnis: Sie hatte einen knapp ein Zentimeter langen Holzspan im Zahnfleisch stecken, der vom hölzernen Löffel des Kochs abgesplittert sein musste.

Jüterbog und Kloster Zinna

»Ick jeh ma uff'n Jüterbahnhof, Kohlenoma besuchen«, pflegte ich als Junge zu sagen, wenn ich meiner Oma einen Besuch abstatten wollte, die dort bei einem Händler gearbeitet hat, nachdem ihr eigener Kohlenkeller im Krieg von einer Bombe getroffen worden und ausgebrannt war.

»Das ist ein Güterbahnhof und kein Jüterbahnhof!«, wurde ich dann stets korrigiert.

Mit aller Macht hat man mir Neuköllner Hinterhofkind das Berlinern auszutreiben versucht, deshalb sage ich heute immer ganz unwillkürlich »Güterbog« und muss mich mühsam korrigieren.

Steigt man am Südkreuz in einen Doppelstockzug des RE3 und klettert aufs Oberdeck, so hat man eine Fahrt vor sich, die eigentlich vergnügungssteuerpflichtig sein müsste. Ist man Anfang Juni unterwegs, kann man sich fast pausenlos an einer Landschaft wie aus dem Bilderbuch erfreuen. Wollte man darüber einen Aufsatz schreiben, müsste man mit ein paar Zeilen aus Goethes *Werther* beginnen: *Jeder Baum, jede Hecke ist ein Strauß von Blumen, und man möchte zum Maikäfer werden, um in dem Meer von Wohlgerüchen herumschweben und alle seine Nahrung darin finden zu können.*

Bläulich grün dehnen sich die Felder bis zum nächsten Waldesrand, und malerisch durchziehen langgestreckte Heckeninseln sie. Bei Thyrow gibt es so viele Felder mit meiner Lieblingsblume, dem roten Mohn, dass ich aussteigen und alles malen möchte. Auch Kornblumen wachsen längs der Bahnstrecke, und sofort höre ich meine Eltern singen:

Kornblumenblau
Ist der Himmel am herrlichen Rheine,
Kornblumenblau
Sind die Augen der Frauen beim Weine.

Hinter Trebbin taucht rechts in Fahrtrichtung ein See auf, der so verlockend aussieht, dass man in ihm baden möchte. Und in der Ferne lassen sich die Höhenzüge des Flämings erahnen. Wir halten in Luckenwalde. Die Stadt ist nicht nur eine deutsche Ringerhochburg, nahebei ist auch Rudi Dutschke zur Welt gekommen und der Rechtsmediziner Gunther Geserick aufgewachsen. Neben Dutschke habe ich oft im Hörsaal und auf dem Campus der FU gesessen, und mit Geserick zusammen habe ich das Buch *Berliner Leichenschau – Kleines Einmaleins des Mordens* geschrieben.

Steigt man am Bahnhof Jüterbog aus, hat man bis zum Marktplatz noch einen kleinen Fußmarsch zurückzulegen.

Zum Historischen: Erzbischof Wichmann von Magdeburg wandelte die slawische Siedlung 1157 in einen deutschen Burgward um und machte sie zum Zentrum einer stiftsmagdeburgischen Exklave im Askanischen. Und hätte man das Königreich Sachsen 1815 beim Wiener Kongress nicht gezwungen, seine Nordhälfte mitsamt der Stadt Jüterbog als Kriegsentschädigung an Preußen abzutreten, dann hörte man die Bewohner der Stadt immer noch diesen seltsamen

Dialekt sprechen: »Was is dn des für'n Gemähre! Nu werd'ch aber allmählich widend!«

Als ich mich noch etwas mehr über die Stadt informiere, stoße ich immer wieder auf die Jüterboger Artillerieschule und den Schießplatz Jüterbog. Zwischen 1945 und 1989 übten hier die Sowjets mit ihrer 32. Garde-Panzerdivision »Poltawa«.

Von der Unkultur zur Kultur: Jüterbogs Altstadt ist ein Kleinod und der Ehrung als Weltkulturerbe würdig. Zu bestaunen sind die gotische Stadtkirche St. Nikolai, das Rathaus mit Backsteingotik und Mauritiusplastik sowie die Liebfrauen-, die Mönchen- und die Hedwigskirche, außerdem die Stadtbefestigung mit den drei Toren.

Was mich, der selbst drei Kinder aufgezogen und ihnen die Ausbildung finanziert hat, bei jedem Besuch in Jüterbog ebenso entzückt wie zurückzucken lässt, sind die drei Keulen, die an jedem Stadttor hängen und durch eine Tafel mit dem folgenden Spruch ergänzt werden:

Wer seinen Kindern gibt das Brodt
und leidet nachmals selber Noth,
den schlage man mit der Keule todt.

Schenkt man den Auflistungen Glauben, sind viele bedeutende Persönlichkeiten in Jüterbog geboren worden. Ich kenne von ihnen leider nur den Schauspieler Hans Peter Hallwachs, der im selben Jahr wie ich auf die Welt gekommen ist, nämlich 1938. Von denen, die lediglich vor Ort gewirkt haben, sind mir einige mehr im Gedächtnis geblieben: der Ablassprediger Johann Tetzel (1465–1519), der Theologe, Reformator und Revolutionär Thomas Müntzer (ca. 1489–1525), der Reformator Philipp Melanchthon (1497 bis 1560), der Händler Hans Kohlhase (ca. 1500–1540), der Vorbild für Kleists *Michael Kohlhaas* war, und der Boxer Henry Maske (* 1964).

Für eine Wanderung von Jüterbog zum Kloster Zinna braucht man nur rund zwei Stunden, und unterwegs stößt man immer wieder auf den Stolz des Flämings: seine 230 Kilometer lange Skate-Strecke.

Zinna ist ein frühes Kloster der Zisterzienser, gegründet 1170 vom bereits erwähnten Magdeburger Erzbischof Wichmann, in dem auch der *Marienpsalter*, der älteste Buchdruck in Brandenburg, angefertigt worden ist. Mit der Reformation fand das Mönchtum in Zinna jedoch sein Ende.

Die Klosterkirche St. Maria sowie die gesamte Klosteranlage sollte man in jedem Falle besichtigen. Das Highlight der Stadt ist aber das Denkmal Friedrichs des Großen auf dem Marktplatz, das folgende Inschrift schmückt: *Friedrich dem Großen, dem Begründer der Stadt im Jahre 1764, das dankbare Kloster Zinna 1864.*

Der Stechlin

Zum Großen Stechlinsee reisen wir mit den öffentlichen Verkehrsmitteln, so umständlich das auch sein mag: Mit der S1 bis Oranienburg, weiter mit dem RE5 nach Gransee und schließlich mit dem Bus 836 bis Neuglobsow. Dort kann man das Märkische Glasmuseum, einen alten Friedhof, die »Gaststätte & Pension Fontanehaus« oder den nahen Dagowsee besuchen. Selbstverständlich kann man auch sofort mit der Umrundung des Stechlinsees beginnen. Die gut 17 Kilometer, die man dafür zurückzulegen hat, sind für geübte Wanderer und Walker ein Klacks.

Uns zieht eine magische Kraft zum See, der von Theodor Fontane sozusagen heiliggesprochen und zum Lourdes ernannt worden ist.

Der Name Stechlin leitet sich von *Steklo* her, dem slawischen Wort für »Glas«. Und glasklar ist auch das Wasser des Sees. Mit siebzig Metern ist er der tiefste See Brandenburgs.

Bei der Umrundung des Sees kommen wir am Badestrand, einem Bootsverleih dem Leibniz-Institut für Gewässerökologie und Binnenfischerei sowie einer Wetterstation vorbei. Ab und an stolpert man über eine Wurzel, weil man sich so sehr von dem malerischen Blick über den See hat hinreißen lassen, dass man alles um sich herum vergessen hat. Auf der Leddernbrücke überqueren wir schließlich den Polzowkanal. Nach etwa zwei Dritteln der Strecke werden die romantischen Gefühle von Unbehagen abgelöst, denn der Abflusskanal des Kernkraftwerks Rheinsberg muss passiert werden. Das Kernkraftwerk ist zwar seit 1990 stillgelegt, aber bestimmte Elemente sollen noch zehntausend Jahre strahlen.

Als wir in Neuglobsow einkehren und unsere Fontane-Maräne verzehren, ist natürlich *Der Stechlin* Gesprächsstoff Nummer eins. Wir haben genügend Lehrer in unserer Gruppe und müssen nicht lange rätseln, wann der Roman erschienen ist: 1898. Der Protagonist von Fontanes letztem Roman, der etwa 65-jährige, verwitwete Dubslav von Stechlin, Major a. D., trägt ohne Zweifel die Züge des Autors. Pausenlos wird auf den fast fünfhundert Seiten leichthin geplaudert oder sich tiefsinnig unterhalten, sodass vor allem jüngere Leser das Buch schnell wieder zur Seite legen.

Der Plot ist schnell erzählt: Dubslav von Stechlin lebt auf Schloss Stechlin, das ebenso wie das Dorf Stechlin fiktiv ist, und wird von Woldemar besucht, seinem einzigen Sohn, einem Gardeoffizier in Berlin. Den begleiten zwei Freunde: der Ministerialassessor Rex und der Hauptmann von Czako. Zu dieser Gruppe gesellen sich schließlich noch der Oberförster Katzler, das zugezogene Mühlenbesitzer-Ehepaar von Gundermann und Pastor Lorenzen, der schon vom »Gift« der aufkommenden Sozialdemokratie durchdrungen ist. Versehen ist der Roman mit einer gehörigen Portion Liebe, denn Woldemar kann sich nicht recht entscheiden, welche von den beiden Töchtern des Grafen Babry er als Gattin erwählen soll, die solide Armgard oder die prätentiöse Melusine.

Mich haben verschiedene Passagen des Romans stark beeinflusst. Viele Sentenzen habe ich auch exzerpiert und an meine Wand geheftet, so etwa:

(…) wer immer unzufrieden ist, der taugt nichts. Immer Unzufriedene sind dünkelhaft und boshaft dazu, und während sie sich über andere lustig machen, lassen sie selber viel zu wünschen übrig.

Sich abschließen heißt sich einmauern, und sich einmauern ist Tod.

Wer ängstlich abwägt, sagt gar nichts. Nur die scharfe Zeichnung, die schon die Karikatur streift, macht eine Wirkung.

Unglücklich sind immer nur die Halben.

Von Königs Wusterhausen aus

Königs Wusterhausen wurde einst Wustrow genannt, was so viel wie »Werder« oder »Insel« bedeutet. Dieser Name ist wohl auf die Sprewanen zurückzuführen, die im Zuge der Völkerwanderung hier, wo sich die Flüsse Dahme, Spree und Notte treffen, die Burg Wostrów gegründet haben, später, in deutscher Zeit entstand dann Wusterhausen. Verschiedene märkische Adelsgeschlechter verwandelten die Burg in ein Schloss, und das erwarb der Große Kurfürst 1682 für die Hohenzollern. Hier gründete der Soldatenkönig Friedrich Wilhelm I. seine Kompanie der »Langen Kerls«, und hier schikanierte er den kleinen Friedrich den Großen, machte den Historiker Jacob Paul Freiherr von Gundling zum Hofnarren und unterzeichnete das Todesurteil für Hermann von Katte, den Busenfreund seines Sohnes. Da ist es nicht verwunderlich, dass Friedrich der Große den Ort seiner schrecklichen Kinder- und Jugendzeit verfallen ließ, als er König wurde.

Königs Wusterhausen ist nicht nur eine lehrreiche Stätte preußischer Geschichte, sondern auch die Wiege des Radios, denn 1920 wurde auf dem Funkerberg der erste deutsche Rundfunksender in Betrieb genommen. Die Sendemasten habe ich oft genug von meinem Faltboot aus gesehen.

Erwähnenswert ist vielleicht noch, dass Königs Wusterhausen 1972 weltweit in den Schlagzeilen stand, als ganz in der Nähe eine Iljuschin Il-62 der Interflug abgestürzt ist. Dass die Netzhoppers Königs Wusterhausen-Bestensee in der Volleyballbundesliga der Männer spielen. Dass der in der DDR besonders mit seinem zweibändigen Roman *Die Abenteuer des Werner Holt* überaus erfolgreiche Schriftsteller Werner Noll (1927–2008) im Ortsteil Wernsdorf gelebt hat. Dass man im Biergarten am Nottekanal wunderbar sitzen und essen und trinken kann. Dass man die Stadt mit der Berliner S-Bahn-Linie 46 und der Regionalbahn bequem erreichen kann. Und dass man von Königs Wusterhausen aus mit dem Auto und dem Rad schnell in die brandenburgische Natur gelangen kann.

Begeben wir uns nun auf eine Tour mit insgesamt elf Stationen:

– *Neue Mühle.* Der Ort ist an beiden Ufern der Dahme gelegen, die hier Staabe heißt, und insbesondere durch seine Schleuse bekannt geworden. Die ist auch auf einer Postkarte abgebildet, die bei mir an der Wand hängt. Adressiert wurde die Karte am 18. August 1887 an meine Tante, das *Fräulein Claire Quade*, geschrieben hat sie einer ihrer Verehrer. Etwa an die hundert Jahre später bin ich mit meinem Freund Dr. Jürgen Zingler von Schmöckwitz aus mit dem Paddelboot nach Neue Mühle gefahren. Auch die Schleuse haben wir durchfahren, wobei wir allerdings die Bootsschleppe benutzt haben.

– *Senzig am Krimnick- und Krüpelesee.* Dieser Ortsteil von Königs Wusterhausen spielt in unserer Familiengeschichte eine tragische Rolle. Das hängt mit Paul Schattan, dem

Schwager meiner Schmöckwitzer Oma, und seiner Frau Friedel zusammen. Onkel Paul und Tante Friedel wohnten in der Friedelstraße in Neukölln, und zwar im vierten Stock. Sie waren es leid, bei Fliegeralarm immer in den Luftschutzkeller zu eilen, deshalb blieben sie manchmal einfach in ihrer Wohnung. Aber wie leicht konnte da über ihnen im Dach eine Bombe einschlagen! Sooft es möglich war, flüchteten sie sich deshalb in die Laube nach Senzig. Im Sommer 1944 wurde dann aber eine Maschine der Alliierten von einer deutschen Flak getroffen, und der Pilot versuchte sich mit einem Notabwurf seiner an Bord mitgeführten Bomben zu retten. Eine dieser Bomben traf die Laube von Onkel Paul und Tante Friedel. Sie war auf der Stelle tot, er verstarb im Krankenhaus.

– *Die Zernsdorfer Lanke.* Paddelt man von dem Krimnick- und dem Krüpelsee Richtung Norden, kommt man unter einer Eisenbahnbrücke hindurch, zu der auch wir uns einmal begaben, weil der erwähnte Freund Dr. Jürgen Zingler dort bei einer Verwandten oft seine Schulferien verbracht hatte. Er stieg aus, während ich im Boot blieb und die Landkarte studierte. Dabei stellte ich fest, dass man von der Zernsdorfer Lanke über einen Graben den Ukleisee erreichen konnte, jenen See, den ich schon seit Kindheitstagen einmal besuchen wollte. Wir machten uns auf den Weg. Nachdem wir unter der A10 hindurchgefahren waren, lag der Ukleisee auch schon vor uns. Allerdings hinderte uns ein Gitter daran, ihn zu befahren. Also wenden! Das war aber unmöglich, weil der Graben viel zu schmal war. Uns blieb nichts anderes übrig, als etliche Hundert Meter rückwärts zu paddeln.

– *Der Dolgensee.* Den kenne ich aus den Erzählungen meiner Eltern. Unzählige Male haben sie mir berichtet, wie es ihnen bei einem starken Sturm stundenlang nicht gelungen sei, die östliche Ausfahrt nach Dolgenbrodt zu erwischen und wie sie immer wieder ins Schilf getrieben worden seien. Dolgenbrodt ist heute ein Ortsteil von Heidesee, wie auch Blossin, Prieros, Streganz und Wolzig, von denen noch die Rede sein wird. Umgeben ist der See von einer wunderschönen Heidelandschaft und ausgedehnten Kiefernwäldern. Schon als Kind habe ich immer gesungen:

Märkische Heide,
Märkischer Sand
Sind des Märkers Freude,
Sind sein Heimatland.
Steige hoch, Du roter Adler,
Hoch über Sumpf und Sand,
Hoch über dunkle Kiefernwälder!
Heil Dir mein Brandenburger Land!

– *Der Wolziger See mit Blossin.* Der See ist kreisrund und in meiner Erinnerung fest verankert, denn als ich zur DDR-Zeit einmal in ihm badete, hat uns ein Untier attackiert. Ein weißer Hai wird es nicht gewesen sein, wahrscheinlich war es ein Wels, eine Glattnatter oder ein Fischotter. Und in Blossin am Wolziger See habe ich 1992 bei einer Tagung im Jugendbildungszentrum so lange auf einem harten Stuhl gesessen, dass ich mich anschließend an der Bandscheibe operieren lassen musste.

– *Die Groß Schauener Seenkette.* Diese besteht aus sechs Seen: dem Schaplow-, dem Großen Schauener, dem Großen Wochow-, dem Großen Selchower, dem Schweriner und dem Bugker See. Ornithologen können sich hier an diversen Sumpf- und Wasservogelarten erfreuen, und auf den angrenzenden Feuchtwiesen und Waldmooren gibt es viele Pflanzen und Tiere zu bestaunen. Vom Aussichtsturm in Selchow hat man einen weiten Blick über den Naturpark Dahme-Heideseen.

– *Prieros und der Streganzer See.* In Prieros gibt es einen Hafen und eine Schiffsanlegestelle, die an der Dahme gelegen ist. Gleich nach der Wiedervereinigung bin ich hier auf die Motorjacht meines Freundes Gerhard geklettert und mit ihm, seiner Frau und der Gefährtin meines Lebens bis nach Neu-Helgoland kurz vor dem Müggelsee geschippert. Für mich als Faltbootfahrer war es damals unfassbar, ganz ohne Armkraft von A nach B zu gelangen.

Am Streganzer See hat es einmal ein Erholungsheim der Post gegeben. Dort wollte mir mein Vater um 1943 das Schwimmen beibringen. Vergeblich. Fotos davon schmücken das Familienfotoalbum.

– *Die Schmölde, der Hölzerne und der Klein Köriser See.* Wir bewegen uns nun in südwestlicher Richtung auf Teupitz zu. Die Schmölde schlängelt sich durch ein wunderschönes Wald- und Erholungsgebiet und war schon zu Lebzeiten meiner Eltern ein Traum jedes Wassersportlers. Mein Vater hat mir einmal erzählt, dass der Name des Hölzernen Sees auf die Reiher zurückzuführen sei. Die hätten hier in Scharen genistet, und ihr Dung hätte die Bäume absterben lassen, sodass alles sehr hölzern aussah. Der Klein Köriser See entzückt den Besucher dagegen durch seine hügeligen und bewaldeten Ufer.

– *Schwerin und Teupitz mit dem Schweriner und dem Teupitzer See.* Nicht nur in Mecklenburg-Vorpommern gibt es ein Schwerin, sondern auch in Brandenburg. Es liegt zwischen Groß Köris und Teupitz und hat etwas über siebenhundert Einwohner. Teupitz wollte ich schon immer einmal besuchen, weil ich in Neukölln anderthalb Jahrzehnte durch die nach ihm benannte Straße gegangen bin. An Bauwerken bietet Teupitz unter anderem das Schloss, das auf einer Halbinsel im See gelegen ist, aber nicht betreten werden kann, und die Heilig-Geist-Kirche, einen gotischen Backsteinbau. Auch einen Fontane-Park findet man hier, hat der Dichter doch schon 1880 etwas zu Teupitz unter dem Titel *Die Wendische Spree – An Bord der Sphinx* geschrieben und diesem Text folgendes Gedicht vorangestellt:

Daß ich des Großen Werdepunkt erseh,
Hinauf zur Quelle denn der Wend'schen Spree,
Die, rätselvoll, in Sumpf und Sandes Mitten,
Im Dunkel ruht, bezweifelt und bestritten.

– *Der Motzener See, Pätzer Hintersee und Pätzer Vordersee.* Wir wenden uns nun wieder nordwärts, Königs Wusterhausen im Blick, und kommen nach Motzen. Vorbei an dem dortigen Golfplatz und dem Motzener See und über die Autobahn hinweg kommen wir zu einem Ort mit dem seltsamen Namen Hintersiedlung, östlich von dieser gelangen wir in ein ausgedehntes Waldgebiet mit den beiden Pätzer Seen, deren Namen ich nicht ergründen kann, denn eine Ortschaft namens Pätz gibt es nicht.

– *Bestensee und der Zeesener See.* Sehenswert in Bestensee ist die Dorfkirche und erwähnenswert, dass die höchste Erhebung innerhalb des Gemeindegebiets den Namen Kahlkopf trägt. Sie liegt 77 Meter über Normalnull. Vom Zeesener See erreicht man durch den Tiergarten hindurch und am Krebssee vorbei nach einer Viertelstunde den Bahnhof Königs Wusterhausen, den Ausgangspunkt unserer Reise.

Zwischen Angermünde und Prenzlau

Von Angermünde habe ich zum ersten Mal bei der Lektüre von Theodor Fontanes *Fünf Schlösser* erfahren. In diesem Band der *Wanderungen* ist auch die Ballade von der *Eroberung von Ketzer-Angermünde* zu finden ist, die folgendermaßen beginnt:

Ein neues Lied euch gesungen sei:
Nach dem Winter kommt der Mai,
Das haben wir wohl vernommen;
Und daß Ketzer-Angermünde märkisch ward,
das soll dem Markgrafen frommen.

Dass Angermünde schon bald nach seiner Gründung als Ketzer-Angermünde bezeichnet wurde, lag darin begründet, dass die hier ansässigen Franziskanermönche an der Verfolgung der als Häretiker geltenden Waldenser regen Anteil hatten. Papst Gregor IX. hatte 1231 die Inquisition ausgerufen, und europaweit kam es zum Kampf gegen die sogenannten Ketzer. In einem Prozess wurden 1336 in Angermünde 14 Menschen zum Tod auf dem Scheiterhaufen verurteilt und auf dem Marktplatz verbrannt.

Als wir einmal mit der Wandergruppe in der historischen Altstadt über den besagten Marktplatz schlendern, geht neben mir eine ehemalige Bürgerin der DDR her. Plötzlich fängt sie an zu singen: »*Mit seinen Reizen soll man nicht geizen* ...« Erstaunt sehe ich sie an. »Bärbel Wachholz kommt aus Angermünde«, belehrt sie mich.

Auch ich als alter West-Berliner kenne diese DDR-Ikone, weiß aber nicht, dass sie wie ich 1938 geboren wurde. Allerdings habe ich gelesen, dass sie an ihrer Zuckerkrankheit gestorben ist. Deshalb wechsle ich schnell das Thema. »Wenn Bärbel Wachholz die bekannteste Tochter der Stadt ist, wer ist dann der bekannteste Sohn?«

Doch die Antwort brauche ich nicht abzuwarten, ich weiß sie selbst: Es ist Ehm Welk (1884–1966). Wie ich bereits erzählt habe, waren seine *Heiden von Kummerow* das Kultbuch meiner Jugend, und Ehm Welk hat mich mit seinen ideologischen Botschaften mehr geprägt als jeder andere Schriftsteller. Da mir das Dorfleben durch meine Zeit in Groß Pankow gut bekannt ist, habe ich sozusagen selbst mitten unter Martin Grambauer, Johannes Bärensprung, Hermann Wendland und Ulrike Breithaupt gelebt. Als Jugendlicher wusste ich allerdings nicht, dass die Stadt Randemünde, in die die Dorfjugend im Roman zu ihrer dramatischen »Völkerwanderung« aufbricht, in Wirklichkeit Angermünde ist und Kummerow das Dorf Biesenbrow. Das ist acht Kilometer von Angermünde entfernt und heute ein Ortsteil der Stadt. Natürlich statte ich diesem Ort einen Besuch ab und weile ehrfurchtsvoll vor Ehm Welks Geburtshaus.

Ein andermal wandern wir von Angermünde zum Wolletzsee, und da Freund Peter Hüne aus Frohnau und ich das Blödeln lieben, freuen wir uns, dass dieser See nach einem Fußballer benannt worden ist: nach Claus-Dieter »Pele« Wollitz (* 1965). »Sicherlich haben sie dem See seinen Namen verliehen, weil er Energie Cottbus auch noch weiter trainiert, obwohl die Mannschaft in die vierte Liga abgestiegen ist. Das ist der Dank Brandenburgs«, vermutet Peter.

Wir gelangen zum Großen Plötzsee, von dem es nicht weit zum Oberuckersee ist. Der hat eine Länge von etwa 5 Kilometern, eine Breite von etwa 1,6 Kilometern und ist bis zu 25 Meter tief. Fährt man mit der Bahn Richtung Stralsund, kann man ihn vom Zugfenster aus sehen. Wir sind gern von Fergitz aus an seinem Westufer entlanggewandert und haben auch das gegenüberliegende Warnitz besucht, denn das Glück soll ja bekanntlich immer am anderen Ufer liegen.

Richtung Norden folgt dem Oberuckersee der Unteruckersee, verbunden ist er mit Ersterem durch den Uckerkanal. Wieder einmal liegt eine Bilderbuchlandschaft vor uns.

»Eine typische glaziale Rinne aus der Weichseleiszeit«, sagt der Erdkundelehrer neben mir.

Wir sehen die Türme von Prenzlau vor uns, und ich frage den Erdkundelehrer: »Warum gibt es in Prenzlau keinen Berg?« Da der die Antwort nicht weiß, gebe ich sie selbst: »Weil wir den Prenzlauer Berg in Berlin haben.«

Nicht erstaunlich ist, dass der Name Prenzlau aus dem Slawischen kommt und »Siedlung eines Mannes namens Premyslaw« bedeutet. Die Pommernherzöge ließen Prenzlau prächtig gedeihen, und ab 1426 übernahmen die Brandenburger die Herrschaft. Im Zweiten Weltkrieg traf es Prenzlau schließlich schlimm, es wurde zu 85 Prozent zerstört. Erhalten geblieben sind jedoch die einmalige Backsteingotik der Sabinenkirche, die Stadtmauer und diverse Türme, für die der Mitteltorturm der Berliner Oberbaumbrücke als Vorlage gedient hat.

Einer der Söhne Prenzlaus ist für die Berliner von besonderer Bedeutung: der Apotheker und Unternehmer Ernst Christian Friedrich Schering (1824–1889). Der gründete die Chemische Fabrik Ernst Schering, aus der die Schering AG hervorging, die bis 2006 in Berlin sehr erfolgreich war.

Fürstenberg / Havel

Fürstenberg an der Havel ragte schon immer wie ein Keil ins mecklenburgische Land hinein und gehört geografisch zum Naturraum des Neustrelitzer Kleinseenlandes. Die askanischen Markgrafen von Brandenburg bauten hier eine Burg als vorgeschobenen Stützpunkt. 1348 geriet Fürstenberg dann unter die Herrschaft der Mecklenburger, 1701 wurde es ein Teil von Mecklenburg-Strelitz. Zur NS-Zeit wurde auf seinem Gebiet das Frauenkonzentrationslager Ravensbrück errichtet. Nach dem Zweiten Weltkrieg wurde Fürstenberg schließlich Brandenburg zugeschlagen.

Auf einer Wanderung nach Fürstenberg hatten wir aber nur den Kaufmann und Archäologen Heinrich Schliemann (1822–1890) im Sinn, der hier einst seine Lehre absolviert hatte.

Nachdem wir am Bahnhof angekommen waren, verließen wir ihn nach Osten hin und suchten nach einer Unterführung, weil wir in Richtung Westen wandern wollten. Da wir keine fanden und der Weg unwirtlich wurde, begingen wir eine riesengroße Dummheit und gingen auf den Bahngleisen Richtung Norden, dies zwar mit Blick auf möglicherweise entgegenkommende Züge, aber manchmal überkam uns doch die Angst. Wir hatten schon die Schlagzeile vom nächsten Tag vor Augen: *RE erfasst Wandergruppe – zwölf Tote.*

Zum Glück verlief alles gut, wir überschritten ohne Ausweiskontrolle die Grenze nach Mecklenburg-Vorpommern und wanderten am Ufer des Ziernsee entlang. Dann durchquerten wir Kleinmenow und marschierten am Ufer der hier recht schmalen Havel zum Menowsee, zwar war dessen Westufer bewaldet, die meisten Uferzonen waren aber sumpfig.

Schließlich kamen wir zum Kleinen Glietzensee und nach Steinförde. Zu diesem Ortsteil ist nur zu sagen, dass er bis 1950 zu Mecklenburg gehörte und seit 1993 Teil des neugebildeten Landkreises Oberhavel ist.

Durch dichten Wald hindurch ging es zur nördlichen Spitze des nächsten Sees, des Peetschsees. Gewässer dieses Namens gibt es in dieser Gegend bis zur Ostsee hin ein halbes Dutzend, und niemand aus unserer Wandergruppe wusste über unseren See Genaueres.

Schließlich nahmen wir Kurs auf den Röblinsee, von dem es nicht mehr weit zum Bahnhof war. An seinem Südufer fanden wir ein Restaurant mit herrlichem Seeblick, und fast jeder von uns orderte ein Gericht mit Fisch oder Fleisch, ausgenommen meine älteste Tochter Lisa, denn die ist Vegetarierin und bestellte sich einen Salat mit Ei. Nach einer Viertelstunde wurde uns das Essen serviert – nur Lisa nicht. Als eine weitere Viertelstunde vergangen war, fragte sie nach und erhielt folgende Antwort: »Es sind so viele neue Gäste gekommen, und eine Kochstelle für Ihr eines Ei haben wir nicht mehr frei.«

Bei diesem Besuch in Fürstenberg/Havel hatten wir die Stadt selbst und alles, was östlich der Bahngleise und der B96 gelegen ist, außer Acht gelassen, so auch Schloss und Stadtkirche. Deren Besichtigung holte ich bei meinem nächsten

Ausflug mit meinem Freund Peter Heinrich nach, mit dem ich gemeinsam das Lehrbuch *Mensch und Organisation* sowie den Kriminalroman *Die Klette* geschrieben habe, der sogar verfilmt wurde.

Wir reisten mit dem Auto an, und ich wollte zum etwas nördlich der Stadt gelegenen Thymensee fahren – auch, weil Monika Thiemen zu dieser Zeit Bürgermeisterin meines Heimatbezirks Charlottenburg-Wilmersdorf war.

Der Thymensee ist von wunderschönen Wäldern umschlossen, und es war so einsam an seinem nördlichen Ufer, dass wir uns auf einem fernen Planeten wähnten. Wir badeten und schwammen, genossen die Natur und ließen die Seele baumeln – bis ein Ranger des Naturschutzgebiets Thymensee aus dem Unterholz auftauchte. Der belehrte uns ausführlich darüber, was wir hier nicht tun dürften. Als er wieder verschwunden war, wagten wir es nicht mehr, in dem See zu schwimmen, denn wir hätten ja mit einem Fußtritt versehentlich einen Wels ermorden können. Deshalb fuhren wir zum südlich von Fürstenberg gelegenen Dannenwalde, um dort ins Wasser des Kleinen Wentowsees zu steigen. Angemerkt sei, dass es auf der anderen Seite von Bahn und Straße auch einen Großen Wentowsee gibt.

Ein andermal stand ich um 21.50 Uhr mutterseelenallein auf dem Bahnsteig in Fürstenberg und wartete auf den Zug nach Berlin. Warum? Ich war zu einer Lesung in Lychen eingeladen gewesen, und die Gastgeber hatten mich im Anschluss daran hierher gefahren. *RE5, Abfahrt 22.12 Uhr* – so stand es auf dem gelben Fahrplan geschrieben. Ich wartete und wartete. Das Bahnhofsrestaurant hatte längst geschlossen. Auf dem Bahnhofsvorplatz war kein Mensch zu sehen. Da tauchte auf dem Parkplatz plötzlich ein

Wagen auf, dessen Scheinwerfer mich voll und ganz erfassten. Mir wurde mulmig zumute, und ich fürchtete um mein Leben, denn vielleicht waren das Kriminelle … Nun, ich lebe noch, aber diese Erinnerung an Fürstenberg verdränge ich gerne.

Gransee und Zehdenick

Gransee muss man als Berlin-Brandenburger mit preußischen Wurzeln kennen, weil hier Karl Friedrich Schinkels Luisendenkmal steht, das an die Aufbahrung der Königin Luise (1776–1810) erinnern soll, der Frau von Friedrich Wilhelm III. von Preußen, der im Kampf gegen Napoleon anfangs rettungslos unterlegen war. Luise sollte in Charlottenburg beigesetzt werden. In der Nacht vom 25. auf den 26. Juli 1810 wurde ihr Sarg auf dem Granseer Marktplatz aufgebahrt, und die Bevölkerung nahm regen Anteil an ihrem Tod. Bald darauf ging beim König ein Gesuch der Granseer Bürgerschaft ein, das bedeutsame Ereignis in einem Denkmal verewigen zu dürfen. Nach einigem Hin und Her wurde das gusseiserne Denkmal mit dem Baldachin, der an einen mittelalterlichen Reliquienschrein erinnert, am 19. Oktober 1811 eingeweiht. Die Inschriften zu beiden Seiten des Sockels sind zeittypisch. Links steht: *An dieser Stelle sahen wir jauchzend ihr entgegen, wenn sie, die Herrliche, in milder Hoheit Glanz mit Engelfreudigkeit vorüberzog.* Rechts kann man lesen: *An dieser Stelle hier, ach, flossen unsre Thränen, als wir dem stummen Zuge betäubt entgegen sahen; o Jammer, sie ist hin.* Ist das nicht herrlich!

Mehrmals bin ich sowohl mit Freunden als auch mit meiner Wandergruppe durch Gransee gelaufen, und zweimal war ich zu Lesungen dort. Eine fand in einem der Stadttürme, eine andere in einer Buchhandlung direkt vor dem Denkmal statt. Und selbstverständlich habe ich 1957 den deutschen Film *Königin Luise – Liebe und Leid einer Königin* gesehen, mit Ruth Leuwerik in der Hauptrolle, Dieter Borsche als Friedrich Wilhelm III., Bernhard Wicki als Zar Alexander und René Deltgen als Napoleon. Regie führte Wolfgang Liebeneiner. Eine bessere Besetzung konnte man sich damals kaum vorstellen.

Bleiben wir beim Historischen. Als die Brandenburger ab 1157 begannen, die östlich der Elbe ansässigen Slawen vom Stamme der Heveller und Sprewanen zu verdrängen beziehungsweise zu integrieren und bis zur Oder vorzustoßen, wurde auch Gransee ein wichtiger Stützpunkt. Ab 1330 begann man mit dem Bau einer Ringmauer, ausgestattet mit drei Dutzend Wiekhäusern, legte Wälle an und schuf Wart- und Pulvertürme. Richtung Zehdenick und Ruppin wurden Stadttore errichtet. Diese Anlagen sowie die gotische Marienkirche sind bis heute noch fast vollständig erhalten geblieben. Besichtigt man die Gebäude, fühlt man sich bisweilen ins Mittelalter zurückversetzt.

Festzuhalten ist außerdem, dass 1316 während des Norddeutschen Markgrafenkriegs die Schlacht bei Gransee stattfand. Damals kämpften die Truppen des Fürstentums Mecklenburg, der Herrschaft Werle und des Königreichs Dänemark gegen die der Mark Brandenburg um die Herrschaft Stargards. Markgraf Waldemar war der Sieger, und sein Gegner Heinrich der Löwe erhielt gleich zu Beginn der Schlacht einen solch heftigen Axthieb auf seinen Helm, dass man ihn vom Felde tragen musste.

Einige Zeit später, als Brandenburg an die Wittelsbacher

gefallen war, huldigte die Stadt dem angeblich falschen Waldemar (siehe das Kapitel *Von Zieko zur Lutherstadt Wittenberg*), fiel bei Ludwig dem Bayern in Ungnade und musste ihre Stadttore zumauern. Und in jüngster Zeit gab es am 14. August 1977 ein großes Erschrecken, als im nahegelegenen Munitionslager der Russen nach einem Blitzschlag mehrere Hundert Katjuscha-Raketen unkontrolliert gestartet wurden und in die Umgebung abzischten.

Auf Gransee stieß ich auch, als ich 2004 eine Rede zum Thema »100 Jahre Hermann Boddin« halten sollte. Boddin war nämlich 1904 Erster Bürgermeister von Rixdorf (heute Neukölln) geworden und am 16. Mai 1844 in Gransee zur Welt gekommen.

Von Gransee bis zum Schloss Meseberg braucht man zu Fuß nur etwas mehr als eine Stunde, und der Weg dorthin führt einen durch prächtige Obstplantagen. Erreicht man das Schloss, kann man nur hoffen, dass die Bundesregierung sich dort gerade zu einer Klausurtagung versammelt hat oder potente Staatsmänner zu Besuch gekommen sind und man einen von ihnen erblickt. Um das naheliegende Baumgarten herum finden sich außerdem der Huwenow-, der Kirch-, der Kleine und der Große Dölchsee.

Kommen wir zu Zehdenick. Seit ich mich erinnern kann, ist mir dieser Ort ein Begriff, denn Tante Eva hat hier mit ihrem Mann und ihren vier Kindern viele Jahre gelebt und bei allen Familienfesten pausenlos von Zehdenick erzählt. Immer wieder berichtete sie uns, wie ihre Tochter Brigitte im Alter von vier Jahren an Diphtherie gestorben ist und dass man ihren Mann im Zuchthaus Brandenburg eingesperrt hatte. Dessen Vorfahren hatten seit der Zeit des Großen Kurfürsten eine Apotheke geführt, und als zur DDR-Zeit alles verstaatlicht werden sollte, hatte man ihn unter dem Vorwand enteignet, er habe zusammen mit einem Kollegen aus Gransee Spionage für den französischen Geheimdienst betrieben und dem die Schiffsbewegungen an der Zehdenicker Schleuse verraten. Ein unsinniger Vorwurf, aber Onkel Jochen musste seine dreieinhalb Jahre Strafe absitzen. Verständlich, dass es die Familie danach nach West-Berlin trieb. Mein Cousin Curt fährt aber heute immer wieder gern nach Zehdenick, und manchmal begleite ich ihn.

Bezüglich der Geschichte Zehdenicks ist festzuhalten, dass hier um 1300 die Askanier auf einem slawischen Wall eine Burg errichteten und dass um 1250 die Zisterzienserinnen ein Kloster gründeten, dessen Besichtigung durchaus lohnend ist. Der Große Kurfürst ließ im Hochofen des Zehdenicker Eisenhüttenwerks seine Kanonenkugeln gießen, und beim Bau der Eisenbahnstrecke Löwenberg—Templin entdeckte man 1887 große Tonvorkommen. Aus Ton konnte man Steine brennen, und so entstanden ringsum große Ziegeleien. Auch heute noch gibt es im Ortsteil Mildenberg den Ziegeleipark und in Zehdenick eine Tonstichlandschaft, die mit den Wassern der Havel gefüllt ist. Brücken, die wie Kamelhöcker aufragen und deswegen auch Kamelbrücken genannt werden, überspannen malerisch deren Seitenarme.

Nun zum Kulturellen: Möchte man etwas über die Ansiedlung Deutschboden nordöstlich von Zehdenick erfahren, sollte man den Roman *Deutschboden* von Moritz von Uslar lesen, der das Dorf aus eigenem Erleben heraus beschreibt. Dort war ich noch nie, aber ich habe mit meinem Freund und Kollegen Peter Heinrich nach der Wiedervereinigung den Ortsteil Burgwall besucht, der an der Havel gelegen ist. Auf dem Rückweg gerieten wir in ein eigentlich gesperrtes Waldgebiet, aus dem gerade Truppenteile der Sowjetunion oder der DDR abgezogen waren und in dem wir noch versteckte Minen und scharfe Munition vermuten mussten. Seither weiß ich, was ein »mulmiges Gefühl« ist. Zurück in Zehndenick, feierten wir im Restaurant »Seegarten« unser Überleben. Von hier aus hatte man die oben erwähnte kleine Schleuse im Blick, ebenso die schöne alte Klappbrücke.

Auch Bergsdorf gehört zu Zehdenick. Begeistert von der Landschaft an der oberen Havel mit ihren weiten Feldern, Wiesen und Straßen, hatte der Maler, Bildhauer und Schriftsteller Kurt Mühlenhaupt hier einen alten Gutshof gekauft und zu seinem Wohnort, Atelier und Galerie ausgebaut, bevor er am 16. April 2006 starb. Heute befindet sich auf dem Gelände das Kurt-Mühlenhaupt-Museum, in dem ich einen Kunstdruck mit der Rosegger-Schule in der Bergmannstraße erstanden habe, der nun über meinem Bett hängt.

Von Birkenwerder zum Werbellinsee

Da ich an die zwanzig Jahre lang in Frohnau gewohnt habe, das wie ein Keil weit ins Brandenburgische ragt, lag es nahe, mit der Bahn, dem Auto oder dem Rad Ausflüge in die Landkreise Oberhavel, Barnim und Uckermark zu unternehmen. Bis Birkenwerder sind es heute drei Stationen mit der S-Bahn. Zur DDR-Zeit musste man allerdings gewaltige Umwege unternehmen, um nach den Grenzkontrollen auf den Außenring der S-Bahn zu gelangen.

Als wir im Sommer 1985 auf dem Bahnhof Birkenwerder ankamen, wurde dort gerade ein Dutzend Loren mit Braunkohlenbriketts ausgeladen. Aber nicht etwa ein Kran oder Frontlader beförderte sie in die bereitstehenden Lastkraftwagen, sondern verschwitzte, rußgeschwärzte Männer. Man musste nicht Volkswirtschaftslehre studiert haben, um zu ahnen, dass die DDR nicht mehr lange existieren würde.

An der Clara-Zetkin-Gedenkstätte im ehemaligen Wohnhaus der Politikerin in der Summter Straße 4 vorbei und über die Autobahn hinweg gingen wir Richtung Briesetal, das zu durchwandern eine Pflichtübung für jeden Berliner ist. Während wir auf einem Holzbohlenweg durch das sumpfige Gelände liefen oder bis zu den Knöcheln im Morast versanken, konnten wir uns vorstellen, wie es hier um das Jahr 999 n. Chr. ausgesehen haben musste. Mitten im Urwald, umgeben von hohen Gräsern und schilfigem Grün, entdeckte man nicht selten einen Biberdamm.

Wer diese Tour heute unternehmen und sein Schuhwerk schonen will, kann auch aus dem Tal klettern und den Höhenweg parallel zur Briese nehmen. Etwa in der Mitte des Wegs überspannt eine Brücke der L211 das Tal, und wer mit dem Auto anreist, kann sie als Ausgangspunkt seiner Wanderung nutzen.

Als wir durch Zühlsdorf gingen, hielt ich Ausschau nach dem Haus, in dem Elfriede Brüning (1910–2014) an die vierzig Jahre gelebt hat. Die war in der DDR eine Ikone gewesen, hatte die Marxistische Arbeiterschule besucht, war 1930 in die KPD eingetreten und hatte seit 1932 dem Bund proletarisch-revolutionärer Schriftsteller angehört. Zur NS-Zeit war sie im Widerstand tätig, wurde verhaftet und eingesperrt. Nach 1945 reüssierte sie in der DDR mit Romanen, die häufig autobiografische Züge trugen, Erzählungen, Reportagen und Fernsehdrehbüchern und erhielt etliche Verdienstorde und Preise. Ihr hundertster Geburtstag wurde im Brechthaus in der Chausseestraße gefeiert. Und ich hatte damals als Vorsitzender des Schriftstellerverbandes die Ehre, etwas aus ihren Werken vorlesen zu dürfen. Sie saß vorn auf dem Podium dicht neben mir, und ich musste immer wieder auf ihre Hände sehen. Die schienen mir viel jünger zu sein als meine, obwohl ich 28 Jahre später geboren wurde als sie.

Weiter östlich des Briesetals gelangt man ins Mühlenbecker Land. Im Summter See haben wir bei unseren Ausflügen in die DDR früher gern gebadet, weil man von seinem nördlichen Ufer aus den 358,6 Meter hohen Frohnauer Richtfunkmast sehen konnte. Als West-Berliner fühlte man sich in der DDR immer ein wenig unsicher, und mit dem Funkmast vor Augen hatte man das Gefühl, dass die rettende Insel ganz nah sei. 2009 wurde der Mast dann gesprengt.

Unweit vom Summter See entfernt liegt inmitten einer lieblichen waldreichen Landschaft der Mühlenbecker See und an seinem Ufer das Schloss Dammsmühle, ein neobarockes Herrenhaus mit einer langen Geschichte, das heute als »Kulturerlebniswelt« genutzt wird.

Das Biesenthal-Wandlitz-Prendener Seengebiet umfasst etwa dreißig große und kleinere Seen. Einer von ihnen ist der Rahmer See, den man unwillkürlich passiert, wenn man von Birkenwerder nach Wandlitz wandert. Anschließend kommt man zum Stolzenhagener See, an dessen südlicher Bucht man prächtig baden kann. Der flach abfallende Sandstrand lässt es zu, auch mit kleineren Kindern das saubere Wasser zu genießen. Wenig später erreicht man schließlich den Wandlitzer See, in dem es viele Maränen geben soll, die als edle Speisefische gelten.

Höre ich das Wort Wandlitz, zucke ich noch heute zusammen, steht der Namne doch für das SED-Politbüro. Die Waldsiedlung Wandlitz, heute ein Klinikum, wurde ab 1958 für die SED-Granden erbaut, weil sie sich nach dem 17. Juni 1953 in Berlin nicht mehr sicher fühlten und sich das Gelände gut vom Ministerium für Staatssicherheit abschirmen ließ. Die Siedlung verfügte nicht nur über einen eigenen Autobahnanschluss, sondern auch über etliche Bunker.

Am östlichen Ende des Liepnitzsee machte ich einmal mit meiner Wandergruppe halt, um zu baden. Einige von uns gingen zum freien Strand, wo sehr viel Betrieb war, andere zahlten Eintrittsgeld für die angrenzende Badeanstalt, wo es ziemlich leer war.

Der Liepnitzsee wird fast zur Gänze von einer Insel ausgefüllt, auf der gern gezeltet wird. Wir dagegen wanderten weiter am See entlang bis nach Ützdorf, in dessen vorgelagerter Bucht liegt bis heute ein Ende 1944 abgestürzter Jagdflieger, eine Focke-Wulf Fw 190. Der Pilot hatte seine mitgeführten Bomben noch rechtzeitig über dem Wald abwerfen können. Der Bombentrichter soll noch heute zu erkennen sein.

Wenn ich den Ortsnamen Ützdorf höre, muss ich aber auch an ein anderes Ereignis denken. Eines Tages saß ich mit meiner ersten Frau und einem befreundeten Ehepaar, Elke und Jürgen Dittberner, in einem Restaurant am Ortsausgang und plauderte. Bald kamen wir auf unsere Schulzeit zu sprechen. Elke und Jürgen sind zeitweise in dieselbe Klasse gegangen und lästerten über einen furchtbar seltsamen Lehrer für Musik und Geschichte. Wie der mit kurzer Hose vor die Klasse getreten sei und während des Unterrichts Tabakkrümel aus dem Fenster gespuckt habe. Auch an den Namen konnten sie sich noch erinnern: Alfred Ratzlaff. Da sagte meine erste Frau ganz trocken: »Den kenne ich auch, das war mein Vater.«

Zum Gebiet der Gemeinde Wandlitz gehören auch der Ober- und der Hellsee, beide am Ortsteil Lanke gelegen. Geht man am Obersee entlang, hat man am Südrand die L29 vor Augen und am östlichen Ende eine gewaltige Brücke, über die die A11 geführt wird. Man schreitet unter den Kronen von Kiefern, Eichen, Birken, Buchen und Erlen dahin, hat aber auch manchen umgestürzten und vermodernden Baum zu überwinden und muss aufpassen, an steilen Stellen nicht abzurutschen.

Noch schöner ist es am Hellsee, der von zwei Sumpfgebieten eingerahmt wird, von denen sich das eine auf einem Steg überwinden lässt.

Nur ein paar Steinwürfe vom Hellsee entfernt, an der sogenannten Märkischen Eiszeitstraße liegt Biesenthal, dessen Altstadtkern eine Besichtigung wert ist. Max Schmeling hatte hier sein Trainingslager und sein Stammcafé.

Von Biesenthal aus ist man zu Fuß in rund zwei Stunden in Spechthausen, gelegen am Zusammenfluss von Nonnenfließ und Schwärze. Der Ort ist nicht etwa für die klopfenden Vögel bekannt, sondern für edles Papier. Handgeschöpftes Büttenpapier mit einem Specht im Wasserzeichen wurde hier noch zur DDR-Zeit produziert, und bis 1945 stellte man hier für das Deutsche Reich das Papier für fast alle Banknoten, Wert- und Kreditbriefe, Aktien und Schecks her.

Nahebei liegt verwunschen der Große Samithsee in einer naturbelassenen Ebene. Läuft man an diesem entlang, ist man schnell in Eberswalde. Das erstreckt sich in ostwestlicher Richtung über 14 Kilometer am Finowkanal entlang und verdankt seinen hohen Bekanntheitsgrad nicht etwa der Tatsache, dass ich dort im Jahr 2002 einmal eine Lesung gehalten habe, sondern seinen zahlreichen Fabriken und dem Reichsbahnausbesserungswerk. In Eberswalde kann man auch etwas bestaunen, das es in Berlin schon lange nicht mehr gibt: den Oberleitungsbus.

Wer Forstwirtschaft studieren möchte, kann dies an der Fachhochschule Eberswalde tun – grüner geht es nicht. Eberswalde steht aber leider auch für eine dunkle Seite von Deutschland, denn hier wurde in der Nacht vom 24. auf den 25. November 1990 der aus Angola stammende Arbeiter Amadeu António Kiowa von einer Gruppe neonazistischer

Skindheads so brutal zusammengeschlagen, dass er später seinen Verletzungen erlag.

Von Eberswalde aus kann man nach Prenden wandern, einem weiteren Ortsteil von Wandlitz. Über Prenden war lange Zeit nur bekannt, dass Fontane seine Kirche als *kahl* und den Kirchhof als *verödet* beschrieben hat und man das Gebiet ringsum Sparrenland nannte, weil der kaiserliche Generalfeldmarschall und Reichsgraf Otto Christoph von Sparr (1605–1668) und seine Familie den Ort stark geprägt haben. Sparr, so erzählt man sich, sei ein Freund der modernen Artillerie gewesen, und um deren großen Nutzen zu beweisen, handelte er schnell, als 1616 der Turm der Berliner Marienkirche nach einem Blitzeinschlag zu brennen begann und er zufällig in der Nähe war. Er ließ vom Wall eine Kanone herbeischaffen und auf den Kirchturm schießen. Die Kugel verfehlte ihr Ziel nicht, die Turmspitze fiel zu Boden, das Feuer erlosch, und die Kirche war gerettet. Doch statt Sparr zu danken, bestand der Kurfürst darauf, dass Sparr die neue Turmspitze bezahlte, denn das Schießkommando hätte nur der Herrscher selbst erteilen dürfen.

In der DDR, dem ersten Arbeiter- und Bauernstaat auf deutschem Boden, gewann Prenden an Bedeutung. Von 1978 bis 1983 baute man hier eine riesige unterirdische Bunkeranlage, die als Kommandozentrale »Objekt 5001« der Partei- und Staatsführung für den Kriegsfall dienen sollte.

Angemerkt sei auch, dass hier Aurora Lacasa (* 1947), eine der bekanntesten Schlagersängerinnen der DDR, ihre Karriere bei einem Wettbewerb in einem internationalen Jugendlager begann. Stolz hat mir damals mein Cousin in der Straße der Pariser Kommune ihre Schallplatte *Nimm den Zug, der Sehnsucht heißt* vorgespielt.

Hat man Prenden einen Besuch abgestattet, kann man weiter nach Marienwerder wandern, das von Friedrich dem Großen als »Spinnerdorf« gegründet worden ist und eine schöne Dorfkirche aufweist. Von dort gelangt man schnell nach Sophienstädt, wo sich nicht nur die Schwester meiner Schwiegertochter mit ihrer Familie angesiedelt hat, sondern wo ich am nahen Eiserbudersee im Jahre 2010 auch gefürchtet habe, mein letztes Stündlein habe geschlagen. Damals sind wir mit der Wandergruppe in ein starkes Gewitter geraten. Als ringsum die Blitze in die Baumkronen einschlugen, haben wir unsere Schirme zugeklappt und uns auf einem Gestellweg auf den matschigen Boden gelegt und gebetet. Offensichtlich hat Gott unsere Gebte erhört, und ich bin Mitglied der Evangelischen Landeskirche Berlin-Brandenburg-schlesische Oberlausitz geblieben.

Als ich mit meinem Freund Peter ein andermal im Biosphärenreservat Schorfheide-Chorin war, wollte ich unbedingt auch zum Üdersee, um meine Hände mit seinem Wasser zu benetzen. Doch der war so dicht bebaut, dass wir lange nach einem Zugang zum Wasser suchen mussten.

Am Ende dieser großen Tour kann man den Werbellinsee besuchen, über den sich viel erzählen lässt. Einst war an seinem Ufer ein auf Pfählen errichtetes Schloss gelegen, das 1350 bei einem Brand zerstört wurde. Zerstört wurde damals vielleicht auch die Pfahlbausiedlung, deren Reste sich noch auf dem Grund des Sees befinden. 1934 ließ Hermann Göring bei Eichhorst ein Gehege zur Zucht von Wisenten, Elchen und Wildpferden anlegen. Davon schwärmten die Nationalsozialisten, die DDR-Regierung dagegen von ihrer 1952 eröffneten Pionierrepublik »Wilhelm Pieck« zur Aufzucht einer sozialistischen Elite. Und am 11. Dezember 1981 empfing Erich Honecker Bundeskanzler Helmut Schmidt im Rahmen seines Staatsbesuchs in der DDR im Jagdhaus Hubertusstock am Werbellinsee.

Als wir mit unserer Wandergruppe dort vorbeigingen, erzählte jemand den dazu passenden Witz: Den Bundeskanzler stört es, dass Honecker immer einen Rucksack mit sich ‹herumträgt. »Erich, setz dich doch endlich und nimm das Ding ab.« – Honecker: »Das geht nicht, da ist mein Herzschrittmacher drin.« – Schmidt staunt. »So ein großes Ding? Meiner ist nur so groß wie eine Streichholzschachtel.« – »So groß war meiner früher auch, aber seit wir in der DDR alles auf Braunkohle umgestellt haben …«

Am gegenüberliegenden Ufer von Hubertusstock findet sich Altenhof. Dorthin bin ich um das Jahr 2005 in ein kleines Bootshaus zu einer sehr schönen Lesung eingeladen worden. Organisiert hatten die Veranstaltung der inzwischen verstorbene Komponist, Pianist, Sänger und Liedermacher Reinhard »Lacky« Lakomy und seine Ehefrau Monika Ehrhardt-Lakomy, die mit ihrem Kindermusical *Der Traumzauberbaum* in der DDR große Bekanntheit erlangt hatte.

Kommen wir endlich zu Joachimsthal. Dieser Ort liegt am nördlichen Ende des Werbellinsees, gleichsam eingepfercht zwischen diesem und dem Grimnitzsee. Hier kann man Hügelgräber aus der Vorzeit bestaunen, auch eine Burg und eine Glashütte sind zu erwähnen. Am wichtigsten ist jedoch wohl, dass Kurfürst Joachim Friedrich hier 1607 eine Fürstenschule eingeweiht hat, das Joachimsthalsche Gymnasium. 1636 ist dieses dann nach Berlin umgezogen, und 1880 hat es ein mehr als stattliches Gebäude an der Kaiserallee bezogen.

Ein Schmuckstück vor Ort ist der »Kaiserbahnhof«, offiziell Bahnhof Werbellinsee genannt, bestehend aus Kaiserpavillon, Stationsgebäude und Gaststätte. Erbaut wurde er, um Kaiser Wilhelm II. die Anreise zu seinen Jagdausflügen zu erleichtern. Heute firmiert der Kaiserbahnhof Joachimsthal als Erster Deutscher Hörspielbahnhof. Obwohl ich mehr als 25 Hörspiele geschrieben habe, bin ich noch nie dorthin eingeladen worden – das ist ja unerhört! Schmollend steige ich in Gedanken in einen Zug der RB63 und fahre über Eberswalde nach Berlin zurück.

An dieser Stelle möchte ich noch nachtragen, dass man vom Werbellinsee aus schnell am Großdöllner, dem Bebersee und dem Großen Gollinsee ist. Am Großdöllner See befand sich zur Zeit des Nationalsozialismus Carinhall, das Anwesen Hermann Görings, dessen Gelände inzwischen von der Natur zurückerobert wurde. Und die Verehrer der Sowjetunion können bei Groß Dölln den Hangar ihres ehemaligen Militärflughafens bestaunen. In dem findet heute regelmäßig das »Bebersee Festival – Das Kammermusikfestival in der Schorfheide« statt.

Bebersee – der Ort ist mir unvergesslich, weil ich hier einmal bei einer Wanderung mit meinem Freund und Kollegen Peter Heinrich einen kleinen Disput hatte. Wir hatten beide vergessen, etwas zu trinken mitzunehmen, sodass es uns arg dürstete. Ich wollte bis zum nächsten Dorfkrug durchhalten und war gegen den Vorschlag, eine vor ihrem Gehöft blumengießende Bäuerin anzusprechen. »Die erschrickt sich zu Tode, wenn sie uns zwei Männer aus dem Wald kommen sieht. Außerdem erinnert das an Bettler, die klingeln und um ein Glas Wasser bitten«, argumentierte ich. Peter tat es dennoch. Ich versteckte mich hinter einem Baum und sah neidisch zu, wie er das köstlich kühle Nass schlürfte.

Lindow und der Wutzsee

Schon zu DDR-Zeit trieb es uns immer wieder nach Lindow (Mark), obwohl die Reise für West-Berliner wegen der zu beantragenden Passierscheine sehr mühsam war. Aber wir hatten einen deutschen Wert verinnerlicht: die Liebe zur Linde.

Das mag damit zusammenhängen, dass wir schon als Schulkinder mit einem bekannten Volkslied konfrontiert wurden, mit *Am Brunnen vor dem Tore* aus Franz Schuberts *Winterreise*:

Am Brunnen vor dem Thore
Da steht ein Lindenbaum:
Ich träumt' in seinem Schatten
So manchen süßen Traum.

Der Berliner erinnert sich in diesem Zusammenhang auch gern an Walter Kollo:

Untern Linden, untern Linden,
gehn spaziern die Mägdelein,
wenn du Lust hast anzubinden,
dann spaziere hinterdrein.

Lindows Wappen, das zugleich das Familienwappen der Stadtgründer, der Grafen von Lindow-Ruppin, ist, schmückt natürlich ein bewurzelter grüner Lindenbaum auf goldenem Hintergrund. Davor steht ein kleines rotes Schild, auf dem ein silbern-goldner Adler zu sehen ist.

Lindow erreicht man sowohl über die L19 wie mit der RB54, die zwischen Löwen- und Rheinsberg pendelt. Vom Bahnhof bis zur Ortsmitte muss man allerdings ein gutes Stück zu Fuß zurücklegen, kann dabei aber von einer Brücke aus die Rhin bestaunen. Auf einer Landbrücke zwischen Gudelack- und Wutzsee liegt dann die Stadt Lindow, und nach Süden finden wir den Vielitzsee.

Wer sich für Architektur interessiert, kann sich an der evangelischen Pfarrkirche, der katholischen Kirche St. Joseph und am klassizistischen Rathaus erfreuen. Wer das Historische liebt, dem sei verraten, dass Erich Honecker nach der friedlichen Revolution in einem Regierungsheim bei Lindow Unterschlupf fand, bis ihn protestierende Bürger wieder vertrieben. Außerdem ist am 4. August 1952 auf dem Platz mit dem Namen Amtsfreiheit ein sowjetisches Militärflugzeug abgestürzt, wobei sowohl die beiden Insassen wie auch ein Lindower Bürger ums Leben gekommen sind.

Wer gern badet, kann das stadtnah im Gudelacksee tun, und wer gern isst, findet am Ufer beider Seen Restaurants mit schönem Ausblick.

Eine Wanderung an den Ufern des Gudelacksees hat unsere Wandergruppe nicht überzeugt, aber der See wartet mit einer großen Insel auf, die mit vier Teichen bestückt ist und sich per Fahrgastschiff erreichen lässt.

Mein Hauptaugenmerk in diesem Kapitel gilt aus mehreren Gründen dem Wutzsee. Zum einen, weil es immer wieder ein ungetrübtes Vergnügen ist, ihn in zwei bis drei Stunden zu umrunden und von einem seiner vielen schönen gelbsandigen Stellen aus schwimmen zu gehen, zum anderen, weil an seinem östlichen Ufer die Ruine des Nonnenklosters Lindow zu finden ist. Dieses spielt in Fontanes *Stechlin* unter dem Namen Kloster Wutz eine nicht unbedeutende Rolle, weil hier Adelheid, die Schwestes des Dubslaw, zu Hause ist. Und ihre Beschreibung scheint für so manchen Menschen passend: *Was (...) den Verkehr mit ihr so schwer machte, das war die tiefe Prosa ihrer Natur, das märkische Enge, das Mißtrauen gegen alles, was die Welt der Schönheit oder gar der Freiheit auch nur streifte.*

Wassersuppe

Jeder, der gern genussvoll isst, wird zutiefst erschrocken sein, wenn es heißt: »Heute gibt es bei uns Wassersuppe«, denn dieser Begriff wird ja gemeinhin abwertend für klare Suppen und Gemüsesuppen ohne Fleischeinlage verwendet. Umso erschrockener war ich, als ich Elli, eine Freundin meiner Mutter, früher einmal fragte, wo sie denn geboren sei, und als Antwort zu hören bekam: »In Wassersuppe.« Sie erklärte mir, dass Wassersuppe ein Dorf sei, das zwischen dem Hohennauener und dem Witzker See am Rhin liege. Von diesem Augenblick an wollte ich Wassersuppe einmal besuchen. Und etwa 15 Jahre später gelang es mir, meine Wandergruppe zu überreden, von Ferchesar nach Wassersuppe zu laufen. Es sollte ein Tag werden, an dem sich die Gruppe beinahe spaltete …

Anfangs wanderten wir auf dem Höhenweg am nördlichen Ufer des Ferchesarer Sees entlang. Wir genossen den herrlichen Ausblick nach Semlin hinüber ebenso wie die Erdbeeren am Wegesrand. Dann marschierten wir schwitzend und unerwartet schnell ermüdet quer durch den Forst.

»Durchhalten!«, rief Siegfried, unser erprobter Wanderführer. »Noch zwei Kilometer, dann sind wir am Rhin und über eine Brücke schnell mitten in Wassersuppe.«

Als wir endlich völlig erschöpft den Rhin erreichten, war

dort aber keine Brücke mehr zu finden. Siegfrieds Karte stammte aus dem Jahre 1935, und besagte Brücke war offenbar im Krieg zerstört und danach nicht wiederaufgebaut worden. Was sollten wir tun? Als Erstes revoltierten wir und setzten Siegfried ab, dann überlegten wir und fragten uns, wie wir uns am besten aus dieser Lage befreien könnten.

»Ausziehen, alle Sachen auf ein Floß legen und hinüberschwimmen!«, schlug jemand vor. Doch diese Idee lehnten einige Damen ebenso ab wie ich, der ich nur schwimmen konnte wie 'ne bleierne Ente auf'm Grund.

»Dann lassen wir uns übersetzen.«

»Wie denn ohne Fähre?«, fragte ich.

»Na, von dem Kajakfahrer da hinten rechts.«

Ich schaute mich um. Dort saß tatsächlich ein Mann in einem Zweier, und der Platz vor ihm war leer. Besser hätte es uns nicht treffen können.

Als der Kajakfahrer näher kam, unterbreiteten wir ihm daher ein faires Angebot. »Sie bekommen von jedem von uns zwei Mark, wenn Sie uns ans andere Ufer bringen.«

Der Mann zählte, wie viele wir waren, rechnete dann und kam auf immerhin zwanzig Mark, nicht gerade wenig für diese kleine Dienstleistung. Da konnte er eigentlich nicht Nein sagen. Das tat er aber trotzdem. »Nee, Herrschaften, eenen oda zwee schon, nich aba alle. Det dauat ma zu lange, und ick will heute noch uff de Havel ruff und bis nach Schollene kommn. Tschüss dann.« Und damit paddelte er davon.

Uns blieb nichts anderes übrig, als umzukehren, und ich hatte Wassersuppe nur aus der Ferne gesehen. Der Wunsch, diesen Ort einmal zu erkunden, ließ mich aber nicht los, und am 2. Juni 2016 sollte er endlich in Erfüllung gehen.

Um nicht stundenlang im Auto sitzen zu müssen, fuhr ich am besagten Tag mit dem RE4 bis Rathenow. Und dort holte mich mein Freund Volker Panecke am Bahnhof ab.

Als er fragte, welchen Ort er in sein Navigationssystem eingeben solle, sagte ich: »Kotzen bitte.«

»Schnell wieder aussteigen!«, rief Volker. Er dachte natürlich sofort, ich müsste mich erbrechen.

Ich lachte und erklärte: »Ich möchte gerne über Kotzen nach Wassersuppe fahren.«

Kotzen ist eine Gemeinde im Landkreis Havelland, 1352 wurde sie erstmals unter dem Namen Cozym erwähnt. Die Familie von Bredow war hier ansässig, und der ganze Stolz der Gemeinde sind die hundertjährigen Eichen und Robinien.

Dabei kommt mir in den Sinn, dass es in Brandenburg-Preußen eine Reihe von Generalleutnants mit dem Namen von Kotze gegeben hat, beispielsweise Gustav von Kotze (1806–1880), Gebhard von Kotze (1808–1893), Hugo Hans von Kotze (1843–1921) und Hermann von Kotze (1851–1925). Und ein Leberecht von Kotze (1850–1920) war Kammerherr und Hofzeremonienmeister von Wilhelm II.

Von Kotzen aus wollten wir weiter nach Ferchesar und passierten Stechow.

»Nie gehört«, sagte ich zu Volker. »Ich kenne nur Renate Stecher.« Das war einmal eine große DDR-Sprinterin, mehrmalige Europameisterin und Olympiasiegerin. Dann fiel mir ein, dass mir beim Schreiben meiner Brandenburg-Geschichten schon einmal ein Stechow untergekommen ist, nämlich Dietrich von Stechow, der als Dietrich IV. von 1459 bis 1472 Bischof von Brandenburg war.

Bald darauf erreichten wir Ferchesar. Seit man 1945 die

Kreisbahn Rathenow—Senzke—Nauen eingestellt hat, ist Ferchesar ohne Bahnanschluss. Dafür liegt es an einem langgestreckten Doppelsee, der Hohennauener-Ferchesarer Seenkette, und galt einmal als die »Perle des Havellandes«. Der Ort ist mehrere Male abgebrannt. Er hat aber über die Zeiten von seinen Tonvorkommen und dem Ziegelhandwerk profitiert. Der Ortsname soll sich von dem slawischen Wort *Verch-jezer* ableiten und »Ort auf einer Höhe am See gelegen« bedeuten.

In Ferchesar verliefen wir uns, was sich als ein Glücksfall erweisen sollte. Am südlichen Ufer des Ferchesarer Sees kamen wir an eine Badestelle, wie sie märkischer und paradiesischer nicht sein konnte: tiefblaues Wasser, hellgelber Sand, Schilfgürtel vor braunen Kieferstämmen mit bläulich grünen Wipfeln, Sonne satt und der Himmel schöner noch als der in Griechenland. Einfach unbeschreiblich!

Wir umrundeten den Ferchesarer See wie den mit ihm verwachsenen Hohennauener See, dessen Fläche uns riesig erschien, und entdeckten an der Straße nach Wassersuppe einen Strohballen mit einem Fahrrad darauf, dazu ein werbendes Tuch: *Triathlon in Wassersuppe 13.08.2016 um 13.00 Uhr.* Dessen Anblick war auch das Einzige, das an Wassersuppe bemerkenswert war – abgesehen von dem Ortsnamen natürlich. Was sollten wir mit dem Rest des Tages anfangen? Das konnte doch noch nicht alles gewesen sein. Zunächst ließen wir uns einfach treiben, doch irgendwann fiel mir ein, dass sich ganz in der Nähe auch der Gollenberg befinden musste, der Hügel, wo der Luftfahrtpionier Otto Lilienthal am 9. August 1896 abgestürzt ist. »Nüscht wie hin nach Stölln!«

Auf dem Stöllner Flugplatz bewunderten wir dann eine nach Lilienthals Ehefrau »Lady Agnes« benannte IL 62 der Interflug und erfuhren, dass hier im Oktober 1989 ein Pilot die erste geplante Landung eines Langstreckenjets auf einer nur neunhundert Meter langen Graspiste gewagt hatte und damit ins *Guinnessbuch der Rekorde* eingegangen war. Freund Volker verschwand im Bauch der Maschine, um sich einen zwanzigminütigen Film über diese Landung anzusehen, während ich langsam am Verhungern war. Ich ging auf den leeren Kinderspielplatz, nahm auf einem Gerät Platz, sonnte mich und sah mich satt an der herrlichen Landschaft.

Endlich setzte Volker seinen Fuß wieder auf Stöllner Boden, und wir suchten nun gemeinsam nach einem Restaurant. Doch weder in Stölln noch in Friesack wurden wir fündig, deshalb beschlossen wir, weiter nach Nauen zu fahren. Dort hatte ich mit der Wandergruppe vor Jahren einmal bei einem Italiener gegessen. Nachdem uns das Navigationssystem in die falsche Richtung gelenkt hatte, erreichten wir endlich die B5. Doch wir kamen nicht weit, denn vor uns staute es sich auf mindestens einem Kilometer. Wir wendeten und waren den Tränen nahe, denn dem Autoatlas entnahmen wir, dass das Havelland hier nur wenige Straßen aufwies. Da sahen wir am linken Straßenrand ein gelb-schwarzes Ortsschild mit der Aufschrift *Haage*. Die Wahrscheinlichkeit, hier ein Restaurant zu finden, lag meiner Meinung nach bei 0,5 Prozent – doch das reicht für Brandenburg. Wir entdeckten die »Landgaststätte und Pension Deutsches Haus«, in deren schattigem Biergarten sich trefflich essen und trinken lässt.

Buckow, Müncheberg und die Märkische Schweiz

»Ick war jestern in Buckow.«

»Inna Laube von deina Schwesta, mitta 27 hin?«

»Nee, Buckow inne Märkische Schweiz, und mittem Zug hinne und nich mit die Elektrische.«

So habe ich den Dialog meiner Neuköllner Nachbarn aus dem Jahre 1948 in Erinnerung. Der eine meinte den Ortsteil Buckow in unserem Berliner Bezirk und der andere Buckow in der Märkischen Schweiz.

Die Märkische Schweiz ist eine Pilgerstätte des naturgläubigen Berliners. Man kann sie mit dem Auto oder der S-Bahn und dem Bus über Strausberg anfahren. Das eigentliche Eingangstor zum Naturpark ist allerdings Müncheberg, zu erreichen von Berlin-Lichtenberg aus mit der RB26 der Niederbarnimer Eisenbahn Richtung Küstrin.

In Müncheberg findet sich das Max-Planck-Institut für Züchtungsforschung. Da ich schon drei Kinder habe, begnüge ich mich bei meinem Besuch der Stadt mit der Besichtigung vorhandener Bauwerke wie des Berliner und des Küstriner Torturms, auch Pulverturm beziehungsweise Storchenturm genannt, der Stadtmauer und der Stadtpfarrkirche Sankt Marien, die als gotischer Backsteinbau auf Karl Friedrich Schinkels Reißbrett entstanden ist.

Berühmte Söhne von Müncheberg sind der preußische

General Ernst von Pfuel (1779–1866) und der SPD-Politiker Markus Meckel (*1952), der 1990 letzter Außenminister der untergehenden DDR war. Stolz ist Müncheberg auch auf den Dichter und Schriftsteller Paul Zech (1881–1946), der hier in seinen frühen Jahren bei Verwandten seiner Mutter als Pflegekind lebte. Seit 1971 ruht seine Urne in einem Ehrengrab des Landes Berlin gleich bei mir zu Hause um die Ecke auf dem Friedenauer Friedhof an der Stubenrauchstraße.

Wie wunderbar ist es doch, durch die Märkische Schweiz zu wandern! Als ich halb so alt war wie jetzt, sind wir einmal von Müncheberg nach Buckow gestartet. Zunächst durchquerten wir den leicht hügeligen Wald, um zum Großen Klobichsee zu gelangen. Dann gingen wir weiter Richtung Norden zum Stöbberbach beziehungsweise zur Stöbber. Die Luft hier war herrlich rein, und schon der Leibarzt von Friedrich Wilhelm IV. hatte diesem Buckow mit den Worten empfohlen: *Majestät, in Buckow geht die Lunge auf Samt!* Wir foltgen der Stöbber so lange durch eine atemberaubend schöne Niedermoorlandschaft, bis wir Buckow erreichten und durch das Städtchen hindurch zum Schermützelsee gelangten. Zuvor kehrten wir aber noch im Gasthaus »Stobbermühle« ein. Danach nahmen wir die kleineren Seen in und um Buckow in Augenschein, so den Griepen-, den Buckow- und den Weißen See, ehe wir uns dem Schermützelsee widmeten und ihn mit dem Solarboot *Lena Manuela* befuhren. Währenddessen konnte man munter über die Größen der Hochkultur plaudern, die hier zur Sommerfrische waren, darunter Egon Erwin Kisch (1885 bis 1948) und John Heartfield (1891–1968). Eine längere Zeit in Buckow gelebt haben Persönlichkeiten wie Helene Weigel (1900–1971) und Bertolt Brecht (1898–1956).

Auch nach Buckow bin ich einmal zu einer Lesung eingeladen worden. Vor allem erinnert mich die Stadt jedoch an einen wichtigen Vertreter meines Fachs, den Soziologen Ralf Dahrendorf (1929–2009). Ein Einheimischer erzählte mir bei meinem Besuch, dass Dahrendorf hier zur Internatsschule gegangen sei und als Jugendlicher Flugblätter gegen die Nationalsozialisten verteilt habe. Dahrendorfs Definition der sozialen Rolle aus dem *Homo Sociologicus* kann ich herunterbeten wie die zehn Gebote: *Soziale Rollen sind Bündel von Erwartungen, die sich in einer gegebenen Gesellschaft an das Verhalten der Träger von Positionen knüpfen.*

Selbstverständlich kann man die Märkische Schweiz auch mit der Buckower Kleinbahn beziehungsweise der Museumsbahn von Müncheberg aus bereisen und sich dann entgegen dem Uhrzeigersinn auf den 7,5 Kilometer langen Rundweg um den Schermützelsee begeben.

Als wir mit unserer Wandergruppe einmal zu dieser Tour aufbrachen, war ich beim Blick auf meine Landkarten aber zunächst einmal verwirrt, denn am linken oberen Ende des Sees war auf meiner alten Karte Bollersdorf zu finden, auf der neuen jedoch Oberbarnim. Auch beim zweiten Hinsehen änderte sich das nicht, klar und deutlich las ich auf der alten Karte: *Bollersdorfer Höhe, 83 Meter*. Schon meine Großmütter hatten von dem herrlichen Ausblick dort oben geschwärmt – wie auch Fontane, der in seinen *Wanderungen* über die *ländliche Schönheit* dieser Gegend berichtete: *Überrascht (blicken wir) in eine völlig senkrechte Tiefe nieder. Zweihundert Fuß unter uns der See. Wir nehmen nun unseren Stand und haben vielleicht das schönste Landschaftsbild vor uns, das die »Märkische Schweiz« oder doch der »Kanton Buckow« aufzuweisen vermag.*

Sollte man die Bollersdorfer Höhe etwa zur DDR-Zeit oder gleich nach der Wiedervereinigung abgetragen haben? Schnell fand ich aber heraus, dass sich um das Jahr 2000 mehrere Gemeinden, darunter auch Bollersdorf, zu Oberbarnim zusammengeschlossen hatten. Das verwunderte mich ebenso wie meinen Freund Volker, dessen Großvater hier Haus und Hof gehabt hatte.

Der Rundweg um den Schermützelsee wurde schließlich zu einer Art Achterbahn zu Fuß. Immer wieder ging es auf und ab. Mal bewegten wir uns in einer Höhe von 28 Metern, mal in 76 Metern Höhe, und ich hatte Gelegenheit, mich doch noch einmal über die Rolltreppe zur S-Bahn bei mir am Bundesplatz zu freuen, die immer kaputt war. Denn ihr verdankte ich die nötige Kondition, um die insgesamt 237 Meter Auf- und Abstieg zu bewältigen. Grund für diese Höhenunterschiede sind die sogenannten Erosionsschluchten, die auch Kehlen genannt werden. Nach Ende der letzten Eiszeit wurden sie durch das abfließende Schmelzwasser geschaffen, so die Fischer-, die Buchen- und die Grenzkehle. Da unsere Kehlen ziemlich trocken waren, verließen wir den Wald an der Südspitze des Sees und kehrten ins Restaurant »Fischerkehle« ein.

Baruth, Dahme und Luckau

Schon als ich die fünfte Klasse besuchte, also 1948, hat sich mir der Name Baruth fest eingeprägt. Damals lernten wir, dass es in unserer Region drei weichselzeitliche Urstromtäler gibt: das Warschau-Berliner, das Thorn-Eberswalder und das Baruther, das sich von Tangermünde an der Elbe über Brandenburg / Havel, Luckenwalde, Baruth / Mark, Cottbus bis nach Glogau / Głogów an der Oder erstreckt.

Bis 1815 gehörte Baruth sächsischen Herrscherhäusern, erst danach wurde es Teil der Mark Brandenburg. Zu unterscheiden ist es von der Ortschaft Baruth bei Bautzen.

Nebenbei: Baruth kann man von Berlin aus über die A13, mit der Bahnlinie RE5 und dem Bus, aber auch auf dem Skate- und Radnetz erreichen.

Nicht nur das Schloss mit seinem Park und die Stadtkirche St. Sebastian locken viele Berliner nach Baruth, sondern auch das »Museum für Industriekultur und die Geschichte des Glases« im Ortsteil Glashütte. Kaufen kann man hier auch viel Gläsernes, und als wir einmal mit der Wandergruppe hier waren, waren die Damen trotz der Warnung »Glück und Glas, wie leicht bricht das« nicht mehr zu halten.

Von Baruth / Havel bis nach Dahme / Mark sind es rund zwanzig Kilometer. Höre ich das Wort Dahme, fühle ich mich sofort an meine Schmöckwitzer Zeit erinnert, denn in dem Fluss Dahme habe ich nicht nur das Schwimmen erlernt und unzählige Male gebadet, sondern auf ihm bin ich auch Hunderte von Kilometern gepaddelt. Die Dahme ist ungefähr 95 Kilometer lang, mündet in Köpenick in die Spree und entspringt – dreimal dürfen Sie raten – knapp südöstlich von Dahme / Mark, das nicht zu verwechseln ist mit Dahme an der Ostsee.

Da mein angeheirateter Cousin Jochen, heute wohnhaft in Berlin-Schmöckwitz, in Dahme auf die Welt gekommen und dort aufgewachsen ist, machten wir uns eines Tages auf, unter seiner Führung vom Bahnhof Drahnsdorf aus nach Dahme zu wandern. Dort hielt seine Mutter, eine gestandene Lehrerin, Kaffee und Kuchen für uns bereit. Nachdem wir uns an allem gütlich getan hatten, besichtigten wir die historische Altstadt samt Stadtmauer, das im Stil der Neorenaissance erbaute Rathaus und die Schlossruine. Ich erfuhr, dass der bekannteste Sohn der Stadt Otto Unverdorben (1806–1873) ist, der Entdecker des Stoffes Anilin. O wie gern würde ich dessen Nachnamen tragen: Horst Unverdorben! Soll doch schon Friedrich der Große über die ganze imbecile Gesellschaft mit ki und ky hinten geschimpft haben.

Luckau ist von Dahme nur einen Katzensprung entfernt, nämlich etwa zwanzig Autominuten, und teilt mit ihm dasselbe schwere historische Schicksal: bis 1815 zu Sachsen gehört zu haben. Größere Bekanntheit hat Luckau spätestens im Jahr 2000 erlangt, weil es damals Standort der brandenburgischen Landesgartenschau war. Den älteren Bewohner von Berlin ist es noch aus der Zeit ein Begriff, da es in seinem Ortsteil Alteno einen Fliegerhorst gegeben hat, wo sowohl die Luftstreitkräfte der Wehrmacht als später auch die der Nationalen Volksarmee der DDR geübt haben. Und auf dem Bahnhof Luckau-Uckro wollte die Volkspolizei am 10. Oktober 1953 eine fünf Mann starke tschechische Verbrecherbande festnehmen, die auf der Flucht nach West-Berlin war. Bei dieser Aktion fand der Kommissar Hermann Grummini den Tod, und zwei weitere Beamte wurden verletzt. Nachzulesen ist dies in Wolfgang Mittmanns Sachbuch *Tatzeit – Große Fälle der Deutschen Volkspolizei*. Mit Mittmann habe ich mich bei Veranstaltungen der Krimischreiberinnung oft zum Plaudern an einen Tisch gesetzt, meist war auch der Schriftstellerkollege Jan Eik dabei.

Auf unserer Wanderung streiften wir durch Luckau, bewunderten die mächtige evangelische Hallenkirche St. Nikolai mit ihren zwei Türmen, schlenderten über den Marktplatz mit seinen vielen barocken Giebelhäusern und hielten dann vor dem alten Dominikanerkloster, das man zum Gefängnis umgebaut hat und in dem von 1916 bis 1918 Karl Liebknecht (1871–1919) untergebracht war. Unwillkürlich begannen einige von uns zu singen: »Dem Karl Liebknecht, dem haben wir's geschworen! Der Rosa Luxemburg reichen wir die Hand.« Die konservative Fraktion konterte: »Es schwimmt eine Leiche im Landwehrkanal.« Zur NS-Zeit waren hier an die eintausend zumeist politische Häftlinge inhaftiert, unter ihnen der Schriftsteller und Widerstandskämpfer Günther Weisenborn (1902–1969) und der bundesweit überaus einflussreiche Politologe Wolfgang Abendroth (1906–1985).

Als wir am Museum für Humor und Satire vorbeikamen, wollte es keiner besichtigen, angeblich sorgte ich für genug Witz und Humor.

Kloster Lehnin, Klaistow und Werder / Havel

Als alter West-Berliner zucke ich immer noch zusammen, wenn ich das Wort Lehnin höre, denn vom Klang unterscheidet es sich ja kaum von Lenin, dem Wladimir Iljitsch, vor dessen Kindern wir während des Kalten Kriegs gehörig gezittert haben. Und als Soziologe und Bürokratieforscher musste ich mich immer wieder mit der Frage beschäftigen, ob Lenins Maxime »Vertrauen ist gut, Kontrolle ist besser« mehr wert ist als Niklas Luhmanns theoretische Annahme, dass ohne Vertrauen keine Reduzierung der gesellschaftlichen Komplexität möglich sei.

Doch nun zu Lehnin. Das Zisterzienserkloster Lehnin wurde 1180 vom askanischen Markgrafen Otto I., einem Sohn Albrechts des Bären, gegründet. Sinn und Zweck dieser Unternehmung war, die im Teltow, im Havelland und in der Zauche siedelnden Slawenstämme zu domestizieren und zur deutschen Kultur und den christlichen Werten hinzuführen. So holte man auch christliche Siedler ins Land, vor allem aus Flamen. *Von da an (vom Kloster Lehnin) solle das Licht des Glaubens und die gute Sitte und ehrbarer Fleiß ausgehen über das ganze Heidenland.* So formuliert es Willibald Alexis in seinem Roman *Die Hosen des Herrn von Bredow.*

Aber manche der heidnischen Slawen waren von alledem wenig begeistert, und das bekam der Abt Sibold mehr als deutlich zu spüren. Als er das Klosterdorf Prützke bei drückender Hitze besuchte, dürstete ihm, und er trat in eine der ärmlichen Katen ein, um einen kühlen Trunk zu erbitten. Allerdings weilte der Herr des Hauses zum Fischen auf dem nahen See, und Frau und Kinder ängstigten sich vor dem Abt. Die Kinder versteckten sich kurzerhand in Küche und Kammer, und die Frau floh ins Freie, um sich unter einem Trog zu verstecken. Nichtsahnend setzte sich Sibold auf den verkehrt herum liegenden Trog, während die Kinder zum See liefen, um die Fischer vom Geschehen zu unterrichten. »Der Abt sitzt auf der Mutter!«, riefen sie. Die sexuelle Fantasie ließ die slawischen Fischer wutentbrannt ins Dorf stürzen, um diese Untat zu rächen. Sibold konnte noch in den Wald fliehen und auf einen Baum klettern. Das dichte Blattwerk verdeckte ihn vollkommen, und er schien gerettet. Aber dann fiel ihm sein Schlüsselbund aus der Kutte, und die zornigen Slawen fällten den Baum und erschlugen den Abt.

Wie viel Wahres an dieser Geschichte ist, weiß wohl heute keiner mehr so recht. Aber sie ist leichter zu erzählen, als jedes einzelne Bauwerk des Klosters aufzuzählen. Man müsste Architektur studiert haben, um die Klosteranlage sachgerecht beschreiben zu können. Deshalb möchte ich an dieser Stelle nur festhalten, dass das gesamte Kloster mit Kirche, Königshaus und Falkonierhaus ein beeindruckendes Backsteinensemble ist. Großartig soll auch die Klausur der Kirche sein.

Nach der Säkularisierung verfiel das Kloster langsam, aber Friedrich Wilhelm IV., der »Romantiker auf dem Thron«, sorgte für eine angemessene Restaurierung der Anlage. 1949 wurde der Wirtschaftshof dann zu einem Krankenhaus umgebaut, und heute ist das Luise-Henrietten-Stift ein geriatrisches Zentrum der örtlichen Evangelischen Kirche.

Bevor wir das einmal mit der Wandergruppe besichtigten, liefen wir nach Klaistow zum Spargelhof von Buschmann und Winkelmann. Vom Kloster Lehnin braucht man zu Fuß etwas mehr als drei Stunden dorthin und kommt dabei an etlichen sehenswerten Seen vorbei, so am Netzener See, dem Klostersee und dem Rietzer See. Letzterer ist ein Vogelschutzgebiet, und wer sich für Vögel interessiert, kann hier von einem Turm aus Weißstorch, Knäkente, Rotmilan, Rohr- und Zwergdommel sowie vorüberfliegende Wat- und Greifvögel beobachten.

Unserer Wandergruppe stand der Sinn damals jedoch mehr nach Spargel, und jemand kannte zwei Zeilen aus Wilhelm Buschs *Die fromme Helene*: *Denn Spargel, Schinken, Koteletts / Sind doch mitunter auch was Netts.*

In Berlin ist der »Beelitzer Spargel« – auch wenn er nicht aus Beelitz stammt – im Mai und Juni eine Art Kultgemüse. Sind wir früher zum Spargelhof nach Klaistow gewandert, fahre ich heute jedes Jahr mit Freunden und Verwandten dorthin. Der Hof von Buschmann und Winkelmann liegt am Rande riesiger Spargelfelder. Ein großer Parkplatz befindet sich davor. Und es ist schwer, im Trubel der angesagten Landpartie bis zu den Stellen vorzudringen, wo der frischgestochene Spargel serviert wird, denn es gibt hier Kinderspielplatz, Streichelwiese, Naturwildgehege, Kletterwald, Hofladen, Dekoscheune, Hofbäckerei, Landeisdiele und Heidelbeercafé.

Möchte man vom Spargelhof nach Berlin zurückkehren, kann man mit dem Bus zum Regionalbahnhof Beelitz-Heilstätten fahren. Ist man mit dem Auto unterwegs, kann man aber auch noch einen Abstecher nach Werder / Havel unternehmen, denn bis dorthin sind es gerade einmal elf Kilometer.

Von Werder und seinem Baumblütenfest habe ich schon als Kind gehört, wobei die Erwachsenen weniger von den blühenden Bäumen erzählt haben als davon, dass dieser oder jener Onkel nach dem Genuss von zu viel Obstwein »janz schön blau jewesen is« und dass die Züge auf dem Heimweg nach Berlin immer fürchterlich überfüllt gewesen seien. Ich selbst musste in meiner Bremer Zeit immer an diese Berichte denken, wenn ich mir im Weserstadion ein Spiel von Werder angeschaut habe.

Werder an der Havel nennt sich Inselstadt, wobei das Wort Werder selbst schon »Insel in einem Fluss« bedeutet. Die Havel hat auf dieser Höhe die Breite eines Sees, und ringsum liegen außerdem der Große Zeernsee, der Plessower See und der Glindower See. Inzwischen gehören zu Werder so viele Ortsteile und Wohnplätze, dass es keine Inselstadt im eigentlichen Sinne mehr ist, nur der Kern der Stadt befindet sich noch auf einer Insel.

Sieht man die Plattenbauten in den Wohnvierteln Jugendhöhe und Wachtelwinkel, fühlt man sich unweigerlich in die DDR-Zeit zurückversetzt.

Den schönsten Blick auf Stadt und Landschaft hat man von den Höhen der Adolf-Damaschke-Straße, die nach dem 1935 verstorbenen Berliner Pädagogen und Bodenreformer benannt worden ist.

Vor allem der Obstanbau hat Werder bekannt gemacht. In der Stadt werden aber auch Schaltanlagen für die Bahn hergestellt und Orgeln gebaut. Im nahen Glindow werden Ziegel gebrannt, zudem residiert dort das Einsatzführungskommando der Bundeswehr. Und auf dem Werderschen Wachtelberg gibt es einen Rotweinlehrpfad. Den Wein, der dort angebaut wird, probieren wir gern. Prost!

Strausberg und der Gamengrund

Eine Tour zum Gamengrund habe ich mit meiner Wandergruppe zum ersten Mal zur DDR-Zeit unternommen, noch mit einen Passierschein, und sie ist uns unvergesslich geblieben, weil wir schon vor dem Aussteigen auf dem Bahnhof Sternebeck bemerkt hatten, dass uns jemand von der Stasi verfolgte. Es kam nun zu einem absurden Streit: Wer ist bedeutsam genug, dass ihn die Stasi beschattet? Der Flugunfallforscher, der Arzt, der FDP-Politiker oder der Soziologieprofessor und Schriftsteller? Bis heute wissen wir es nicht, und man kann Roland Jahn nur bitten, es einmal herauszufinden.

Wir fuhren von Lichtenberg aus mit dem Zug in Richtung Wriezen und passierten die Stationen Blumberg, Seefeld, Werneuchen, Werftpfuhl, Tiefensee und Leuenberg. Während der Fahrt erzählten wir uns Geschichten, die wir mit den Namen dieser Stationen in Verbindung brachten. So berichtete ich in Seefeld von Adolf Seefeldt (1870–1936), einem Serienmörder, der Uhrmacher war und deshalb auch den Spitznamen »Onkel Tick Tack« trug. Er hat sich an mindestens sieben Knaben vergangen und sie umgebracht, immer in Kiefernschonungen.

In Werneuchen erzählte uns eine Literaturkennerin etwas von Friedrich Wilhelm August Schmidt (1764–1838), genannt Schmidt von Werneuchen. Er sei evangelischer Pfarrer gewesen und habe Gedichte geschrieben, durch die er bekannt geworden sei, wegen denen ihn viele aber auch verspottet hätten, darunter Goethe. Und sie trug uns eines seiner Gedichte vor:

Was lieb sich hat mit Treuen,
Das sucht ein einsam Örtchen gern,
Wo's heimlich sich kann freuen,
Von Lärm und Lauschern fern.

Da hat sich's lieb im stillen,
So inniglich, so minniglich,
Da hat es seinen Willen,
Sein Wesen ganz für sich.

Als wir den Bahnhof Tiefensee erreichten, zückte ich meinen Fotoapparat, um ein Bild von dem Bahnhofsschild aufs Zelluloid zu machen. Einen Abzug wollte ich anschließend meinem Freund Hansjoachim Tiefensee nach Bremen schicken, dazu die Zeile: *Sieh mal, sogar in der DDR ehren sie dich schon.* Doch einer aus unserer Gruppe riss mich zurück. »Bist du denn verrückt geworden!« Erst in dem Moment fiel mir ein, dass das Fotografieren von Bahnanlagen in der DDR strengstens untersagt war. Zum Glück war ich schnell abgelenkt, denn ein anderer wusste zu berichten, dass Adolf Reichwein (1898–1944), der Pädagoge und Widerstandskämpfer gegen die Nationalsozialisten, von 1933 bis 1939 in Tiefensee als Lehrer tätig gewesen war.

In Sternebeck überraschte uns dann der besagte Stasi-Mann. Doch wie konnten wir ihn abschütteln? Flüsternd wurden einige Ideen diskutiert: Auf ihn zugehen und ihn fragen, ob wir ihm helfen können, einfach weitergehen, aber in einem Tempo, das er nicht lange durchhalten konnte, warten, bis wir im dichten Wald waren und dann abtauchen. Ich schlug vor, nicht in einer großen Gruppe weiterzuwandern, sondern uns in drei kleine Grüppchen aufzuteilen und in verschiedene Richtungen zu gehen. Das taten wir dann auch, und der Mann gab die Verfolgung auf. Er war sichtlich überfordert damit, wie er sich in einer solchen Situation verhalten sollte – das hatte man ihm in der Schulung wohl nicht beigebracht. Verzweifelt kehrte er zum Bahnhof zurück. Hinter Sternebeck vereinigten wir uns dann wieder und marschierten in Richtung Gamengrund.

Der Gamengrund ist eine eiszeitliche Senke, die etwa 27 Kilometer lang ist und 14 »Rinnenseen« aufweist, darunter sind der Lange Haussee, an dessen Ufer wir diese Etappe unserer Wanderung begannen, der Mittelsee und der Gamensee. Hier gibt es Wald und Wasser satt, wie die Bremer sagen würden, und mit dem Dachsberg (133 Meter), dem Kuhberg (140 Meter) und dem Langen Berg (144 Meter) auch ansehnliche Hügel.

Hinter dem Gamensee hielten wir uns südöstlich, streiften durchs Unterholz und liefen einsame Waldwege entlang, bis wir an den drei Lattseen angekommen waren – dem Großen Lattsee, dem Lattsee und dem in der Mitte von beiden, der mit keinem Namen bedacht worden war.

Von den Lattseen aus wanderten wir dann die Landstraße zwischen Prötzel und Tiefensee entlang, um den Blumenthalsee und die sogenannte Stadtstelle Blumenthal aufzusuchen. Ein Findling zeigte uns den Ort an, an dem im Dreißigjährigen Krieg die Stadt Blumenthal verlassen, versunken oder auch zerstört worden ist. Vielleicht war der Findling aber auch eine Opferstelle in einem heiligen Hain der Semnonen gewesen, die hier einmal gesiedelt haben sollen.

Nun wendeten wir uns südwärts in Richtung Strausberg. Dabei stießen wir auf den Fängersee, gingen auf romantischen Wegen durch Wald und Moor an seinem Ufer entlang und fanden inmitten des Schilfgürtels manchmal auch ein Stückchen Sandstrand.

Als wir das Restaurant »Spitzmühle« erreicht hatten, leistete ich mir für mein umgetauschtes Geld eine Flasche Mineralwasser zu 0,11 Ostmark.

Auch nach der Wiedervereinigung waren wir des Öfteren in Strausberg, sodass ich noch etwas mehr darüber zu berichten habe. Von Eggersdorf aus kann man zum Zwilling des Fängersees laufen, dem Bötzsee, vier Kilometer an seinem Westufer entlangwandern und dann beim Ortsteil Spitzmühle rechts abbiegen, um auf dem Turmgestell, das schnurgerade durch den Wald führt, den Straussee zu erreichen. Auch der ist ein eiszeitlicher Rinnensee, bananenförmig, fast vier Kilometer lang und bis zu 340 Meter breit. Mein schwäbischer Freund und Kollege Felix Huby hat beim Wandern einmal ketzerisch gesagt: »Das Besondere an den märkischen Seen ist, dass einer so aussieht wie der andere.« Nun, das Besondere am Straussee ist etwas, das Hubys Bodensee nicht bieten kann: eine Seilfähre, die durch einen Elektromotor angetrieben wird, der Strom (170 Volt) aus einer freigespannten einpoligen Oberleitung bezieht. Die Rückleitung des Stroms erfolgt durch das Wasser. Trotzdem kann man im See baden, ohne einen Stromschlag zu erleiden. Ich selbst habe das empirisch überprüft.

Der Stadtkern von Strausberg, das in Nordsüdrichtung

15 Kilometer lang ist, liegt am Ostufer des Sees. Kommt man vom Fänger- oder Bötzensee, kann man in die Stadt mit ebenjener Oberleitungsfähre übersetzen.

Lässt man die bronzezeitliche und slawische Besiedlung einmal außer Acht, ist festzuhalten, dass man in Strausberg 1339 das erste Rathaus erbaut hat. Nicht nur die Pest, sondern auch die Pommern, die Hussiten und Wallensteins Kaiserliche haben die Stadt heimgesucht. Ab 1714 erblühte sie dann aufgrund des hier stationierten Militärs. Außerdem baute Preußen die Ostbahn nach Königsberg, und 1867 hielt der erste Zug auf dem Strausberger Bahnhof.

Apropos Bahn, der Bahnhof Strausberg ist ein Kuriosum, und jeder Eisenbahnfan kann hier ungeahnte Glücksmomente erleben, weil sich S-Bahn und Regionalbahn ein Gleis teilen müssen und sich dabei gegenseitig behindern. Etwas verwirrend ist, dass es heute außer diesem Bahnhof auch noch die Bahnhöfe Strausberg Stadt und Strausberg Nord gibt. Letzterer ist entstanden, weil die Kasernierte Volkspolizei von Berlin-Adlershof nach Strausberg umziehen musste. Ab 1954 wurde sie zur Nationalen Volksarmee und konnte ihren Sitz in der entmilitarisierten Zone Berlin nicht beibehalten. Die Kasernen lagen jedoch zu weit vom Bahnhof Strausberg entfernt, und es musste eine Stichbahn nach Strausberg Nord erbaut werden.

Auf dem ehemaligen Kasernengelände ist heute die Bundeswehr untergebracht, und es gibt neben einem Zentrum für Innere Führung auch eine Akademie für Information und Kommunikation und ein Sozialwissenschaftliches Institut. Als Ungedienter bin ich niemals dorthin eingeladen worden, dafür war ich zu einer Lesung in der Märkischen Kaserne in Lehnitz.

Beim Thema Waffen möchte ich noch an einen der Söhne Strausbergs erinnern: Michael Gartenschläger (1944–1976), politischer Häftling und Fluchthelfer, erschossen von einem Spezialkommando der DDR-Grenzsicherung beim Versuch, Selbstschussanlagen an der Grenze abzubauen. Die Stadtverordnetenversammlung weigerte sich 2006, eine Straße nach ihm zu benennen.

Mit Sicherheit wird dafür aber Sigmund Jähn (*1937) gedacht werden, der als erster Deutscher im Weltall war, in Strausberg lebt und seit 2012 ihr Ehrenbürger ist.

Möchte man anschließend wieder nach Berlin zurückkehren, kann man die S-Bahn nutzen.

Erkner, die Löcknitz und der Werlsee

Das Wort Erkner hat für mich einen magischen Klang. Warum? Weil es an einen Erker erinnert, den ich in meiner Wohnung immer gern gehabt hätte. Weil es so nach Erkenntnis klingt – und ich auf vielen Gebieten so sehr nach ihr dürste. Weil ich in meiner Neuköllner Jugend so oft durch die Erkstraße gegangen bin (die aber eigentlich nach dem Volksliedersammler, Komponisten und Musikpädagogen Ludwig Christian Erk benannt worden ist). Weil ich in meiner Paddler-Zeit als West-Berliner nie dorthin fahren konnte, denn mitten auf dem Dämeritzsee hat an der Grenze zwischen Ost-Berlin und der DDR ein Prahm vor Anker gelegen, an dem die Papiere kontrolliert wurden, sodass Erkner für mich zum unerreichbaren Eldorado geworden war. Weil Erkner durch die hier oder nahebei angesiedelten Hauptmann-Stücke ein Mekka für Liebhaber des Theaters ist und ich früher einmal Theaterwissenschaft studieren wollte.

Aber nun zum Geschichtlichen: 1579 findet Erkner im Rüdersdorfer Kirchenbuch zum ersten Mal als »Arckenow« Erwähnung. Die Ansiedlung entwickelte sich in den folgenden Jahrhunderten prächtig, weil sie an den Wasserwegen zwischen Oder, Spree, Havel und Elbe gelegen war, auf denen viele Waren nach Berlin transportiert wurden, vor allem

Kalk aus Rüdersdorf sowie Kohle und Stahl aus Schlesien. So waren auch zeitweise zwei Drittel der Einwohner Schifferfamilien. Außerdem sorgten die hier ansässigen Werften für viele Arbeitsplätze. Zwischen 1842 und 1846 entstand die Eisenbahnstrecke, zuerst hielten hier die Züge von Berlin nach Frankfurt (Oder) und dann die nach Breslau.

Ab 1909 siedelte sich die chemische Industrie in Erkner an. Hergestellt wurde zunächst Teer, bald darauf der Kunststoff Bakelit, aus dem ich noch um 1950 Teile für meine Modelleisenbahn gebastelt habe. Zur DDR-Zeit führten die volkseigenen Betriebe »Plaste, Kunstharz- und Preßmassenfabrik« und »Teerdestillation und Chemische Fabrik« diese Tradition erfolgreich fort, und nach der Wiedervereinigung hatte man alle Mühe mit der dadurch entstandenen enormen Umweltverschmutzung.

Trotz der Teerdestillation galt Erkner als Luftkurot, und Gerhart Hauptmann (1862–1946) lebte auch aus diesem Grunde von 1885 bis 1889 in der Kleinstadt. Der Literaturnobelpreisträger siedelte außerdem sein Theaterstück *Der Biberpelz* und seine Novelle *Bahnwärter Thiel* hier an. In seinem Haus, der einstigen Villa Lassen, in der Gerhart-Hauptmann-Straße 1–2 ist heute ein Museum untergebracht.

Ehrenbürger der Stadt ist ein Mann, den jeder Bewohner kennt: Carl Bechstein (1826–1900), der Klavier- und Flügelbauer.

Erwähnenwert ist vielleicht noch, dass in der nahen S-Bahn-Werkstatt, in der viele Oldtimer abgestellt sind, alljährlich die »Tage der offenen Tore« stattfinden. Einmal durfte ich dort auch aus meinem dokumentarischen Roman *Wie ein Tier* vorlesen, der von dem S-Bahn-Mörder Paul Ogorzow handelt.

In den Flakensee bei Erkner mündet die Löcknitz, ein rechter Nebenfluss der Spree, den ich 1992 mit meinem inzwischen verstorbenen Freund Dr. Jürgen Zingler hinuntergepaddelt bin (siehe auch das Kapitel *Die Gosener Berge*). Wir fuhren über den Dämeritzsee, und ich riss jubelnd die Hände in die Höhe, als wir die Stelle passierten, an der einmal der Grenzprahm gelegen hatte. Am nordöstlichen Ende des Sees nahmen wir die Einfahrt in eine kanalartige Verbindung zum Flakensee, die als Flakenfließ bezeichnet wird. Um uns herum wimmelte es von Sportbooten aller Art und kleinen Ausflugsdampfern – meine Künste als Steuermann waren gefragt. Mein »Rebell« hatte eine Fußsteuerung, das heißt, über beide Füße hatte ich eine Art Steigbügel gestreift, deren Strippen zum Steuer am Heck meines Faltboots führten. Das war genial, denn gleichzeitig mit beiden Händen das Paddel zu schwingen und gleichmäßig an den Steuerseilen zu ziehen ist unmöglich. Die Sache hatte nur den Haken, dass ich meine Füße nicht beliebig bewegen und anwinkeln konnte.

Wir fuhren unter einer Bahnbrücke hindurch, an den chemischen Fabriken vorbei und erreichten den Flakensee. Obwohl wir uns nun eigentlich hätten rechts halten müssen, weil dort die Löcknitz in den Flakensee mündet, wollte Jürgen unbedingt geradeaus weiter nach Norden zur Woltersdorfer Schleuse fahren. »Da bin ich vor dem Mauerbau oft mit meiner Familie gewesen«, begründete er seinen Wunsch.

Auch ich war dort schon als Schulkind, beim Ausflug von der Kottbusser Brücke mit dem Dampfer *Pik Ass*. Ja, man kann wohl behaupten, die Schleuse Woltersdorf gehört zu den kultischen Ausflugsstätten der Berliner. Am besten erreicht man sie mit der normalspurigen Überlandstraßenbahn, die am S-Bahnhof Rahnsdorf ihre andere Endstelle hat. Eingesetzt werden auf den knapp sechs Kilometern gepflegte museale Gothawagen aus der Zeit der DDR.

Hinter der Woltersdorfer Schleuse kann man am Kalksee entlang nach Rüdersdorf wandern. Dieser Spaziergang ist sehr empfehlenswert, weil man hier an der einstigen Filmstadt Woltersdorf vorbeikommt, einem frühen deutschen Hollywood, in dem Harry Piel (1892–1963) und Joe May (1880–1854) ihre Filme gedreht haben. Mit Mia May (1884 bis 1980) sind hier 1919 *Die Herrin der Welt* und 1921 *Das indische Grabmal* entstanden.

Woltersdorf, dieses Highlight berlinisch-brandenburgischer Geschichte, mussten wir bei unserem Ausflug aber umfahren, denn unser Ziel war der Werlsee, den man über die Löcknitz erreicht. Wir hielten auf die Stelle zu, wo die Löcknitz in den Flakensee mündet, und glitten dann auf ihr dahin. Unfassbar! Meine Schmöckwitzer Oma hätte ausgerufen: »Dass ich das noch erleben darf!« Nach dem ersten Freudenmoment folgte jedoch schnell eine gewisse Ernüchterung, denn die Löcknitz ist hier kein frei mäandrierender Fluss, sondern mehr ein Kanal. Wir fuhren unter der Brücke hindurch, über die die Fangschleusenstraße ins Innere Erkners geleitet wird, und paddelten in östlicher Richtung dem Werlsee entgegen. Bald erkannten wir links von uns durch das Dickicht am Ufer hindurch den Wupatz- und den Heidereutersee. Endlich auf dem Werlsee, glitten wir an der Liebesinsel vorbei, auf der Kurfürst Joachim II. ein Jagdschloss hatte erbauen lassen, und hatten bald Grünheide vor uns, den Ort, in dem Robert Havemann (1910–1982), Chemiker, Kommunist, Widerstandskämpfer gegen die Nationalsozialisten und Regimekritiker der DDR, lange Zeit (zum Teil im Hausarrest) lebte.

Schließlich kamen Jürgen und ich zum nördlichen Ufer des Werlsees, zogen mein Faltboot ein Stück aus dem Wasser und kletterten einen Hang hinauf, um die Landschaft zu bestaunen.

Verschwiegen werden soll an dieser Stelle nicht, dass sich hinter dem Werlsee noch eine Kette weiterer Seen entlangzieht, die ich bei einem anderen Ausflug mit meinem Freund Peter Heinrich besucht habe. Dazu gehören der Peetz- und der mit ihm verbundene Möllensee, an dessen nördlichem Ufer Kagel zu finden ist, ein Ortsteil von Grünheide mit dem Elsen- und dem Baberowsee. Um 1200 siedelten hier Zisterziensermönche, später lebte hier der Schriftsteller und Lektor Moritz Heimann (1868–1925), den Gerhart Hauptmann oft besuchte. Damit ist das Ende der Seenkette aber noch nicht erreicht, es folgen noch der Bauern- und der Liebenberger See, an dem der Ort Kienbaum liegt. In Kienbaum hat sich nicht nur zwischen 1891 und 1896 eine mysteriöse Brandserie ereignet, der Ort soll Gerhart Hauptmann auch zu seinem Stück *Der rote Hahn* inspiriert haben. Außerdem befindet sich hier das Bundesleistungszentrum, in dem Spitzensportler trainieren. Als ich einmal 1996 am Ufer des Liebenberges Sees saß und zum Trainingszentrum hinüberschaute, war ich den Tränen nahe, denn ich war einmal schnellster jugendlicher Hundertmeterläufer Berlins und hatte den großen Traum, Deutscher Meister zu werden. Doch in Paderborn bin ich schon im Vorlauf ausgeschieden …

Lychen und Himmelpfort

Leichen in Lychen – das wäre ein schöner Titel für einen Krimi. Aus welchem Roman ich bei meiner Lesung in Lychen vorgelesen habe, weiß ich nicht mehr, ich kann mich aber noch genau daran erinnern, dass meine Tante Eva viel von diesem Städtchen erzählte. Sie war der Typ Mensch, der sich bei jeder Familienfeier selbst inszenieren muss. In den 1930er-Jahren hatte sie in den Heilanstalten Hohenlychen gearbeitet, und unter den vielen Patienten hatte sich zu dieser Zeit auch Ilse Heß, geborene Pröhl, die Frau des NS-Verbrechers Rudolf Heß, befunden. Von dieser Begegnung musste Tante Eva uns immer wieder berichten.

Lychen ist von so vielen Seen umgeben, dass es müßig wäre, alle aufzuzählen. Nur so viel: Im Wurlsee habe ich einmal gebadet, auf dem Oberpfuhlsee bin ich mit meinem Freund Peter Heinrich Boot gefahren, und im nahen Kastavensee sind wir geschwommen. Und um die beiden langgestreckten Seen, den Zern- und den Platkowsee, sind wir einmal herumgewandert. Etwas Zeit, um die Stadt Lychen zu besichtigen, hatten wir damals auch, so haben wir uns vor allem den Marktplatz mit dem barocken Rathaus, die Stadtkirche St. Johannes und die verschiedenen Stadttore angesehen. Bei dieser Gelegenheit habe ich auch eine Menge über Lychen gelernt, beispielsweise dass hier 1903 die

Reißzwecke erfunden worden ist und dass hier zwei von mir sehr geschätzte Menschen zur Welt gekommen sind: zum einen der Filmkritiker, Drehbuchautor und Filmregisseur Hans-Christoph Blumenberg (*1947), dem ich einmal auf einer Party begegnet bin, zum anderen der Soziologe Heinz Kluth (1921–1977), dessen Werke *Sozialprestige und sozialer Status* und *Soziologie der Großbetriebe* ich mit großem Interesse gelesen und für meine *Grundzüge einer Soziologie der Industrieverwaltung* herangezogen habe und der denselben Doktorvater hatte wie ich, Otto Stammer.

Auf der Rückfahrt nach Berlin haben wir damals auch noch dem Schloss Liebenberg einen Besuch abgestattet. Liebenberg ist ein Ortsteil der Gemeinde Löwenberger Land. Die Adelsgeschlechter deren von Bredow und von und zu Hertefeld haben dem Gut Liebenberg zu Reichtum verholfen und das Schloss erbauen lassen. Bekannt wurde das vor allem 1906 durch die Harden-Eulenburg-Affäre: Der Journalist Maximilian Harden (1861–1927), ein Feind der Monarchie, unterstellte dem »Liebenberger Kreis« um den Schlossherrn Philipp Fürst zu Eulenburg und Hertefeld (1847–1921) und den Kronprinzen Wilhelm von Preußen, später Kaiser Wilhelm II. (1859–1941), sie würden sich hier nicht nur zum Jagen treffen, sondern auch homoerotischer Beziehungen wegen.

Einige Zeit später jagten dann Erich Honecker und die Seinen im Liebenberger Forst. Und ins ehemalige Kutscherhaus bin ich einmal von der Buchhändlerin Ursula Kiesling vom »Divan« in der Reichsstraße zu einer Lesung eingeladen worden.

Unvergessen wird mir auch eine zweite, ausgesprochen lange Wanderung bleiben, die uns von Lychen über Himmelpfort nach Fürstenberg/Havel führte. Wir starteten in Lychen und wanderten am südlichen Ufer des Großen Lychensees entlang. Am westlichen Zipfel des Sees erreichten wir die Woblitz, die den Großen Lychen- mit dem Haussee bei Himmelpfort verbindet und sehr romantisch ist. Südlich von ihr liegt der Moddersee und nördlich der Moderfitzsee, an dem meiner Erinnerung nach Ingrid Noll, die Grande Dame der deutschen Kriminalliteratur, gerne Urlaub macht.

In Himmelpfort zog es uns natürlich sogleich zur Klosterruine. 1299 hatte der Markgraf Albrecht III. von Brandenburg dem Zisterzienserorden das Kloster gestiftet.

Himmelpfort ist aber vermutlich vor allem wegen seines Weihnachtpostamts im kollektiven Gedächtnis der Deutschen verankert. Jedes Jahr schicken fast dreihunderttausend Kinder aus aller Welt dem Weihnachtsmann ihre Wunschliste ans Weihnachtspostamt in der Klosterstraße 23.

Bald darauf kamen wir zum Stolpsee, von dem meine erste Frau pausenlos geschwärmt hat, weil sie hier zur DDR-Zeit schöne Tage auf dem Segelboot eines Freundes ihrer Mutter verbringen durfte. Siegfried, unser Wanderführer, schlug vor, am südlichen Ufer des Stolpsees entlangzugehen, doch dort gab es keine Brücke über die Havel. Hinüber ans andere Ufer schwimmen wollte keiner, und wir fanden auch niemanden, der uns auf seinem Schifflein übersetzte. Erst in Bredereiche entdeckten wir endlich eine Brücke.

Kloster Chorin, der Parsteiner See und Bernau

Die Ursprünge des Klosters Chorin sind auf der im Paarsteiner See gelegenen Halbinsel Pehlitzwerder zu finden. Hier wollte 1258 der brandenburgische Markgraf Otto I. von den Zisterziensern das Kloster Mariensee errichten lassen, um die Slawen zurückzudrängen. Da aber die Insellage für die Mönche wirtschaftlich sehr ungünstig war und zudem der Wasserspiegel des Paarsteiner Sees unaufhörlich stieg, gab man das Kloster Mariensee schon vor seiner Fertigstellung auf und zog um 1270 nach Chorin.

Die Askanier schätzten es, in Chorin begraben zu werden. Der Leichnam von Johann I. wurde vom Kloster Mariensee hierher umgebettet, und sein Nachfolger Otto IV., »Otto mit dem Pfeil«, wurde hier bestattet wie auch Waldemar der Große.

Der Kunsthistoriker Georg Dehio bezeichnete das Kloster auch als das *bedeutendste und edelste Werk der Frühgotik im Gebiet des norddeutschen Ziegelbaus*. Heute gehört die weithin restaurierte Klosteranlage zur wald- und seenreichen Landschaft des Biosphärenreservats Schorfheide-Chorin, und seit 1964 findet hier der bekannte Musiksommer statt.

Als wir Chorin einmal besuchen, machen wir uns auf zu den grünen Weiten in Richtung Oder. Am Amtssee vorbei steuern wir ein Gebiet an, das auf jeden Wanderer abschreckend wirken muss: das Moor Plagefenn mit dem Großen und dem Kleinen Plagesee. Zum Glück versinkt niemand von uns darin, und am Brodowinsee verlassen wir das Moor alle wieder wohlbehalten – nur ein paar Mückenstiche haben wir uns zugezogen – und halten Einzug ins Ökodorf Brodowin. Dann erklimmen wir den Kleinen Rummelsberg mit seinem seltenen Trockenrasen.

Am Ufer des Wesensees entlang geht es nun zum Parsteiner See, und an seinem südlichen Zipfel suche ich ein paar Steine zusammen, um mich im »Butterstullen-Werfen« zu versuchen – so nannten wir das als Kinder, wenn man flache Steine so geschickt aufs Wasser wirft, dass sie immer wieder aufspringen und Ringe hinterlassen. Derjenige, der mit seinem Wurf die meisten Ringen erzielte, war der Sieger. Lange kann ich nicht üben, denn mich zieht es ins Wasser. Anschließend genießen wir ein Picknick am Ufer.

Auf der Halbinsel Pehlitzwerder besichtigen wir die Überreste des Zisterzienserklosters Mariensee und wenden uns dann südwärts in Richtung Oderberg.

Nach rund drei Kilometern erreichen wir den Pimpinellenberg, der immerhin 120 Meter über Normalnull liegt. Benannt wurde er nach der Pimpinelle, dem Kleinen Wiesenknopf, und ich rätsele lange, warum mich mein Vater als Kleinkind immer Pimpi genannt hat. Tat er das, weil er die Pimpinelle über alles schätzte? Hatten wir in Schmöckwitz Pimpinellen im Garten, und bin ich in die immer hineingefallen? Warum habe ich ihn nie danach gefragt? Im Sommer 2016 ist er schon fast ein halbes Jahrhundert tot. Der Kleine Wiesenknopf ist eine ausdauernde krautige Pflanze, lese ich – aha, deswegen also.

Wir kommen nach Oderberg. Die Stadt ist achthundert

Jahre alt, und ihr Namen führt ein wenig in die Irre, denn sie liegt nur an der Alten Oder. Die richtige Oder ist an die fünf Kilometer entfernt.

Wir sehen uns die Nikolaikirche an, einen neugotischen Backsteinbau, errichtet von 1853 bis 1855, das Binnenschifffahrtsmuseum mit dem Elbe-Raddampfer *Riesa* und die Ruine der Festung Oderberg. Hier hat der preußische Generalmajor Friedrich Wilhelm von der Marwitz (1639 bis 1716) seinen Dienst versehen.

»Und nun nach Bernau«, sage ich mit dem Blick auf die Uhr. Wir eilen zur Bushaltestelle und fahren mit einem Wagen der Linie 916 nach Eberswalde, wo wir in einen Zug der RE3 umsteigen. 13 Minuten nach der Abfahrt sind wir schon in Bernau bei Berlin – nicht zu verwechseln mit Bernau am Chiemsee. Der Sage nach soll Albrecht der Bär die Stadt sozusagen gegründet haben, als ihm an diesem Ort nach der Bärenjagd ein köstliches Bier vorgesetzt wurde: Das neugeborene Bernau wurde zur »Bierstadt« erklärt.

Das Bier spielte in der Geschichte Bernaus auch weiterhin eine große Rolle, so soll man mit ihm als Waffe 1432 die Hussiten an der Eroberung der Stadt gehindert haben. Den Spruch »Der Bernau'sche heiße Brei macht die Mark hussitenfrei« kennen alle Bewohner auswendig. Der heiße Brei war wahrscheinlich erhitzter Biertreber, den man den Angreifern von den Höhen der Stadtbefestigung aus auf die Köpfe gegossen hat. Andere behaupten, die Bernauer hätten mehrere Fässer ihres Biers mit betäubenden Stoffen wie Mohn oder Stechapfel versetzt, sie mit einem Fuhrwerk vor die Stadt bringen und von den Hussiten erobern lassen. Bald darauf seien die kampfunfähig und leicht zu überwältigen gewesen.

Wir besichtigen den historischen Stadtkern, die spätgotische St. Marienkirche und die Stadtmauer mit Steintor und Hungerturm. Dabei fällt mir ein, dass wir zur DDR-Zeit nicht nur im »Schwarzen Adler« gegessen haben, sondern einmal auch in einem Restaurant, das in die Stadtmauer integriert war. Wir waren damals mit einer befreundeten West-Berliner Familie dort und hatten insgesamt drei Kinder zu hüten, die so laut lärmten, dass mehreren anwesenden NVA-Offizieren der Kragen platzte. »Ruhe bitte, Sie sind hier nicht bei sich zu Hause!« Ich packte unsere lieben Kleinen und eilte mit ihnen zum Toben auf den Hof.

Diesmal speisen wir beim Italiener und sprechen über die berühmten Männer und Frauen, die mit Bernau in einer besonderen Beziehung stehen:

– Konrad Wolf (1925–1982), Filmregisseur, 1945 mit 19 Jahren der erste Stadtkommandant von Bernau nach dem Zweiten Weltkrieg und Ehrenbürger,

– Hermann Duncker (1874–1960), Politiker und Gewerkschafter, Mitbegründer der KPD, Rektor der Gewerkschaftshochschule in Bernau,

– Marianne Buggenhagen (*1953), mehrfache Paralympics-Siegerin mit Wohnsitz in Bernau,

– Dagmar Enkelmann (*1956), Politikerin und Bundestagsabgeordnete.

Ich erzähle, dass ich schon einige Male zu einer Lesung mit der S-Bahn nach Bernau gereist bin und es bei einer von ihnen zu einem kleinen Zwischenfall kam. Damals bin ich nämlich am Tisch zusammengesackt. Mein Blutzuckermessgerät zeigte 49 an, und wir mussten eine kleine Pause einlegen, bis ich eine Cola ausgetrunken und ein Traubenzuckerplättchen geschluckt hatte.

Als Eisenbahnfan muss ich den anderen aber auch mitteilen, dass die Elektrifizierung der Berliner S-Bahn mit der Strecke nach Bernau begonnen hat und man dafür eigens die Baureihe ET 169, Bauart 1924 (Bernau) entwickelt hat. Das war ein überaus seltsames Gefährt, ein Halbzug bestand aus einem vierachsigen Triebwagen, drei zweiachsigen Beiwagen und wieder einem vierachsiger Triebwagen. Ich bin selbst noch öfter damit gefahren.

Schließlich kehren wir mit einem modernen Triebwagen der Baureihe 481/482 nach Berlin zurück.

Im Spreewald

Der Spreewald ist im kollektiven Gedächtnis der Berliner als kleiner Amazonas-Urwald abgespeichert, als das El Dorado eines geplagten Großstadtmenschen. Schon als Kind träumte ich von einer Kanufahrt im Spreewald, und es war etwas ganz Besonderes, wenn man Spreewaldgurken essen durfte. Auch wenn ich meine Kohlenoma besuchte, musste ich immer an den Spreewald denken, da ich am Spreewaldplatz aus der Straßenbahn steigen musste. Habe ich mich bei meiner anderen Oma in Schmöckwitz aufs Fahrrad gesetzt, um eine befreundete Familie in Karolinenhof zu besuchen, bin ich sogar durch ein regelrechtes »Spreewaldviertel« gefahren, denn dort gibt es unter anderem eine Allee, die nach Vetschau / Wětošow benannt ist, und Wege, die ihre Namen Raddusch / Raduš, Lübbenau / Lubnjow, Peitz / Picnjo, Zerkwitz / Cerkwica und Straupitz / Tšupc verdanken. Angemerkt sei hier, dass auf allen Straßenschildern im Spreewald unter dem deutschen Ortsnamen auch der sorbische steht, bis hinunter nach Cottbus / Chóśebuz.

Für uns West-Berliner war der Spreewald auch deshalb so reizvoll, weil wir ihn in Zeiten, da es keine Passierscheine gab, nicht besuchen konnten. Als dies dann möglich wurde, hieß es nur: »Nüscht wie hin!«

Wie oft habe ich zu Mauerzeiten sehnsuchtsvoll vor meiner schon erwähnten *Morgenpost*-Landkarte *1000 Weg um Berlin* gesessen und die Seiten studiert, die dem Spreewald gewidmet sind! Der reicht in Nordsüdrichtung von Lübben bis Vetschau und von West nach Ost von Klein Radden bis Schmogrow. An einigen Spreewald-Namen konnte ich mich geradezu berauschen, zum Beispiel an denen folgender Wasserläufe: die Krumme Mutnitza, die Boblitzer Kahnfahrt oder die Potschowina, auch an denen der Ortschaften Quackatz, Byhleguhre oder Suschow. Ein Name hatte es mir ganz besonders angetan: Catzoa. So nannte ich später auch einen Protagonisten meiner Kriminalromane: *Catzoa – Stories um einen kriminellen Kriminalbeamten.* Beim Schreiben dieses Kapitels suche ich nun auf allen Landkarten, die mir zur Verfügung stehen, nach Catzoa. Aber ich werde nirgends fündig, obwohl ich meine stärkste Leselupe zur Hilfe nehme. Bleibt nur Google Maps, doch auch das zeigt mir nur Carzoá in Spanien an. Suche ich weiter im Internet, finde ich nur Hinweise auf meinen Kriminalbeamten, aber nirgendwo steht etwas von einem Ort Catzoa im Spreewald. Ick jloob, ick spinne!

Vor unserer Fahrt in den Spreewald machte ich mich kundig und erfuhr, dass der in vier Teile gegliedert ist: den Unterspreewald um Schlepzig / Słopišća, die Region Spreewald, östlich von Lübben / Lubin gelegen, das Biosphärenreservat Spreewald um Lübbenau / Lubnjow und den Oberspreewald in der Gegend von Burg / Bórkowy.

Schon meine Eltern sind in ihrem Faltboot gern und oft durch den Spreewald gepaddelt, einmal auch mit dem Freund Waldemar und seiner Frau Erna. Im Fahrtenbuch meines Vaters finde ich unter der Überschrift *Am grünen*

Strand der Spree und im Land der sauren Gurken die folgenden Zeilen, niedergeschrieben zwischen dem 28. und dem 30. Juni 1932:

Nach kurzer Zeit haben wir Leibsch erreicht. Bei der nächsten Schleuse gilt das Prinzip der Selbstbedienung. Wir befinden uns nun im Spreewald, genauer gesagt im Unterspreewald, und gleiten auf der Spree dahin. Eine ganz passable Strömung stemmt sich uns entgegen. Wir machen einen Versuch, sie durch fleißiges Paddeln zu überwinden, müssen die Sache aber bald als aussichtslos aufgeben. Also Notlandung, und dann die Männer raus aus dem Kahn und treideln. Dabei nimmt man die Bootsleine in die Hand und spielt Wolgaschlepper. Wenn es bloß das Ziehen gewesen wäre, hätten wir die Sache mit leichtem Murren hingenommen. Doch da bildet mal eine Brücke ein Hindernis, dann wieder sperrt ein abzweigender Wasserarm unseren Weg, oder Büsche und Bäume, die dicht am Ufer stehen, machen uns das Leben schwer. Waldemar zieht sich seine Schuhe aus, barfuß geht es besser. Dazu brennt uns die heiße Junisonne auf den Buckel, und Fliegen und Bremsen umkreisen uns mit ihrem Gebrumme. Endlich erreichen wir besseres Fahrwasser und schwingen uns mit einem Seufzer der Erleichterung wieder zu unseren Kajakdamen in den Kahn (…) Unverdrossen schleusen und paddeln wir weiter. Hochstämmiger Erlenwald nimmt uns nun auf. Ganz still ist es hier. Nur die Insekten summen ihr nimmermüdes Lied. Dazu kühler Schatten. Das ist die rechte Gegend, Hütten zu bauen. Gesagt, getan – wir zelten. Aber, o Schreck! Kaum haben wir uns zur Ruhe gesetzt, sind die Mücken auch schon da. Waren es gestern vor Leibsch Hunderte, so sind es hier Tausende und mehr. Eingewickelt wie ägyptische Mumien spazieren wir auf und ab. Schon um fünf

Uhr kriechen wir in die Zelte, um uns vor den Schmarotzern zu retten. (...)
Bald ist Lübben erreicht. Schnurgerade und endlos dehnt sich die Wasserstraße vor uns aus. Rechts und links begleitet uns niedriges Weiden- und Erlengestrüpp. Ab und zu mündet ein anderer Wasserarm in unseren Graben oder ein Heukahn stakt vorbei. Endlich kommt mal eine Biegung. Aber auch dahinter verbirgt sich wieder nur Geradheit, so weit das Auge reicht. (...)
Heute soll es das letzte Mal stromauf gehen. »Immer geradeaus«, behauptet Waldemar, dessen Stolz es ist, Karten lesen zu können wie kein Zweiter. Nur gut, dass wir nach einigen Stunden einen Spreewälder treffen. (...) Lübbenau liegt jedenfalls da, wo es laut Waldemar nicht liegen dürfte. Immerhin erreichen wir es und erfreuen uns seiner altertümlichen Schleuse, die so wenig Wasser hat, dass sogar unsere flachen Gummidampfer auf Grund laufen. »Alles aussteigen bitte, der Zug endet hier!« Als unsere Boote dann im Oberwasser schwimmen, müssen wir die traurige Feststellung machen, dass die Mädels schon wieder verschwunden sind. Zum Einkaufen natürlich. Als sie zurück sind, geht es weiter, nun in den Oberspreewald hinein. Hohe Erlen spiegeln sich im stillen Wasser. Nach knapp einer Stunde zeigen sich die ersten Häuser von Lehde, dem märkischen Venedig. Langsam paddeln wir den breiten Graben hinunter, der hier die Dorfstraße bildet. Rechts und links zweigen andere Gräben ab, die Querstraßen. Die Inseln, die dadurch entstehen, auch Kaupen genannt, dienen den Einwohnern als Lebensraum. Scheune, Stall und Wohnhaus, oft noch strohgedeckt, stehen dicht beieinander. Alte Bäume säumen das Ganze. Zwischen den Bäumen sind Fischernetze gespannt, und ein Kahn liegt kieloben im Gras und wartet auf einen neuen Teeranstrich. Ohne Kähne geht hier nichts, sogar zur letzten Ruhe wird man mit dem Kahn gebracht.

Mit dem Dorf ist die schöne Landschaft zu Ende. Vor uns liegen nur Wiesen und schnurgerade Wasserläufe. Erst auf der Großen Mutnitza haben wir auf beiden Seiten wieder Hoch- beziehungsweise Urwald. Hohe, schlanke Erlen bilden hier mit ihren Kronen ein dichtes Blätterdach und tauchen alles in ein grünes Licht. Der Boden ist bedeckt mit Farnkräutern aller Art. Teilweise ranken sich Schlingpflanzen an den Bäumen empor. Dazu gibt es Fliegen, Mücken, Bremsen und Libellen in Hülle und Fülle.

So weit also der Bericht von Otto Bosetzky, meinem Vater. Er erspart mir die Mühe, nach eigenen Formulierungen zu suchen, besser und authentischer könnte ich den Spreewald nicht beschreiben.

Mein großer Traum, selbst einmal durch den Spreewald zu paddeln, hat sich nie erfüllt – vielleicht im nächsten Leben …

Sechzig Jahre nach der Paddeltour meiner Eltern wollte ich wenigstens per Kahnfahrt nachvollziehen, was sie erlebt hatten, und überredete meinen Schwager, der ein großes Auto besaß, mit seiner und meiner Familie in den Spreewald zu fahren. Gert, mein ältester noch lebender Schulfreund, der eine Professur in München innehatte und zu Besuch nach Berlin gekommen war, wollte uns begleiten.

Auf dem Weg vom Parkplatz zum Lübbenauer Spreewaldhafen machte ich noch schnell einen Abstecher zur Dammstraße, wo der von mir so verehrte Ehm Welk mit seiner Familie von 1935 bis 1940 lebte. Dann saßen wir mit gut einem Dutzend anderer Ausflügler fröhlich im Kahn. Irgendwie war es seltsam, dass nun kein Außenbordmotor angeworfen wurde und keine Ruderer zu arbeiten begannen, so wie man es früher auf einer Galeere getan hat, sondern der Fährmann zu einer der über vier Meter langen Stangen aus Esche griff, dem Rudel, und sie ins Wasser stieß.

»Staken also«, murmelte ich.

»Wieso Staaken?«, fragte Gert. »Staaken liegt doch bei Spandau und nicht bei Lübbenau.«

»Ja, schon«, erwiderte ich. »Aber der Mann stakt ja auch nur und stalkt nicht, also sieh bitte von einer Anzeige ab.«

Wir waren seit Jahrzehnten ein eingespieltes Blödelduo und überall gefürchtet.

Eine Weile schwieg Gert, dann hatte er erneut einen Anknüpfungspunkt gefunden. »Das Wasser sieht so bräunlich aus. Gibt es hier so viele Neonazis?«

»Nein«, belehrte ich ihn. »Das ist die drohende Verockerung der Spree.«

Er staunte. »Wie? Wollen sie aus der Spree eine Oker machen und den Harz herholen?«

»Nein, mit Verockerung ist gemeint, dass die Sanierung der Lausitzer Braunkohlegruben eine hohe Konzentration an Eisenhydroxid zur Folge hat, sodass sich die Fließgewässer hier braun verfärben und es zu Schlammablagerungen kommt, die Fische und andere Tiere gefährden.«

Mein Schwager, der neben uns saß, sagte nun, Gert und ich sollten wegen unserer Kalauer nach Calau umziehen, wo wir eigentlich hingehörten. »Calau liegt nur ein paar Kilometer von uns entfernt.«

»Auf Sorbisch heißt es Kalawa«, entnahm ich meiner Karte.

»Da könnt ihr dann ein Sorbet essen«, riet uns mein Schwager. Offenbar hatten wir ihn angesteckt.

Die Krausnicker Berge und Märkisch Buchholz

»Kommst du mit nach Märkisch Buchholz?«

»Nee, is mir zu weit. Können wir nicht nach Französisch Buchholz fahren? Mit der S-Bahn bis Pankow-Heinersdorf, dann mit der Straßenbahnlinie 50.«

»Nein, wir fahren mit der RB24 Richtung Senftenberg bis Brand, Bahnhof Tropical Islands, und laufen dann über die Krausnicker Berge und durch Köthen hindurch nach Märkisch Buchholz. Horst ist mit von der Partie.«

»Horst Buchholz?«

Schön wär's, aber meine Wanderfreunde müssen mit meiner Wenigkeit vorliebnehmen. Ich kann sie nur damit trösten, dass ich wie Horst Buchholz auch meine ersten Lebensjahre in Neukölln verbracht habe und ihnen viel von der Familie Buchholz erzählen kann. Julius Stinde (1841 bis 1905) hatte mit seinen realistisch-satirischen Geschichten um die Berliner Kleinbürgerfamilie Buchholz einen Riesenerfolg, reihte Bestseller an Bestseller.

Wir fahren also nach Brand und müssen nicht lange wandern, bis wir Tropical Islands erreichen. Der Freizeitpark war eine geniale Idee von Geschäftsleuten aus Malaysia. Als die erfuhren, dass in der Gemeinde Halbe, Landkreis Dahme-Spreewald, eine Cargolifter-Werfthalle auf einem ehemaligen sowjetischen Flugplatz leer stand, die größte freitragende Halle auf dem Erdball, beschlossen sie, daraus einen Indoor-Regenwald mit Strand und zahlreichen tropischen Pflanzen, mehreren Pools, Bars und Restaurants zu machen. Heute werden im Jahr fast eine Million Besucher gezählt, zumeist aus Berlin, Brandenburg und Sachsen.

Selbstverständlich war ich auch schon vor Ort und habe mich am Ambiente erfreut, zumal ich keinen Eintritt und kein Getränk bezahlen musste. Die Geschäftsleitung hatte mich eingeladen, um eine Krimireihe zu entwickelt, die hier auf der Tropeninsel spielen sollte. Wie das Ganze ausgegangen ist? Für mich gut, denn nach der Theorie des Scheiterns sollen Misserfolge einen Menschen ja letztendlich stärken.

Auf unserer Wandertour bewegen wir uns schließlich auf das Naturschutzgebiet Heideseen zu, tangieren aber nur den Schwansee und seilen uns dann an, um die Krausnicker Berge zu erklimmen. Das sind mehrere Berge, besser gesagt Hügel, die nach dem Dorf Krausnick benannt sind. Keuchend stehen wir oben auf dem Wehlaberg, der mit 144 Metern nicht nur die höchste Erhebung der Krausnicker Berge ist, sondern des ganzen Bundeslands Brandenburg. Ich bin zu sehr von meiner Höhenangst erfüllt, die anderen aber steigen auf den 28 Meter hohen Aussichtsturm und genießen den Blick hin bis zum Berliner Fernsehturm.

Dann gehen wir wieder bergab nach Köthen am Köthener See. Zur DDR-Zeit gab es hier für die »verdienten Urlauber des Volkes« zwei Ferienheime des Freien Deutschen Gewerkschaftsbunds. In einem von ihnen durften wir West-Berliner Ausflügler zwischen 14.00 und 15.00 Uhr auch Kaffee aus kubanischen Bohnen trinken und ein Stück Kuchen essen.

Bei unserer aktuellen Tour bleiben wir am Südufer des Sees und nehmen dann Kurs auf Märkisch Buchholz. Mehr als drei Kilometer durch die Felder hindurch werden es nicht sein.

Märkisch Buchholz kann sich mit dem Titel »kleinste Stadt Brandenburgs« schmücken. In meinem alten Kartenbuch *1000 Wege um Berlin* heißt es noch Wendisch-Buchholz. Die Nationalsozialisten haben es 1937 umbenannt. Warum hat man das nach 1945 nicht wieder korrigiert?

Ich stelle fest, dass nicht nur Schmöckwitz an der Dahme liegt, sondern auch Märkisch Buchholz. Seine Kirche, ein Sakralbau aus dem Jahre 1753, ist schöner als die von Schmöckwitz und wurde in die Denkmalliste des Landes Brandenburg aufgenommen. Ansonsten ist von der Stadt zu berichten, dass es hier einmal eine beachtliche Hühnerzucht gegeben hat und dass der Schriftsteller Franz Fühmann (1922–1984) – in der DDR eine literarische Größe, in der BRD kaum gekannt – hier gelebt und gearbeitet hat. Das Literatur- und Begegnungszentrum Märkisch Buchholz ist nach ihm benannt worden.

Dorthin wurde ich im März 2014 zu einer Lesung eingeladen. Ich fühlte mich geehrt, nahm dankend an und fuhr hin, das heißt, Freund Volker übernahm die Beförderung. Der Raum war gut gefüllt, und – die fast dreißig Jahre im Hörsaal zahlen sich meist aus – so schlecht war ich an diesem Tage auch nicht. Dann aber, als ich den letzten Satz vorgelesen hatte, stand ein Mann auf, der in der einen Hand eine große Packung Eier hielt. Langsam öffnete er sie. Mein Gott!, schoss es mir durch den Kopf, das werden faule Eier sein, die er dir an den Kopf werfen wird, weil dein Geschreibsel so schlecht ist …

Mit diesem Kapitel beende ich meine Streifzüge durch Brandenburg. Bevor ich auf für mich bedeutungsvolle Berliner Kieze eingehe, möchte ich aber von Orten berichten, die nahe den Grenzen Brandenburgs gelegen sind und mit denen ich besondere Erinnerungen verbinde.

Noch einmal zurück nach Märkisch Buchholz, ich wollte nur schnell einen Cliffhanger einbauen: Der Mann im Literatur- und Begegnungszentrum wollte mir keine faulen Eier an den Kopf werfen, sondern mich mit zehn gerade frisch aus dem Nest genommenen Eiern erfreuen. Er war ein Berliner Arzt im Ruhestand, der nach Buchholz ausgewandert war und die alte Tradition der Hühnerzucht wieder aufleben ließ.

Dicht hinter Brandenburgs Grenzen

Küstrin und Schloss Tamsel

Kurz nach der Wiedervereinigung wollte ich mit meinem Frohnauer Freund Peter Hüne und seiner Frau Liane Küstrin und Tamsel besuchen, um für *Tamsel*, den ersten Band meiner Familiensaga, zu recherchieren. Ich trat am Bahnhof Berlin-Lichtenberg an den Schalter und sagte freundlich: »Bitte drei Fahrkarten nach Küstrin und zurück.«

Die herbe Dame von der Bahn antwortete: »Küstrin ham wa nich, Küstrin jibtet nich.«

Ich stutzte. »Küstrin gibt es nicht? Aber in meinem Schulatlas steht es doch.«

»Wann sind Se denn einjeschult worn?«

»Na, 1944.«

»Da ham wat ja!«, rief die Bahnbedienstete mit DDR-Vergangenheit triumphierend aus.

Ich begriff nun gar nichts mehr und überlegte, ob wir statt nach Küstrin lieber nach Küstrinchen fahren sollten, einem Ortsteil von Lychen, fragte aber, warum es denn kein Küstrin gäbe.

»Na, weil det Revanchismus is! Det ist nun mal seit '45 Kostrzyn.«

»Gut, weil ich nie ein Revanchist war, dann bitte drei Fahrkarten nach Kostrzyn.«

Die bekam ich dann auch, und wir stiegen in den Zug.

Überraschenderweise war es ein moderner Dieseltriebwagen und kein Dampfzug. Die erste Station kannten wir: Strausberg, die darauffolgenden, Herrensee und Rehfelde, nicht, dafür sagte uns Müncheberg (Mark) etwas. Bald darauf las ich *Oberstdorf* auf einem Stationsschild und wunderte mich, zumal der Schattenberg mit seiner Skisprungschanze beim besten Willen nicht zu entdecken war. Da erst bemerkte ich, dass das T des Ortsnamens auf dem Stationsschild fehlte. Auch die nächste Station irritierte mich: Trebnitz. Dort hatte doch der große preußische Reitergeneral Friedrich Wilhelm von Seydlitz bei den »weißen Husaren« gestanden. Natürlich handelte es sich aber um das niederschlesische Trebnitz am Katzengebirge. Wir durchfuhren weitere Orte und überquerten Oder, Warthe und die Grenze und waren am Ziel.

Damals gehörte Polen zwar noch nicht zum Schengenraum, aber die polnischen Beamten an der Grenze warfen nur einen schnellen Blick auf meinen Personalausweis und winkten mich dann durch, schließlich habe ich einen polnischen Nachnamen. Dass bei Küstrin / Kostrzyn nad Odrą die Warthe in die Oder mündet, war uns bekannt, warum man den Ort aber das »Pompeji an der Oder« nennt, erfuhren wir erst bei einem Stadtrundgang. Am Ende des Zweiten Weltkriegs war die Küstriner Altstadt zu neunzig Prozent zerstört worden. Als das ehemalige Zentrum der Neumark, der Terra Transoderana, dann ein Teil Polens geworden war, schaffte man die noch verwendbaren Trümmer, insbesondere die Ziegelsteine, nach Warschau, um sie für dessen Wiederaufbau zu verwenden. Die Auswirkungen sind immer noch sichtbar: An vielen Straßen befinden sich nur noch Grundmauern und Fundamente von Häusern. Ab und an führen Kellertreppen ins Nichts hinunter. Die Reste von Schloss und Pfarrkirche sind noch erkennbar. Im Pflaster liegen die Schienen der Straßenbahn, die einmal von der Neustadt zum Berliner Tor gefahren ist.

Wir strebten zur teilweise noch guterhaltenen Festung und zur Bastion Brandenburg, um an der Stelle in stillem Gedenken zu verharren, an der am 6. November 1730 der König Friedrich Wilhem I. den Befehl gegeben hatte, vor den Augen des Kronprinzen Friedrich dessen Freund Hans Hermann von Katte zu enthaupten. Der junge Friedrich war ein Träumer und Philosoph und fühlte sich zu den Musen hingezogen. Sein Vater dagegen, Friedrich Wilhelm I., der »Soldatenkönig«, war eine herbe Natur und ein Despot. Friedrich, der lieber Flöte spielte als zu exerzieren und vom Vater in einem fort gedemütigt wurde, empfand das Leben am preußischen Hof als unerträglich. Um dieser Hölle zu entgehen, plante er, während einer Staatsreise durch West- und Süddeutschland mit seinem Freund Hans Hermann von Katte zu desertieren und nach England zu gehen. Dieses Vorhaben scheiterte aber, und im Oktober und November 1730 hatte ein Kriegsgericht im Schloss Köpenick ein Urteil über den Kronprinzen und seinen Freund zu fällen. Angeklagt wurden sie der Fahnenflucht, und darauf stand die Todesstrafe. Friedrich hatte als Kronprinz und *persona sacra* jedoch nicht belangt werden können, der Ermordung seines Freundes aber zusehen müssen.

Wir suchten uns ein Taxi und ließen uns vom deutschsprechenden Fahrer nach Tamsel / Dąbroszyn bringen. *Meine Amsel singt in Tamsel* hat Hans Bentzien, der einstige Minister für Kultur der DDR, einmal gedichtet. Mich trieb aber meine Familiengeschichte dorthin. Ein Erdmann von Bosetzki ist nämlich um das Jahr 1717 Kammerdiener auf

Schloss Tamsel gewesen. Mein Vater ist auf ihn in den Kirchenbüchern gestoßen und sehr froh gewesen, weil er hoffte, den Nationalsozialisten damit ein Gegengewicht zu den jüdischen Wurzeln seiner Frau, meiner Mutter, bieten zu können. Als Mitglied des Reichsbanners Schwarz-Rot-Gold und somit als Widerstandskämpfer im Kleinen hatten sie ihn bereits ins Visier genommen. Angeblich hatte ein alkoholsüchtiger Nachfahre von Erdmann den Adelstitel später an einen napoleonischen Offizier verkauft, anderenfalls stünde in meinem Ausweis heute: Horst von Bosetzky.

Das Schloss Tamsel hat der kurbrandenburgische Feldmarschall Hans Adam von Schöning um 1686 erbauen lassen, nachdem er maßgeblich dazu beigetragen hatte, die Osmanen bei Ofen (heute Budapest) zu besiegen.

Kronprinz Friedrich, der spätere Friedrich II. von Preußen, auch Friedrich der Große genannt, musste nach der Katte-Affäre in der Küstriner Kriegs- und Domänenkammer Dienst leisten und das Verwaltungstechnische erlernen. Um sich abzulenken, besuchte er in dieser Zeit immer wieder die Schlossherrin, die fünf Jahre ältere Louise Eleonore von Wreech (1707–1784), geborene von Schöning. Schwärmte er nur für sie oder wohnte er ihr auch bei? Möglich ist alles.

Erwähnt sei noch, dass General Georgi Schukow (1896 bis 1974), Befehlshaber der Ersten Weißrussischen Front, am Ende des Zweiten Weltkriegs das Schloss als Quartier nutzte, um von hier aus den Sturm auf Berlin vorzubereiten.

Ein andermal habe ich Tamsel / Dąbroszyn im Rahmen einer Veranstaltung des »Deutsch-Polnischen Poetendampfers« besucht, und um 1997 habe ich die Stadt bei einer ausgedehnten Wanderung mit Freunden besichtigt. Zuerst haben wir uns das Schlachtfeld von Zorndorf / Sarbinowo angeschaut, wo am 25. August 1758 die Preußische Armee unter Friedrich dem Großen die Russen unter General Wilhelm von Fermor besiegte und deren Vormarsch auf Berlin stoppte. Den Sieg hatte Friedrich vor allem dem oben erwähnten General von Seydlitz zu verdanken – und dessen Courage, einen Befehl des Königs zu missachten und eigenmächtig vorzugehen.

Wir suchten nach Coupellen, kleinen russischen Pulverschaufeln aus Messing, fanden aber keine und wanderten durch den Tamseler Busch zum Schloss, um dort Kaffee zu trinken und Kuchen zu essen. Das Café hatte Jutta von der Lancken eröffnet, die jedes Jahr aus Schleswig-Holstein nach Tamsel kam, um hier im Schloss in einer kleinen Wohnung den Sommer zu verbringen. Sie war mit dem Enkel des letzten deutschen Schlossherrn verheiratet, der bis 1945 hier gelebt hatte, und setzte sich sehr dafür ein, den Verfall ihres Schlosses zu verhindern.

Nach dieser kleinen Pause flanierten wir durch den Schlosspark, querten die Bahnstrecke nach Landsberg/Gorzów Wielkopolski und kamen ins Warthebruch. Schließlich erreichten wir Küstrin und aßen dort unsere *kiełbasa śląska*, schlesische Wurst.

Im Sommer 1999 erlebte ich dann auf Schloss Tamsel einen der Höhepunkte meines Lebens: Mein dokumentarischer Roman mit dem Titel *Tamsel* und einer Pastellzeichnung von Liane Hüne auf dem Cover war fertiggestellt und sollte vorgestellt werden. Dr. Norbert Jaron, mein Verleger, hatte weder Kosten noch Mühe gescheut und einen Bus gechartert, der Journalisten, Mitarbeiter seines Verlags, meine Tochter und mich nach Polen bringen sollte. Der größte Saal des Schlosses war bis auf den letzten Platz gefüllt, und auch der Woiwode war aus Lebus/Lubusz gekommen. Ich hatte eine kleine Rede auf Polnisch vorbereitet, obwohl ich außer *dziękuję* (danke) kein Wort Polnisch sprechen kann. Aber eine dieser Sprache mächtige Dame hatte alles mit mir geübt und in Lautschrift übersetzt. So begann ich dann: *»Dziękuję wojewody szczerze, że dzisiaj mogę sobie wyobrazić moją książkę tutaj.«* Man lachte ab und an, klatschte aber schließlich.

Nach diesem Besuch war ich noch zweimal mit meinem Freund Volker in Tamsel. Einmal führte uns ein Restaurator durch das Schloss. Leider sprach er weder Deutsch noch Englisch, und Volker, der in der Schule Russisch gelernt hatte, wagte es nicht, sich dieser Sprache zu bedienen. Der Mann öffnete eine Art Fallgitter und leitete uns hinunter in die Gruft unter der Kirche, wo die Sarkophage der Mitglieder der Familien von Schöning und von Wreech stehen. Besonders auffällig ist der Prunksarkophag des Hans Adam von Schöning. Während wir den bewunderten, ertönte über uns ein Geräusch, als wäre das Gitter wieder zugeklappt worden. Wollte man uns hier einsperren? Zum Glück haben wir wohlbehalten wieder hinausgefunden.

Ein andermal, im September 2015, konnten wir das Schlossgelände nicht betreten, weil Bauarbeiten uns daran hinderten.

Inzwischen verfällt das Schloss zunehmend. Aufwendig restauriert wurde nur die Kirche in preußischem Gelbton. Das halbfertige Schloss steht zum Verkauf, und es wird ein Investor gesucht. Wer weiß, vielleicht gewinne ich ja mal im Lotto …

In den Weiten der Terra Transoderana

Vom Heut zum Gestern scheint es weit,
Zum lang Vergessenen nah,
Die Vorwelt liegt und Märchenzeit,
Ein offener Garten, da.

Vielleicht ist heut mein Urahn wach,
Der tausend Jahr geruht
Und nun mit meiner Stimme sprach,
Sich wärmt in meinem Blut.

Diese Verse aus Hermann Hesses Gedicht *Aufhorchen* habe ich im Sinn, wenn ich bei unseren Wanderungen durch die Mark Brandenburg auf den Höhenzügen um Bad Freienwalde und Seelow stehe oder in Lebus an der Oder sitze und hinüber in die Neumark blicke, in das Land meiner Vorfahren. Ich bin ein durch und durch rationaler Mensch, preußisch geprägt und gelernter Industriekaufmann, und ich spotte stets über alles, das mir schöngeistig, mystisch oder parapsychologisch erscheint. Warum aber habe ich in solchen Augenblicken Tränen in den Augen und bin von einer tiefen Sehnsucht nach dem Land jenseits der Oder erfüllt? Dass dieses in der Fachwelt als »Terra Transoderana« bezeichnet wird, habe ich erst erfahren, als ich die Quellen studierte, um meinen historischen Roman *Der letzte Askanier* über den Markgrafen Waldemar zu schreiben, der 1319 in Bärwalde gestorben sein soll.

Doch zurück zu meinen Vorfahren aus den Gebieten jenseits der Oder. Die meisten Berliner nehmen an, dass sich die Oder von Stettin bis zu den tschechisch-polnischen Mittelgebirgen wie ein Strich von Norden nach Süden entlangzieht, und übersehen, dass der Fluss gleich hinter Neuzelle nach Osten verläuft. Da ich ein echter Berliner bin, zähle ich nun auch die Orte, die in meiner Familienchronik wichtig sind und *an* der Oder liegen, zum Land *über* beziehungsweise *jenseits* der Oder.

Im September 2015 machte ich mich mit meinem Freund Volker und seiner Frau Karin auf den Weg in die Terra Transoderana, um meine familiären Gedenkstätten zu besichtigen. Bei Hohenwutzen passierten wir die Grenze nach Polen, und auf der Karte sah ich, dass Bärwalde / Mieszkowice nicht weitab von unserer Route nach Landsberg an der Warthe / Gorzów Wielkopolski liegt. Sofort wollte ich dem Ort einen Besuch abstatten, denn dort soll der Markgraf Waldemar gestorben sein. Doch auf dem Marktplatz fanden wir nicht eine Statue von Waldemar, sondern die eines anderen Ritters: des ersten Piastenherzogs Mieszko I., des Gründervater Polens. Wir suchten nach einem Café. Vergeblich.

Weiter reisten wir nach Schöneberg / Trzcinna, wo mein Urgroßvater August Quade (1862–1945) auf die Welt gekommen ist. Anschließend fuhren wir nach Ludwigsruh / Lubiszyn, Landkreis Landsberg an der Warthe, heute Powiat Gorzowski, wo mein Urgroßvater seine Frau Berta Meier (1861–1925) kennengelernt hatte und wo zudem meine Großmutter mütterlicherseits, Marie Schattan, am 12. Januar 1885 geboren worden war.

Vor meinem inneren Auge sehe ich all meine Lieben vor mir und frage mich, warum sie nicht in der wunderbaren Terra Transoderana geblieben, sondern nach Berlin ausgewandert sind. Und während ich dieses Kapitel schreibe, habe ich eine alte Postkarte vor mir liegen: *Landsberg a. W. Mühlenplatz.* Am linken Bildrand sind zwei Frauen zu erkennen. Als Kind redete man mir ein, das seien meine Schmöckwitzer Oma und ihre Mutter.

Auch auf unserer Tour fuhren wir nach Landsberg an der Warthe / Gorzów Wielkopolski. Wielkopolski bedeutet »großpolnisch« beziehungsweise »in Großpolen«. Nachdem die Stadt nach dem Zweiten Weltkrieg zunächst den Namen Gorzów nad Wartą / Gorzów an der Warthe bekommen hatte, heißt sie seit dem 19. Mai 1946 offiziell Gorzów Wielkopolski.

Volker fand schnell einen Parkplatz, ignorierte aber, dass man einen Parkschein ziehen musste. Zum Glück hing später kein Strafzettel an der Windschutzscheibe. Ein original polnisches Restaurant konnten wir nirgendwo entdecken und aßen stattdessen in einem türkischen am Markt. Ich jubelte innerlich, weil es hier eine Straßenbahn gab, deren Solo-Triebwagen mit bunter Werbung immer wieder an uns vorüberrollte.

Der Dom St. Marien war mächtig. Vor ihm stand das Denkmal des Bischofs Wilhelm Pluta, dessen Amtszeit wir anfangs staunend für sein Lebensalter hielten (etwa dreißig Jahre). Rings um den Marktplatz hatte die Verwestlichung um sich gegriffen, wir entdeckten dort Filialen großer internationaler Banken und bekannte Drogerieketten.

Im Anschluss wanderten wir zur Warthe und genossen einen unerwartet schönen Blick auf eine mächtige Brücke, den erstaunlich breiten Fluss und eine außerordentlich gepflegte Uferpromenade. In dem Moment, da wir keines suchten, fanden wir auch endlich ein Café.

Anzumerken ist noch, dass Gottfried Benn (1886–1956) im Zweiten Weltkrieg in der Walter-Flex-Kaserne stationiert war und er hier unter anderem den *Roman des Phänotyp* geschrieben hat. Vor allem aber sollte erwähnt werden, dass Christa Wolf (1929–2011) eine Tochter der Stadt Landsberg an der Warthe war und in ihrem autobiografischen Roman *Kindheitsmuster* die Figur Mädchen Nelly Jordan ihre eigenen Erlebnisse nacherleben ließ.

In Landsberg geboren wurden außerdem Marie Juchacz (1879–1956), Frauenrechtlerin und Gründerin der Arbeiterwohlfahrt, und Victor Klemperer (1881–1960), Schriftsteller und Literaturwissenschaftler, dessen *Tagebücher* zum Bildungskanon gehören. In der Stadt gewirkt haben auch Friedrich Schleiermacher (1768–1834), der nicht nur Philosoph war, sondern auch Theologe und als solcher von 1794 bis 1796 Prediger an der Konkordienkirche, und Carl Teike (1864–1922), der zwar weniger bekannt ist, der aber in Berlin-Mariendorf am Teikeweg wohnte und dem wir den Marsch *Alte Kameraden* zu verdanken haben.

Von Landsberg bis nach Tschicherzig / Cigacice sind es nicht ganz hundert Kilometer, gut eine Autostunde also. Dort ist mein Vater bei seiner Tante Emma und seinem Onkel Walter aufgewachsen. Im Winter hat er in deren Haus hoch über der Oder gelebt und in eisfreien Monaten auf ihrem Oderkahn. Zur Welt gekommen ist er ein paar Kilometer weiter nördlich in der Kreisstadt Züllichau / Sulechów.

Tschicherzig, von den Nationalsozialisten 1937 in Odereck umbenannt, warb auf Postkarten als Trauben- und Luftkurort für sich, und auf einigen war zu lesen:

Dort wo die Oder sich im Bogen
Ins Brandenburger Land ergießt,
Dort wo mit ihren dunklen Wogen
Im Wiesengrund die Oder fließt,
Dort wo der Schlesier frei und stark
Die Hand darbot dem Sohn der Mark,
Dort liegt, ich jubel's freudig laut,
Schön Tschicherzig so lieb und traut.

Mit seinem Hafen und seinen Weinbergen war Tschicherzig einst eine Stadt der Schiffer und Winzer. Bei unserem Besuch schritten wir bis zur Mitte der Oderbrücke, über die die Straße nach Grünberg / Zielona Góra führte, und mein Blick ging zu dem Haus hinüber, in dem mein Vater aufgewachsen war. Ich erkannte es genau, denn er hatte eine befreundete Malerin gebeten, ein wunderschönes Ölbild davon anzufertigen, das nun in meinem Zimmer hängt. Als Vorlage hatte ihr eine Postkarte gedient, die mein Vater über den Krieg gerettet hatte.

Von Zieko zur Lutherstadt Wittenberg

Der Ort Zieko wurde 1282 als Cycouwe erstmals urkundlich erwähnt. Damals war er unter slawischer Herrschaft, und die Einwohner ernährten sich von der Schafzucht, sie verdingten sich aber auch als Fischer oder Wassermüller an einem der hier fließenden Bäche.

Zieko spielt in meiner Biografie eine große Rolle, weil ich hier im September 1944 eingeschult worden bin, in eine Dorfschule, die nur aus einer Klasse bestand. Mein Lehrer hieß Projahn und war schätzungsweise siebzig Jahre alt. Er war an die Schule zurückgekehrt, weil die jüngeren Kollegen alle zum Kriegsdienst eingezogen worden waren.

Meine Mutter hatte eine Schultüte für mich aufgetrieben, und Herr Projahn begrüßte uns militärisch knapp und zackig. Wir durften uns in den ersten zwei Viererbänken einen Platz aussuchen – Mädchen links, Jungen rechts. Danach sollten wir uns auf dem Schulhof in Zweierreihen aufstellen und wurden wieder nach Hause geschickt.

Nach Zieko hatte es mich zusammen mit meiner Mutter im Rahmen der sogenannten Kinderlandverschickung verschlagen. Denn ab Oktober 1940 waren Schulkinder sowie Mütter mit Kleinkindern aus den von Luftangriffen bedrohten deutschen Städten längerfristig in weniger gefährdete Gebiete umgesiedelt worden. Zuvor hatten wir eine Zeit bei der Ziehmutter meines Vaters in Steinau verbracht, das in der Nähe von Liegnitz an der Oder gelegen ist, nun aber wegen der näher kommenden Russen nicht mehr als sicher galt.

Untergekommen sind wir in Zieko bei den Greis', von denen ein Familienmitglied bei Junkers Flugzeug- und Motorenwerke AG mit Sitz im nahen Dessau tätig war. Wegen dieses Motorenwerks wurde der Raum Dessau-Roßlau gern von den alliierten Bomberverbänden angesteuert. Und die waren auch an einem Vormittag im März 1944 unterwegs, als wir im Sonderzug nach Coswig saßen. Der Zug hielt auf freier Strecke, wir mussten uns alle unter die Waggons flüchten und in deren Schutz warten, bis der Tieffliegerbeschuss vorüber war. Ich hatte gerade die Windpocken und lag nun da, wo ich eigentlich hingehörte: im Bett, auch wenn es nur ein Gleisbett war.

Die erwachsenen Dorfbewohner von Zieko waren alle nett zu mir, nur die Dorfjugend mobbte mich, da ich aus einem für sie gänzlich fremden Kulturkreis stammte und mit meiner Latzhose, die meine Schmöckwitzer Oma geschneidert hatte, auffiel.

Seit dem 1. Januar 2004 ist Zieko nun ein Ortsteil der Stadt Coswig im Landkreis Wittenberg in Sachsen-Anhalt. Aber schon damals, als ich in Zieko lebte, orientierte man sich an diesem Ort.

Folgt man der Landstraße, sind es von Zieko zum Bahnhof in Coswig etwas mehr als fünf Kilometer. Eine Entfernung, die unsere Besucher aus Berlin, mein Vater wie meine Schmöckwitzer Oma, durchaus zu Fuß bewältigen konnten. Meine Mutter und ich erwarteten sie immer auf der Autobahnbrücke. Die A9 führt so dicht an Zieko vorbei, dass man von ihr aus die Kirche und einzelne Häuser erkennen kann, und die Ziekoer Landstraße verläuft an zwei Teichen entlang, von denen der eine heute als »Flämingbad« firmiert. Zu meiner Ziekoer Zeit fürchteten sich Frauen immer, diese Strecke alleine zurückzulegen, denn am größeren der beiden Teiche soll in regelmäßigen Abständen ein seltsamer Mann gelauert haben.

Freund Volker, der mir zu meinem Geburtstag versprochen hatte, mich auf drei Ausflüge in meine alte Heimat zu begleiten, holte mich eines Tages am Bahnhof Jüterbog ab, und wir machten uns auf den Weg nach Zieko und Coswig. Ich bat ihn, einen kleinen Umweg über die Ortschaft mit dem wunderschönen Namen Hundeluft zu machen, denn der erinnerte mich an Peter, den Dackel der mit uns eng befreundeten Familie Bulgrin, der im höheren Alter immer unter dem Esszimmertisch gelegen und so gemieft hatte, dass einem der Appetit vergangen war. Auf dem Wappen der Gemeinde ist auch ein laufender Hund abgebildet, und früher hat der Ort, der am südwestlichen Rande des Flämings im Tal der Rossel liegt, den Edlen Herren zu Zerbst gehört.

Auf unserem Weg dorthin kamen wir durch die Orte Treuenbrietzen, Haseloff und Niemegk. Treuenbrietzen hieß anfangs nur schlicht und einfach Brietzen, blieb aber zwischen 1348 und 1349, als der falsche Waldemar die Mark Brandenburg unter seine Kontrolle gebracht hatte, den Wittelsbachern treu, sodass ihm Ludwig der Bayer den Ehrentitel Treuenbrietzen verlieh.

Der falsche Waldemar soll ein Hochstapler und tatsächlich der Müllergeselle Jakob Rehbock aus Niemegk gewesen sein. Am 14. August 1319 war der echte brandenburgische Markgraf Waldemar in Bärwalde gestorben, doch 1348 kam ein Pilger in die Mark und behauptete, ebenjener Markgraf zu sein. Er gab an, er habe seinen Tod nur vorgetäuscht und sei tatsächlich ins Heilige Land gereist, um für seine Sünden zu büßen. Kaiser Karl IV. kam diese Geschichte im Kampf um die Vorherrschaft in Europa sehr gelegen, er erkannte den Mann als Waldemar an und belehnte ihn neu mit der Mark.

Mich faszinierte der Stoff so sehr, dass ich den Roman *Der letzte Askanier* schrieb und die These wagte, dass der falsche Waldemar tatsächlich der echte war. 1356 ist der Mann in Dessau gestorben.

Als wir Haseloff erreichten, staunte ich, und wir fragten uns, ob der amtierende Ministerpräsident von Sachsen-Anhalt, Reiner Haseloff, hier zur Welt gekommen sei oder ob er sich hier ein Denkmal gesetzt habe.

Hinter Niemegk mussten wir ein Stück Autobahn passieren und sie an der Ausfahrt Köselitz wieder verlassen. Überall sah ich nur Wälder und sanfte Hügel. (Die sogenannten Handelsberge erreichen sogar eine Höhe von 119 Metern.) Und auch die Rossel überquerten wir. In Hundeluft stach uns die dunkelgelb getünchte evangelische Kirche St. Bonifatius ins Auge, erbaut nach Art einer achtseitigen Rotunde.

Volker bemerkte bald, dass ihm langsam das Benzin ausging. In einem der recht schmucken Dörfer, die wir durchquerten, fragten wir eine junge Gärtnerin, die am Wegesrand Laub zusammenharkte, nach der nächsten Tankstelle. »Hier jibt et keene, da müssen Se bis nach Roßlau«, lautete ihre Antwort, und ich war begeistert davon, dass die Berlinische Mundart bis hierher vorgedrungen war.

Wir tankten also in Roßlau, das einen sehr aufgeräumten Eindruck machte, und gaben dann *Düben* in das Navigationssystem ein. Ein Ort, dessen Name ich in Erinnerung behalten habe, weil es in Zieko schon 1944 keine Bäckerei mehr gegeben hatte und man von Düben aus zweimal die Woche per Lkw beliefert wurde. Sosehr wir auch Ausschau hielten, heutzutage gibt es in Düben keine Bäckerei mehr.

Als wir in Zieko ankamen, freute ich mich, dass die alte Dorfschule noch vorhanden war. Es suchten mich aber auch unangenehme Erinnerungen heim. So waren nicht nur tagsüber munter Ratten auf dem Gesims der Scheunen umhergelaufen, sondern sie waren auch des Nachts durch unser Zimmer und über mein Gesicht hinweggehuscht. Mein Vater, der uns jedes Wochenende besucht hatte, hatte ein Loch in der Wand gefunden und es mit Gips verschmiert, in den er Glassplitter gemischt hatte. Und auf der Dorfstraße hatte er meiner Mutter, die damals 34 Jahre alt war, das Fahrradfahren beizubringen versucht. Das war jedoch weithin misslungen, weil sie von jedem Baum und jedem Stück Mauer angezogen worden war wie ein Nagel von einem Magneten.

Ich hielt nach dem Haus der Greis' Ausschau. Auf dem Grundstück gegenüber hatte ein großes Bauerngehöft gelegen, deren tückischer Ganter sich einen Spaß daraus gemacht hatte, sich fauchend auf mich zu stürzen und mir in die nackten Beine zu zwicken. Ich fand auch alles wieder, aber nur, weil ich einen Einheimischen um Hilfe bat.

Nachdem wir uns in Zieko umgesehen hatten, fuhren wir nach Coswig. Die Stadt ist allein deshalb bedeutungsvoll, weil Wallenstein im Verlauf des Dreißigjährigen Kriegs einmal in seinen Mauern weilte, in Berlin war er dagegen nie gewesen. Coswigs Schloss wurde im Gegensatz zum

Berliner Schloss zur DDR-Zeit nicht geschleift. Zur NS-Zeit ein übles Gefängnis, soll es nun ein Kulturzentrum werden. Auch die evangelische Kirche St. Nicolai und das Rathaus sind sehenswert.

Von Coswig sind es auf der L187 immer nördlich der mäandernden Elbe entlang nur 15 Kilometer bis nach Wittenberg. Wenn ich mit dem Zug von Berlin nach Leipzig fuhr und wir im Bahnhof Lutherstadt Wittenberg gehalten haben, konnte ich aus der Ferne Stadt- wie Schlosskirche betrachten. In der Stadt selbst war ich aber nur einmal, zur DDR-Zeit, etwa 1977. Als ich dort mit meiner Familie zum Kaffeetrinken in ein Restaurant gehen wollte, bin ich nicht eingelassen worden, nicht etwa, weil ich West-Berliner war, sondern weil ich keine Krawatte umgebunden hatte. Das ziemte sich nicht im Arbeiter- und Bauernstaat.

Bei unserem Besuch im Jahr 2016 putzte sich die Stadt bereits für das große Luther-Jahr 2017 heraus. Kein Wunder, schließlich nennt sie sich Lutherstadt. Wir saßen auf dem Marktplatz, aßen zu Mittag und genossen die Atmosphäre. Bisweilen meinten wir, wir wären in einer italienischen Kleinstadt. Nur der Turm der Schlosskirche gefiel mir nicht.

Anschließend wollten wir den Heimweg antreten, doch Volker schlug vor, noch den nahen Wörlitzer Park zu besichtigen. Während manche Berliner den Görlitzer Park mit dem Ziel, berauscht zu werden, aufsuchen, tut es bei mir der Wörlitzer Park mit der Droge Natur plus Kultur.

Die Müritz

Die Müritz ist Deutschlands größter See, denn der Bodensee gehört zu Teilen auch zu Österreich und der Schweiz. Der Name Müritz soll aus dem Slawischen kommen und »kleines Meer« bedeuten. Steht man an der Müritz und kann das gegenüberliegende Ufer nicht oder nur vage erkennen, kann man die Namenswahl durchaus nachvollziehen. Ich habe es deshalb nie gewagt, auf ihr zu paddeln, mein kühner Sohn dagegen schon.

Die größte Stadt an der Müritz ist Waren, genauer gesagt Heilbad Waren, gelegen am Nordzipfel. Sie ist so bedeutsam, dass der ICE Rostock—Berlin—München hier hält. Und hält der im Bahnhof, kann man vom Zugfenster aus weit ins Stadtinnere blicken. Dort sind die Kirchen St. Georgen und St. Marien sowie die Heilig Kreuz Kirche zu bestaunen, dazu die alte Feuerwache, das Alte und das Neue Rathaus, der Müritzturm und der Stadthafen.

Als wir zum ersten Mal mit dem Auto nach Waren fuhren, wussten wir, dass uns der Rückweg nach Berlin durch den am Ostufer gelegenen Müritz-Nationalpark führen würde. Natürlich kann man den Park nur am Rande passieren, sodass wir von all den Feuchtgebüschen, Bruchwäldern und Schilfrohrzonen nicht viel mitbekommen haben. Es zog uns damals vor allem zum Schloss Speck, denn wir hatten einen

Nachbarn mit diesem Nachnamen und wollten ihm mit einem Foto eine kleine Freude machen.

Bei einem anderen Ausflug wandten wir uns dem Westufer zu und besuchten zuerst Röbel. Durch dessen historisch gut erhaltene und langgestreckte Altstadt zu schlendern macht Spaß. Man findet dort eine Fülle bunter Fachwerkhäuser, zwei große Kirchen, einen Kirchplatz, einen Markt sowie einen Pferdemarkt, einen Bürgergarten, einen Stadtpark und den Mönchteich. Zuerst haben hier die Slawen vom Stamme der Murizaner gesiedelt, dann residierten hier die Herren von Werle.

Bleibt man am Westufer, kann man über Gotthun und Sietow nach Klink wandern – ein prächtiger Ort. Nähert man sich dem Strand, staunt man über den vielen Sand und die zahllosen Strandkörbe, beinahe könnte man meinen, man wäre schon an der Ostsee. Das Highlight von Klink ist aber wohl sein Schloss, erbaut vom Berliner Architekten Hans Grisebach. Es könnte auch an der Loire stehen, so sehr ist es im Stil der französischen Renaissance gehalten. Bauherr war ein gewisser Arthur von Schnitzler. Zur DDR-Zeit war das Schloss ein Ferienheim des Freien Deutschen Gewerkschaftsbundes, heute ist es ein Hotel.

Sozusagen im Rücken von Klink liegt der Kölpinsee. Als wir in dem einmal baden wollten, war er fast vollkommen ausgetrocknet, und wir wünschten ihm ein zünftiges Hochwasser.

Von Reinhard Lakomy und Monika Lakomy-Erhardt war schon die Rede, nun spielen sie wieder eine gewichtige Rolle. Moni erzählte bei der allmonatlichen Sitzung des Vorstands des Berliner Schriftstellerverbandes, dass sie einmal mit ihrer Motorjacht vor Klink gelegen und dort eine Fußballtruppe mit Namen MSV Beinhart Klink spielen gesehen hätten. Da lachte ich und sagte, dass wir in der Freizeitliga eine Mannschaft mit Namen Knallrot Wilmersdorf haben. Sie war sofort Feuer und Flamme. »Mensch, die hole ich zu einem Spiel gegen Beinhart nach Klink, und in der Pause liest du etwas aus deinem Fußballer-Roman *Kante Krümel Kracher* vor! Lucky holt dich vom Bahnhof Waren ab.« So verfuhren wir dann auch, und es wurde ein unvergesslicher Tag für mich.

Die Ostsee mit Göhren, Zingst und Kühlungsborn

Kein Geringerer als Kurt Tucholsky legitimiert mich, auch meine Lieblingsbadeorte an der Ostsee in dieses Buch mit aufzunehmen, nennt er die doch die Badewanne der Berliner und bringt unsere Sehnsüchte auf den Punkt:

Ja, das möchste
Eine Villa im Grünen mit großer Terrasse,
vorn die Ostsee, hinten die Friedrichstraße …

Als wir einmal mit unserer dreijährigen Tochter an die Ostsee wollten und ihre Cousine mitfahren sollte, rief ich: »Mit den Gören nach Göhren!« Es wurde dann aber Prerow. Später waren wir jedoch an die zehnmal mit fast allen Familienmitgliedern in Göhren. Und dafür gab es fünf Gründe: die Nähe zur Schmalspurbahn, der herrliche Blick vom Speckbusch über die Boddenlandschaft, das Baden am Nord- und am Südstrand, das Wandern auf dem Nordperd wie am Südstrand nach Lobbe und das Speisen im sensationellen Restaurant vom »Hotel Meeresblick«, das leider nicht mehr existiert.

So gern ich auch die Fernsehreihe *Eisenbahn-Romantik* sehe – noch lieber stehe ich in Göhren am Endbahnhof der Kleinbahn Rasender Roland und sehe zu, wie die Dampflok umgesetzt und neu mit Wasser aufgefüllt wird und der abfahrende Zug im Wäldchen hinter der Schranke verschwindet.

Ähnlich erhebende Gefühle überkommen mich auch, wenn ich auf der Bank am Hügelgrab Speckbusch sitze, über mir die Wipfel uralter Bäume, hinter mir die Backsteinkirche, und auf die Boddenlandschaft nahe des Mönchguts hinuntersehe. Da sind das Feuchtgebiet des Lobber Sees, die Windmühle an der Straße zwischen Lobbe und Middelhagen, die Hagensche Wiek als Ausläufer des Greifswalder Boddens, Gager, Groß Zicker mit den Zickerschen Alpen, Thiessow sowie in der Ferne Greifswald und – die Idylle etwas störend – die Masten des ehemaligen Atomkraftwerks Lubmin zu erblicken.

Baden kann man in Göhren vergleichsweise feudal am Nordstrand auf beiden Seiten der Seebrücke. Der Südstrand ist schmal und steinig, zudem muss man dort, bevor man ins Wasser steigen kann, erst einmal einen grünen und angeblich giftigen Gürtel aus Tang und Algen überwinden. Dann aber kann man genüsslich baden und sich vorstellen, bis zur fernen Insel Greifswalder Oie zu schwimmen.

Nach Lobbe lässt sich nun barfuß im und am Wasser laufen, wobei Vorsicht geboten ist, wenn man die Ecke erreicht hat, hinter der die Bucht von Lobbe liegt. Die Steilküste, durchlöchert von den Nisthöhlen der Seeschwalben, ist an dieser Stelle zwölf Meter hoch, und 2005 ist hier eine 27-jährige Berlinerin bei einem Spaziergang von herabstürzenden Sandmassen getötet worden.

Am Nordstrand mit seiner Kurpromenade und der Seebrücke gibt es in Richtung Nordperd ebenfalls eine Steilküste, doch sie scheint längst nicht so gefährlich zu sein.

Der größte Felsbrocken liegt bereits weitab im Wasser: der Buskam, der größte Findling Deutschlands.

Der Nordperd ist eine 1,5 Kilometer lange Landzunge in Form eines gleichschenkligen Dreiecks, die nach Osten in einem etwa zwanzig Meter hohen bewaldeten Kliff spitz ausläuft. Steigt man zum Kap hinauf und läuft dort durch den lichten Wald, kann man einen unvergleichlichen Blick aufs Wasser genießen.

Einen großen Campingplatz gibt es in Göhren auch, und im dortigen Kino habe ich mit meinem Sohn Sascha *Mamma Mia!*, den Abba-Film mit Meryl Streep, gesehen und sie singen gehört: *The winner takes it all / The loser has to fall.*

Fährt man nach Göhren, kann man nur gewinnen. Schon Hans Fallada ließ seinen Protagonisten Karl Siebrecht im Schlusskapitel seines Romans *Ein Mann will nach oben* nach Göhren reisen.

Zingst wollte ich immer einmal besuchen. Zum einen wurde meine Neugier darauf geweckt, als wir das erste Mal in Prerow waren und wir von dort auf Zingst mit seiner Seebrücke und seinen Hotels schauen konnten. Zum anderen muss ich immer, wenn ich den Ortsnamen Zingst lese, an meinen verstorbenen Freund Dr. Jürgen Zingler denken.

Zingst liegt am östlichen Ende der Halbinsel Fischland-Darß-Zingst, dahinter sind nur noch die Sundischen Wiesen zu finden, die von Vögeln aller Art heiß geliebt werden. Kaum zu glauben, dass sich hier einmal ein Flakschießplatz der Wehrmacht und später der NVA befand.

Auf der Seebrücke kann man zu Fuß an die 270 Meter übers Meer schreiten, lieber bin ich aber von unserem »Steigenberger Hotel« zum Zingster Hafen geschlendert und dann so lange am Barther Bodden entlanggegangen, bis ich am anderen Ufer die Kirchturmspitze der Vinetastadt Barth erkennen konnte.

Weilt man in Zingst, ist auch des Theologen und NS-Widerstandskämpfers Dietrich Bonhoeffer (1906–1945) zu gedenken, der ab 1935 das Predigerseminar der Bekennenden Kirche auf dem Zingsthof geleitet hat.

So schön und interessant Zingst auch sein mag, es hat für mich einen ganz erheblichen Mangel: Es gibt hier keine romantische Schmalspurbahn. Von 1911 bis 1947 fuhr die Darßbahn durch den Ort, aber deren Gleise sind nach dem Zweiten Weltkrieg abgebaut und als Reparationsgut in die UdSSR gebracht worden. Man plant jedoch eine Reaktivierung, zunächst von Barth nach Zingst, und ich schätze, sie wird 2047 eingeweiht.

Kühlungsborn dagegen, mein drittes Lieblingsbad an der Ostseeküste, verfügt über eine dampfgetriebene Schmalspurbahn, genannt Molli. Da der Ort auch knapp drei Jahrzehnte nach der Wiedervereinigung noch in Ost und West zerfällt, hält Molli in Kühlungsborn Ost wie auch in Kühlungsborn West. Endstation ist Ostseebad Kühlungsborn West, und da habe ich in jeder familienfreien Stunde gestanden und dem Kehren der Lok zugesehen. Aber nicht nur das, aus dem Kohlebansen habe ich mir einmal ein Stückchen Steinkohle gefischt, in dem goldene Einschlüsse funkelten. Bevor ich damit, wieder in Berlin, zum Juwelier eilen wollte, um als reicher Mann nach Hause zu kehren, habe ich der befreundeten Geologin Simona das Fundstück gezeigt. Die lachte nur – es handelte sich um nichts weiter als Pyrit, auch bekannt als Katzengold. Trotzdem liebe ich den Molli weiterhin.

Bis Bad Doberan, am G8-Gipfel-Ort Heiligendamm vorbei, sind es von Kühlungsborn West 15 Kilometer. Dort gibt es ein Ehm-Welk-Haus, denn hier hat mein Idol seit 1950 gelebt.

Havelberg und Tangermünde

Auch Havelberg war einst Slawenland, bis es Albrecht der Bär 1136/37 dem Markgrafen- und späteren Kurfürstentum Brandenburg sicherte. Bis 1952 gehörte die Stadt zum Landkreis Westprignitz im Land Brandenburg, dann teilten es die DDR-Granden dem Bezirk Magdeburg zu. Nach der Wiedervereinigung führte der Stadtrat eine Abstimmung zur Wiedereingliederung in das Land Brandenburg durch, doch das Ergebnis war negativ. Ob das dem Ehrenbürger der Stadt, dem Reichskanzler Otto von Bismarck (1815–1898), recht gewesen wäre?

Das Glanzstück Havelbergs ist der Romanische Dom. Sitzt man ihm zu Füßen, hat man einen unvergleichlich schönen Ausblick auf die Stadt, die Havel und die Auen zur Elbe hin.

Ich war zuletzt mit einer Gruppe von Freunden auf der Domterrasse, zu der auch eine Kulturjournalistin von einem der großen Sender gehörte, eine Alleswisserin. Kaum hatten wir Platz genommen, begann sie zu dozieren: »1150 wurde mit dem Bau des Doms begonnen. Er ist romanisch gehalten und hat die Form einer flachgedeckten dreischiffigen Basilika. Als Baustoff wurde Bruchstein aus Grauwacke verwendet. Und die viereckigen Löcher sind Schießscharten.«

»Pardon, Madame«, wagte ich einzuwenden, »das sind

keine Schießscharten, sondern Löcher für die Balken des Baugerüsts. Das hat mir letzte Woche der Fremdenführer in Guben bei der Besichtigung des dortigen Doms erklärt.«

Sie schwieg nur betreten und strafte mich mit einem bösen Blick.

Dass Tangermünde zum Bundesland Sachsen-Anhalt gehört, ist nur schwer zu verstehen, liegt es doch in der Altmark und damit in der »Wiege Brandenburgs«. Um das Jahr 1009 befand sich an der Stelle, wo der Tanger, von Westen kommend, in die Elbe mündet, die Burg Tangermünde, gebaut auf einer Endmoräne hoch über den Flüssen. Die Stadt wuchs rasant, immer mehr Backstein- und Fachwerkbauten entstanden, und Kaiser Karl IV. machte aus der alten Burg eine Kaiserpfalz. 1415 wurden dann die Hohenzollern von Kaiser Sigismund mit der Mark belehnt und residierten zuerst in Tangermünde, erst später verlegten sie ihre Residenz nach Cölln / Berlin.

Am 13. September 1617 brannte die schöne Stadt dann fast vollständig ab. Und wer war schuld daran? Grete Minde natürlich. Die hatten die Patrizier mit ihrem Halbbruder Gerdt an der Spitze um ihr Erbe betrogen, und um sich zu rächen, steckte sie eine Scheune und das Minde'sche Haus in Brand. Der aufkommende Wind sorgte dafür, dass bald darauf die ganze Stadt in Flammen stand. Grete packte das Kind der verhassten Schwägerin und stieg den Turm von St. Stephan hinauf, die Leiter zog sie hinter sich her, sodass sie keiner mehr erreichen konnte.

Und nun trat sie rasch an die Schalllöcher, die nach der Stadtseite hin lagen, und stieß die hölzernen Läden auf. (...) Ein Feuermeer unten die ganze Stadt; Vernichtung an allen Ecken und Enden (...) und sie sah, wie sich vom Platz aus aller Blicke nach der Höhe des Turmes und nach ihr selber richteten. Unter denen aber, die hinaufwiesen, war auch Gerdt. Den hatte sie mit ihrer ganzen Seele gesucht, und jetzt packte sie seinen Knaben und hob ihn auf das Lukengebälk, daß er frei dastand und im Widerscheine des Feuers von unten her in aller Deutlichkeit gesehen werden konnte. Und Gerdt sah ihn wirklich und brach in die Knie und schrie um Hülfe, und alles um ihn her vergaß der eigenen Not und drängte dem Portal der Kirche zu. Aber ehe noch die Vordersten es erreichen oder gar die Stufen der Wendeltreppe gewinnen konnten, stürzte die Schindeldecke prasselnd zusammen, und das Gebälk zerbrach, an dem die Glocken hingen, und alles ging niederwärts in die Tiefe.

Soweit Theodor Fontane in seiner Novelle *Grete Minde*.

Wenden wir uns nach dieser grausamen Geschichte den süßen Seiten des Lebens zu und erinnern uns daran, dass Tangermünde auch wegen seiner Zuckerraffinerie einen hohen Bekanntheitsgrad erlangte und dass hier die Schokolade der Marke Feodora hergestellt wurde.

Die historische Altstadt ist allemal einen Bummel wert, aber bevor man sich den gönnt, muss man noch so lange auf dem Elbdeich südwärts laufen, bis am gegenüberliegenden Ufer Jerichow mit seiner Klosterkirche auftaucht. »Hört ihr die Trompeten von Jericho?«, frage ich.

Die Feldberger Seenlandschaft und Carwitz

Alle Gewässer der Gemeinde Feldberger Seenlandschaft aufzuzählen wäre sehr langwierig, deshalb will ich mich auf den Schmalen Luzin und den Carwitzer See beschränken.

Der Name Schmaler Luzin ist auf den slawischen Stamm der Liutizen zurückzuführen, der sich einst hier angesiedelt hatte. Zum großen Teil ist der See von Steilhängen umgeben, die mit Schwarzerlen bewachsen sind. Das Highlight ist eine Seilfähre, deren Seil unterhalb der Wasseroberfläche von einem Ufer zum anderen verläuft. Der Fährmann muss in seinem Boot an einem großen Rad drehen, damit es sich fortbewegt.

Auf einer unserer Wanderungen besuchten wir den Ortsteil Hullerbusch. Die ehemaligen DDR-Bürger in unserer Gruppe erinnerten sich sofort an den Fernsehfilm *Verlobung in Hullerbusch* mit Erwin Geschonneck. Andere wieder sangen: »*Ringel, Ringel, Reihe, / sind der Kinder dreie, / sitzen unterm Hollerbusch, / machen alle: Husch, husch, husch!*«

Vom Ortsteil Hullerbusch wanderten wir anschließend durch den naturgeschützten Wald zum Zansen, einem langgestreckten glazialen Zungenbeckensee, an dem sich trefflich angeln und in dem sich auch angenehm baden lässt. Er hängt wie ein Blinddarm am Carwitzer See. Der wiederum ist mit einer Fläche von 3,95 Quadratkilometern der größte See der

Feldberger Seenlandschaft und grenzt im Süden an das Bundesland Brandenburg. Neun Inselchen sind auf ihm verteilt, und auf der Landbrücke zwischen ihm und dem Schmalen Luzin liegt der Ort Carwitz.

Beim Namen Carwitz fühlt man sich sofort an den Schriftsteller Hans Fallada (1893–1947) erinnert. Der war eigentlich in Leipzig und Berlin zu Hause, tauchte aber als Verfolgter des nationalsozialistischen Regimes von 1933 bis 1944 in einem Büdnerhaus in Carwitz unter. Dort befindet sich heute das Fallada-Archiv, das wir in den 1990er-Jahren gleich nach der Wiedervereinigung besucht haben. Und als mich 2015 eine Anfrage erreichte, ob ich nicht Zeit und Lust hätte, dort zu lesen, war ich überglücklich, denn Fallada ist – neben Theodor Fontane, Karl May und Ehm Welk – eines meiner größten Vorbilder.

Berlin

Mein Neukölln

Die Überschrift klingt pathetisch, aber im Berliner Bezirk Neukölln habe ich meine Kindheit und Jugend verbracht, und ich bin sein Ehrenbürger, genauer gesagt Träger der Ehrennadel. Mit der Überschrift möchte ich außerdem andeuten, dass ich nur auf diejenigen Straßen, Plätze und Orte des 11,7 Quadratkilometer großen Bezirks eingehen möchte, die mir etwas bedeuten.

Schon meine Mutter war eine echte Neuköllnerin. 1912 war sie in der Pannierstraße auf die Welt gekommen. Damals nannte sich Neukölln noch Rixdorf, und alle sangen: *In Rixdorf ist Musike, Musike, / da tanzen Franz und Rieke, / die letzte Polka vor.*

Geboren bin ich zwar in Köpenick am grünen Strand der Spree, nach wenigen Tagen wurde ich aber zum Weichselplatz verbracht. Ende 1938 sind meine Eltern dann ein paar Hundert Meter weiter in die Ossastraße 39 gezogen, Hinterhaus, drei Treppen hoch, Mitte links. Die Ossastraße liegt zwischen der Weichsel- und der Fuldastraße. Das Haus Nummer 39 befindet sich so ziemlich in der Mitte der Ossastraße, und zwar auf der nördlichen Straßenseite, die überwiegend Altbauten säumen. Auf der anderen Straßenseite zog sich damals wie auch heute noch ein im Bauhausstil gehaltener Block hin. Wer hier wohnte, erschien mir im

Gegensatz zu »eenem vom Hintahof« als überaus privilegiert. Auf unserer Seite gab es aber neben jedem Hauseingang einen Laden, und das bedeutete, det imma wat los war und eena kam, mit dem man spieln oda quatschen konnte. Zum Fußballspielen war die Ossastraße mit ihrer glatten Asphaltdecke bestens geeignet, wenn nicht gerade die Müllabfuhr mit ihren Pferden kam, das Brotauto von Wittler oder der Wagen, der im Sommer das Stangeneis für die Kühlschränke brachte.

Ich hatte es weder weit zur Rütli-Schule, zur Sonnenallee, wo die Straßenbahnen der Linien 94 und 95 fuhren, zur Karl-Marx-Straße mit dem U-Bahnhof Rathaus Neukölln und der 47, zum Sportplatz am Maybachufer noch zum Neuköllner Schifffahrtskanal mit der Lohmühlenbrücke, wo et imma wat zu sehn jab. Am Kanal zu spielen war uns verboten, denn zu der Zeit konnten wir noch nicht schwimmen. Die Lohmühlenbrücke führte auch nach Ost-Berlin, nach Treptow. Nach dem Mauerbau durfte man sie nicht überqueren, auch nicht, wenn man auf das West-Berliner Territorium jenseits des Kanals wollte. Bald aber schenkte uns der Senat einen Fußgängersteg.

Uff'm Weichselplatz konnte man den gestrengen Parkwächta schön ärjan. Und auf dem Sportplatz am Maybachufer habe ich sowohl als Fußballer des 1. FC Neukölln von 1895 geübt wie auch als Leichtathlet des TuS Neukölln und der Neuköllner Sportfreunde. In deren Trikot bin ich dann 1956 schnellster jugendlicher Sprinter in Berlin geworden. Wir trugen rote Hosen und weiße Hemden. Deshalb machte man sich einen Spaß daraus, mich als »Bosetzky, Volkspolen« per Lautsprecher zum Start auszurufen.

Die Sonnenallee und die Karl-Marx-Straße mit ihren

Geschäften waren für uns die Magistralen. Auf dem Innsportplatz an der Sonnenallee, der im Winter in eine Kunsteisbahn verwandelt wurde, habe ich, am Arme meiner Mutter hängend, das Schlittschuhlaufen erlernt, und auf dem Hertzbergplatz das Fußballspielen. Die Karl-Marx-Straße lockte an ihrem westlichen Ende mit dem Hermannplatz und Karstadt, etwa in der Mitte mit dem Kaufhaus Hertie und am anderen Ende, am Bahnhof Neukölln, mit einem Kleiderhändler: *Kajott gekleidet, flott gekleidet.* Außerdem gab es noch das Rollberg-Kino, das Rathaus und Amtsgericht, den Schreibmaschinenhändler Mackeprang, Foto-Pogade, Woll-Laube, den Fischhändler Kropp, das Postamt an der Anzengruberstraße, den Saalbau, Koffer-Panneck, die Eisenwarenhandlung Gustav Kiessling, die Bickardt'sche Buchhandlung, Musik-Bading, die Magdalenenkirche, die Passage, in der meine Freundin Evi Renzi gewohnt hat, das Aki, das Aktualitätenkino, und natürlich die ASS, die Albert-Schweitzer-Schule, auf der ich das Abitur mit dem traumhaften Durchschnitt von 3,2 machen durfte.

In der Kulturwüste Neukölln waren wir in meiner Klasse anfangs etwas über vierzig Schüler, und davon haben acht das Abitur gemacht. Mir hat die Mathematiklehrerin ganz besonders herzlich gratuliert. Warum, lag auf der Hand. Meine Mutter war jüdischer Herkunft und hatte aus nachvollziehbaren Gründen nie ein Kind bekommen wollen. Dann war sie aber doch schwanger geworden, und nach einem heftigen Streit hatte sie mir einmal an den Kopf geworfen, ich sei ja nur ein Rechenfehler. Knaus-Ogino war damals die übliche Verhütungsmethode, und da konnte man sich leicht verrechnen. Klar, dass ich deshalb zum fehlerhaften Rechnen neige.

Die Verlängerung der Karl-Marx-Straße ist die Hasenheide, die damals mit der »Neuen Welt« lockte, wo ich Catcher bestaunen konnte. Durch den Volkspark Hasenheide hat mich auch der Trainer der Neuköllner Sportfreunde jeden Winter gescheucht, und hier habe ich zweimal Todesängste ausgestanden. Einmal, als ich bei den Neuköllner Maientagen meiner ersten Frau imponieren wollte und Achterbahn und Kettenkarussell gefahren bin, und das zweite Mal im Herbst 2014, als mich nach Erscheinen meines Romans *Turnvater Jahn* ein Fotograf der *Berliner Morgenpost* hoch oben auf dessen Denkmal ablichten wollte.

Im WM-Jahr 1954 sind wir vom Hinterhaus in der Ossastraße in eine Neubauwohnung der Wohnungsbaugesellschaft Genossenschaftliches Wohnen Berlin-Süd in der Treptower Straße gezogen. Meine Eltern waren überglücklich, denn das war damals ein enormer sozialer Aufstieg. Und ich war nicht minder glücklich, hatte ich doch endlich ein eigenes Zimmer. Da wir nun weiter östlich wohnten, wurden andere Orte und Plätze für mich zu Bezugspunkten. Der nächste U-Bahnhof war jetzt Karl-Marx-Straße, und auch die S-Bahn war zu Fuß erreichbar. Wollte ich von der Treptower Brücke auf dem schnellsten Wege zum Bahnhof Sonnenallee, musste ich zwischen dem Gelände des Gaswerks und einer Laubenkolonie einen Weg entlanggehen, auf dem ich am frühen Morgen und am späten Abend das Fürchten lernen konnte. Weniger gefährlich war der Weg zur Haltestelle des 4er-Busses.

Um Fahrgeld zu sparen, bin ich die drei Kilometer zum Stadion Neukölln oft zu Fuß gegangen. Das war damals noch ein »Nudeltopp«, das heißt, neben dem Fußballfeld, auf dem mein Lieblingsverein Tasmania 1900 unzählige Male gespielt hat, gab es eine Vierhundert-Meter-Aschenbahn und jenseits derer noch eine Betonpiste mit erhöhten Kurven für die Radfahrer.

In der Nähe des Stadions liegt die Weisestraße, in der Heike, die langjährige Gefährtin meines Lebens, die seit dem 24. Februar 2017 meine zweite Ehefrau ist, einige Zeit gewohnt hat. Auch der Herrfurthplatz mit der Genezarethkirche ist nicht weit entfernt. In der Kirche haben wir Anfang der 2000er-Jahre einmal einen Sketch von mir aufgeführt: *Es geschah in Neukölln*. Mitgespielt hat der damalige und inzwischen legendäre Neuköllner Bezirksbürgermeister Heinz Buschkowsky. Dessen Nachfolgerin Dr. Franziska Giffey war eine meiner Studentinnen.

In Gedanken schlendere ich am Saalbau vorbei, wo mein Musical *Heißt du wirklich Hasan Schmidt?* uraufgeführt wurde, und treffe Manfred Matuschewski, den ich aus dem Neuköllner Heimatroman *Brennholz für Kartoffelschalen* und den anderen »Kartoffel-Romanen« gut kenne. Ich grinse und sage: »Dir geht es gut – wie geht es mir?«

An den Ufern der Havel

Diesen Streifzug möchte ich oben in Spandau beginnen, und zwar an der Stößenseebrücke, einer gewaltigen Stahlfachwerkbrücke, die die Heerstraße über den Stößensee und die Havelchaussee führt. Dort bin ich einmal mit einem Mann entlanggegangen, der den großen Namen eines der uralten märkisch-preußischen Adelsgeschlechter getragen hat: dem Regisseur Eberhard Itzenplitz (1926–2012). Wir waren auf dem Weg in ein CCC-Studio, um uns das Muster eines Fernsehfilms anzusehen, der nach einem Roman von mir entstanden war: *Feuer für den Großen Drachen.*

Folgt man der Heerstraße weiter in westliche Richtung, gelangt man über die Freybrücke über die Havel. Gleich hinter dieser Brücke befindet sich linker Hand eine große Ausbuchtung des Flusses, die auf den Karten als Scharfe Lanke verzeichnet ist. Während eines sehr strengen Winters, es könnte 1979 gewesen sein, war diese Bucht einmal zugefroren, und meine erste Frau, mein siebenjähriger Sohn und ich sind auf dem Eis Schlittschuh gelaufen. Am anderen Ufer sahen wir Schildhorn und beschlossen, dorthin zu fahren. Dabei bedachten wir nicht, dass das Fahrwasser der Havel wegen des warmen Kühlwassers aus dem Kraftwerk Ernst Reuter nicht gefroren war … Nun, wir haben es alle drei überlebt.

Konzentrieren wir uns auf das östliche Ufer und gehen zuerst die Havelchaussee hinunter. Dort findet man das »Restaurantschiff Alte Liebe«, das man einmal besucht haben muss. Denn von hier aus kann man einen herrlichen Blick hinüber nach Gatow zur Haveldüne genießen.

Wir kommen zu einer Kultstätte des West-Berliners, nach Schildhorn, einer Landzunge, die vierhundert Meter weit in die Havel ragt. Schon als Schulkinder haben wir hierhin Ausflüge unternommen, und später kamen wir unzählige Male mit den eigenen Kindern und ihren Freunden hierher. Endpunkt unserer Spaziergänge war immer das von Friedrich August Stüler entworfene Schildhorndenkmal. Und ein jedes Mal, wenn wir hier ankamen, wurde erzählt, dass der Slawenfürst Jaxa von Köpenick vor Albrecht dem Bären geflohen und dabei durch die Havel geschwommen sei. Nachdem er seinen Häschern so entkommen sei, habe er sich aus Dankbarkeit zum Christentum bekannt und seinen Schild und sein Horn an einen Baum gehängt – das Schildhorn.

Es geht noch ein Stückchen am Ufer der nun schmaler werdenden Havel entlang, dann wenden wir uns nach links und erklimmen durch dichten Kiefernwald hindurch den Karlsberg, der 78,5 Meter hoch ist. Er wird gekrönt vom 55 Meter hohen Grunewaldturm, der, entworfen von Franz Schwechten, zwar erst 1899 eingeweiht worden ist, aber ziemlich mittelalterlich aussieht: roter Backstein, vom Stil her märkische Gotik, das Portal dem einer Kirche ähnelnd, gestaltet mit vielen Putzspiegeln, Giebelchen, Spitzbogenfenstern und Türmchen.

Wen es nach einem Bad in der Havel gelüstet, der kann dieses, sofern er Menschenmassen nicht scheut, an der Lieper

Bucht und am Großen Fenster genießen, vor allem aber im Strandbad am Großen Wannsee. Sofort erklingt in meinem Ohr Conny Froboess: *Pack die Badehose ein, nimm dein kleines Schwesterlein / Und dann nischt wie raus nach Wannsee.*

Als Berlin immer größer wurde und sich sehr viele seiner Einwohner aus den unteren Bevölkerungsschichten keine Reise zur Sommerfrische an die Ostsee leisten konnten, baute man zu ihrer Besänftigung das Strandbad Wannsee mit einem 1275 Meter langen Sandstrand. Herangeschafft wurde der Sand dafür eigens aus Travemünde. 1907 war alles fertiggestellt, und die sandgelben mehrgeschossigen Gebäude zwischen dem parkähnlich gestalteten Eingang und dem Wasser sahen sehr einladend aus. Von Heinrich Zille gibt es ein paar Zeichnungen, die das damalige Badeleben stilecht dokumentieren.

Nach dem Krieg unterhielt die US-Army nahebei ihren Übungsplatz Keerans Range, und immer wieder trafen von dort kommende Querschläger Badegäste. Man befand sich im Kalten Krieg, und die DDR-Kabarettistin Gina Prescott dichtete den Froboess-Schlager ein wenig um: *Schließ die Badehose ein, / lass das Baden lieber sein, / denn der Ami schießt am Wannsee.*

Hinter dem Strandbad können wir den Großen Wannsee nur fernab des Ufers umrunden, stoßen dabei aber an der Straße Am Sandwerder auf die Villa, in der das Literarische Colloquium Berlin untergebracht ist. Carl Zuckmayer hat hier den Sommer 1925 verbracht, und Großmeister der Hochliteratur wie Peter Bichsel, Nicolas Born und Hubert Fichte, Günter Grass, Hans Werner Richter und Peter Rühmkorf haben hier zeitweilig gelebt, um in Ruhe an ihrem Stil zu feilen oder andere in der Schreib- und

Dichtkunst zu unterweisen. Ich durfte zu Lesungen und Vorträgen auch in den Mauern des Literarischen Colloqium weilen, und am Sonntag, dem 1. Februar 1998, haben wir hier meinen sechzigsten Geburtstag gefeiert.

Am Bahnhof Wannsee – von hier fahren S-Bahn, RE und RB – vorbei kommen wir zur Schiffsanlegestelle mit ihren vielen Stegen und dann über die Königsstraße zu einer schmalen Straße, die in Ufernähe verläuft und Am Großen Wannsee heißt. Hier gibt es viel zu entdecken: die Liebermann-Villa, das Haus der Wannsee-Konferenz, das Löwendenkmal und die Lungenklinik Heckeshorn. Biegt man am Tiefenhorn um die Ecke, kann man die Uferpromenade bis zum Volkspark Glienicke entlanggehen. Nach einer Weile sieht man rechts vorn die Pfaueninsel auftauchen, zu der man sich mit einer Fähre übersetzen lassen kann. Schon Theodor Fontane war von ihr beeindruckt:

Pfaueninsel! Wie ein Märchen steigt ein Bild aus meinen Kindertagen vor mir auf: ein Schloß, Palmen und Kängurus; Papageien kreischen; Pfauen sitzen auf hoher Stange oder schlagen ein Rad, Volieren, Springbrunnen, überschattete Wiesen; Schlängelpfade, die überall hinführen und nirgends; ein rätselvolles Eiland, eine Oase, ein Blumenteppich inmitten der Mark.

Einst hieß die Insel Kaninchenwerder, weil hier der Große Kurfürst Kaninchen züchtete. 1685 wurde sie dem Alchimisten Johannes Kunckel zur Verfügung gestellt, damit er dem im und durch den Dreißigjährigen Krieg arm gewordenen Land eine blühende Glasindustrie schenke. Später ließ sich Friedrich Wilhelm II. mit der 13-jährigen Wilhelmine Encke, der Tochter eines Hoftrompeters und Gastwirts, auf die verwilderte Insel übersetzen, um hier mit ihr romantische Stunden zu verbringen. Auch die Meierei und ein Schlösschen ließ er bauen. Unter Friedrich Wilhelm III. kamen dann das Kavaliershaus, eine Menagerie und das Palmenhaus hinzu, und im Sommer weilte Königin Luise des Öfteren hier. Unglaublich, dass der Senat unter Willy Brandt an diesem Ort ein Kernkraftwerk hatte bauen wollen, um West-Berlin energieautark zu machen.

Gleich hinter der Pfaueninsel erblicken wir hoch oben auf einem Hang die Kirche St. Peter und Paul mit angeschlossener Gastronomie. Hier haben wir 1969 nach meiner ersten Hochzeit mit unseren Trauzeugen gespeist, und hier hat auch mein nichtehelicher Schwager Michael seine Hochzeit gefeiert. Dass beide Ehen in die Brüche gegangen sind, sei nur nebenbei erwähnt.

Am Appelhorn wird die Havel sehr schmal, bevor sie auf der anderen Seite zum Jungfernsee wieder ausbuchtet. Auch auf unserer Seite hat sich eine Bucht gebildet, und an der befindet sich das »Wirtshaus Moorlake«, das mit gutem Essen und Lesungen lockt.

Vor uns liegt nun der Schlosspark Glienicke mit dem Märchenteich, der Teufelsbrücke und dem Sommerschloss des Prinzen Carl von Preußen. In seinen Räumen durfte ich die Klausurtagungen meiner Hochschule erleiden.

Kommen wir zur Glienicker Brücke, werden wir an die deutsche Teilung, den Agentenaustausch und diverse Filme erinnert, die hier gedreht wurden. Mit der Straßenbahn kann man von hier ins Stadtinnere von Potsdam fahren.

Wir schauen lieber zum östlichen Ufer der Havel hinüber und fliegen, da es keine Fährverbindung gibt und zu Land eine erhebliche Strecke zurückzulegen wäre, in Gedanken hinüber nach Sacrow. Dort ragt die Heilandskirche mit ihrem Campanile wie ein Schiff ins Wasser, und ihr Inneres versetzt jeden Besucher in stilles Entzücken.

Von der Heilandkriche aus kann man durch einen hügelreichen Wald entweder am Ufer der Havel oder an dem des Sacrower Sees nach Kladow wandern. Früher konnte man dabei eine Rast an dem am Stadtrand gelegenen Schloss Brüningslinden machen, inzwischen ist es verschwunden. Geht man die Sakrower Landstraße entlang, befindet man sich wieder auf ehemaligem West-Berliner Gebiet.

Spandau mit dem Ortsteil Kladow gehörte einst zum britischen Sektor, und die Engländer unterhielten nahebei am Hottengrund eine große Kaserne.

Oft sind wir von der Imchenallee aus, die nur ein schmaler Sandweg ist, ins Havelwasser gestiegen. Am abzweigenden Sakrower Kirchweg hat der Maler Kurt Mühlenhaupt (1921–2006) lange Jahre sein Atelier gehabt, und am Gößweinsteiner Gang ist mein Kriminalroman *Ein Toter führt Regie* angesiedelt – verfilmt wurde er allerdings in Lüneburg.

Da meine beiden Freunde Jürgen und Eddie mit ihren Familien in Kladow leben, bin ich öfter hier zu Besuch, mal treffen wir uns bei ihnen zu Hause, mal auf dem Weihnachtsmarkt am Schiffsanleger gegenüber der Insel Imchen, die unter Naturschutz steht, mal in einem der schönen Restaurants ringsum oder im Gutspark Neukladow.

Ein Stückchen kann man noch am Ufer entlangspazieren, über den Wannsee zum Strandbad hinüberschauen und dann in Gatow in einen Bus Richtung Heerstraße und Spandau steigen.

Auf dem Campus der Freien Universität Berlin

Alle Einrichtungen der Freien Universität Berlin (FU) sind in einem Radius von etwa 1,5 Kilometern auf etwa 230 Gebäude – oft ehemalige Privatvillen – verteilt.

Die FU ist 1948 in West-Berlin zur Zeit der Blockade als Antwort auf die zunehmend kommunistischer werdende Humboldt-Universität Unter den Linden gegründet worden. *Veritas, Iustitia, Libertas* sollten ihre Werte sein, Wahrheit, Gerechtigkeit, Freiheit.

Als Junge habe ich niemals daran gedacht, einmal zu studieren, denn für ein Neuköllner Hinterhofkind war dies keinesfalls selbstverständlich. Als ich dann 1960, nach bestandenem Abitur und erfolgreicher Lehre als Industriekaufmann bei Siemens, doch in einem Hörsaal der FU saß, kam ich mir ziemlich fehl am Platz vor. Ausgerechnet Soziologie hatte ich als Hauptfach ausgewählt! Immer wieder fragte mich meine Mutter, was ich beruflich damit machen wolle, und stets pflegte sie zu sagen: »Wenn du einen Führerschein hättest, könntest du wenigstens Taxifahrer werden.«

Mein Studium begann im Sommersemester 1960. Damals versammelten sich alle Studienanfänger im Auditorium maximum des Henry-Ford-Baus. Es wurden Reden gehalten, und es wurde besinnlich musiziert. Schließlich wurden wir alle nacheinander auf die Bühne gerufen, um vom Präsidenten persönlich mit einem Handschlag begrüßt zu werden.

Dann begannen die ersten Vorlesungen, und man musste bei jeder ersten Sitzung mit seinem Studienbuch zum Antestat auf das Podium zum Professor steigen. Mehr *Faust* war nicht mehr möglich:

Ich bin allhier erst kurze Zeit,
Und komme voll Ergebenheit,
Einen Mann zu hören und zu kennen,
Den alle mir mit Ehrfurcht nennen.

Von dem, was die Götter in Schwarz da sagten, verstand ich nur einen Bruchteil, und besser als mit *Faust* lassen sich meine Gefühle nicht beschreiben:

Aufrichtig, möchte schon wieder fort:
In diesen Mauern, diesen Hallen
Will es mir keineswegs gefallen. (…)
Und in den Sälen, auf den Bänken,
Vergeht mir Hören, Sehn und Denken. (…)
Mir wird von alledem so dumm,
Als ging, mir ein Mühlrad im Kopf herum.

Aber ich habe durchgehalten und bin jeden Morgen von Neukölln zur Wirtschafts- und Sozialwissenschaftlichen (WiSo) Fakultät in die Garystraße gefahren, zunächst mit der S-Bahn bis Lichterfelde West und während des S-Bahn-Boykotts mit dem 48er-Bus bis zur Haltestelle Thielallee / Dahlemer Weg oder mit der U-Bahn bis zum Bahnhof Thielplatz, der im Dezember 2016 in »Freie Universität« umbenannt wurde.

Steigt man an dieser Station aus, fällt der Blick auf die Jesus-Christus-Kirche mit ihren gelblich braunen bis hellroten Klinkersteinen und ihrem eckigen Turm. Hier hat Martin Niemöller gepredigt, und wegen der guten Raumakustik hat das Kirchenschiff vielen weltberühmten Orchestern und Schallplattengesellschaften als Aufnahmestudio gedient.

Über die Brümmer-, die Van't-Hoff- und die Boltzmannstraße gelangt man in die Garystraße, die nach einem berühmten Ingenieur auf dem Gebiet der Baustoffkunde benannt wurde.

Zwischen dem langgestreckten Gebäudekomplex der WiSo-Fakultät und dem Trakt der Juristen in der Van't-Hoff-Straße liegt ein kleiner Park, und auf einer der Bänke, die dort stehen, habe ich oft Rudi Dutschke mit seinem Gretchen sitzen sehen.

Das erinnert mich an die vielen Sit-ins und all das, was mit der Außerparlamentarischen Oppositionsbewegung (APO) und der gesamten 68er-Bewegung zusammenhängt. Ich war damals Mitglied des Sozialdemokratischen Hochschulbundes (SHB) und dennoch irgendwie in alles involviert. Als ich zu meiner Doktorprüfung im Nebenfach Volkswirtschaftslehre bei Prof. Erich Arndt einbestellt worden war und er mich zum Thema »Macht in der Wirtschaft« befragte, stießen draußen auf dem Flur APO-Aufständische ein Loch in die abgeschlossene Glastür, schoben einen Feuerwehrschlauch hindurch und setzten das ganze Geschoss unter Wasser. Wir zogen Schuhe und Strümpfe aus und machten weiter.

1969 nach Rigorosum und Assistentenzeit verließ ich die FU erst einmal und bekam von dem zweiten Zentrum mit

Rost- und Silberlaube nicht mehr viel mit. Aber um das Jahr 2010 wurde ich in die Fabeckstraße eingeladen, um die Festrede zur Feier der »silbernen Promotion« von Dutzenden Alumnis zu halten. Damals war die FU noch keine Eliteuniversität.

Ich denke an Renate Mayntz, die Grande Dame der europäischen Organisationssoziologie, bei der ich Assistent sein durfte, und an Otto Stammer, meinen Doktorvater. Ihnen danke ich von Herzen und kann es kaum fassen, dass Beiträge von mir, dem Neuköllner Hinterhofkind, in den *Sternstunden der Soziologie* und den *Hauptwerken der Organisationstheorie* zu finden sind.

Westend und das Olympiastadion

Westend, Brixplatz – das habe ich ein Vierteljahrhundert lang auf dem Zielschild der Busse der Linie 4, heute 104, gelesen, bevor ich an einer Haltestelle in Neukölln zugestiegen bin. Von der Treptower Brücke bis zum Brixplatz mögen es zwanzig Kilometer sein, für mich aber lag Westend auf einem anderen Planeten – bis ich in die Bayernallee 41 in ein ausgebautes Dachgeschoss zog. Und dazu kam es so: Meine erste Frau und ich wollten heiraten, suchten eine Wohnung und lernten im Urlaub auf Menorca ein Ehepaar kennen. Er, Spitzname Mudel, arbeitete bei der AEG und hatte einen Vorgesetzten, der in Westend ein Mietshaus besaß und die leerstehende Mansarde, eine Einraumwohnung mit Küche und Bad, gern vermieten wollte.

Somit wurde ich vom Neuköllner zum Mieter in einer Villenkolonie, die man nach dem vornehmen Londoner Stadtteil benannt hat. Ich konnte es kaum glauben.

Die Liste der prominenten Bewohner Westends ist so lang, dass an dieser Stelle nur einige kurz genannt seien: Dietrich Fischer-Dieskau, Wilhelm Foerster, Willi Forst, Karl-Theodor zu Guttenberg, Wolfgang Gruner, Dieter Hallervorden, Veit Harlan, Paul Hindemith, Curd Jürgens, Robert Koch, Georg Kolbe, Emil Nolde, Anny Ondra, Lilli Palmer, Henny Porten, Joachim Ringelnatz, Willi Rose, Thilo Sarrazin, Max

Schmeling, Harro Schulze-Boysen, Georg Simmel, Richard Strauss und Robert Walser. Vier von ihnen lebten sogar in der Bayernallee: Kurt Weil (Hausnummer 14), Elly Beinhorn und Bernd Rosemeyer (Hausnummer 10/11) und Günter von Drenkmann (ebenfalls Hausnummer 10/11). Die Hausnummer 10/11 lag schräg gegenüber von unserer Wohnung, und Günter von Drenkmann, den Präsidenten des Kammergerichts Berlin, habe ich selbst einige Male aus dem Haus treten sehen. (Am 10. November 1974 ist er hier auch von mehreren Terroristen der »Bewegung 2. Juni« ermordet worden.)

Zentrum und Einkaufsmeile war für uns die Reichsstraße zwischen Theodor-Heuss- und Steubenplatz. Den »Theo«, wie er im Volksmund genannt wird, betrete ich nur ungern, weil ich es für eine große Sünde und Riesendummheit der jungen Bundesrepublik Deutschland halte, ausgerechnet diesen Mann zu ihrem ersten Präsidenten gewählt zu haben. Schließlich hat Theodor Heuss am 23. März 1933 für Hitlers Ermächtigungsgesetze gestimmt und sich zu dessen Steigbügelhalter gemacht, während Otto Wels mit Nein gestimmt hat – und ins Exil gegen musste.

Neben einem von uns oft besuchten Restaurant und einer Vielzahl an Läden sowie der Buchhandlung »Der Diwan« ist auf der Reichsstraße das Kabarett-Theater »Die Wühlmäuse« zu finden, Didi Hallervordens Schöpfung. Als hier alles nur eine Sandwüste war, ging hier auch Heinrich Zille entlang, um zu seiner neuen Wohnung in der Sophie-Charlotten-Straße zu gelangen.

Früher bin ich manchmal auch durch halb Westend gewandert, um am Spandauer Damm in einen Bus nach Spandau zu steigen, und habe dabei den dortigen Wasserturm bewundern können. Zumeist bin ich aber auf der linken Seite der Reichsstraße geblieben und in die Länderallee abgebogen, um zum Fürstenplatz zu gelangen, den die Bayernallee tangiert. Wesentlich bedeutsamer als der Fürstenplatz, der eigentlich nur ein Rasenquadrat ist, ist der Steubenplatz.

Friedrich Wilhelm von Steuben (1730–1794) wurde von seinem Vater der preußischen Armee zugeführt, avancierte im Zweiten und Dritten Schlesischen Krieg zu einer der Spitzenkräfte Friedrichs des Großen, wurde dann Hofmarschall der Fürsten von Hohenzollern-Hechingen und lernte bei einer Frankreichreise den amerikanischen Botschafter Benjamin Franklin kennen. Bald darauf ging Steuben nach Amerika, schulte dort die Soldaten der Kontinentalarmee nach preußischem Vorbild und führte sie zum Sieg gegen die Briten und zur Unabhängigkeit vom United Kingdom.

Vom Steubenplatz kommt man direkt auf die Olympische Straße und den Olympischen Platz sowie zum Stadion, das zu den sogenannten Erdstadien zählt, weil nur der Oberring über das Erdniveau hinausragt. Alleinstellungsmerkmal des Berliner Olympiastadions ist das Marathontor, das den Oberring unterbricht. Ursprünglich war es als »Deutsches Stadion« von Otto March für die Olympischen Spiele 1916 errichtet worden, die aber wegen des Ersten Weltkriegs nicht stattfinden konnten. Für die Spiele 1936 sollte dann sein Sohn das alte Stadion umbauen. Doch Werner Marchs Entwurf, ein Stahlbetonoval mit verglasten Zwischenwänden, missfiel Adolf Hitler, und der Diktator beauftragte Albert Speer, alles mit Werkstein, vor allem fränkischem Muschelkalk, angemessen umzugestalten. Am 1. August 1936 ist das Stadion schließlich anlässlich der XI. Olympischen Sommerspiele eröffnet worden.

Meine Erinnerungen an das Olympiastadion würden ein ganzes Buch füllen, deshalb möchte ich mich nur auf einige beschränken.

Um 1955 habe ich für 14 Tage in den Katakomben des Stadions gewohnt, denn damals hatte man mich zu einem Sporthelfer-Lehrgang des Berliner Senats geschickt.

Auf der Aschenbahn des Olympiastadions bin ich mehrfach gelaufen. Besonders spannend war es 1956 beim Internationalen Stadionfest Berlin, dem rund vierzigtausend Zuschauer beiwohnten. Damals hatten sich die Neuköllner Sportfreunde, deren Mitglied ich war, fest vorgenommen, bei der 4x100-Meter-Staffel Berliner Meister der A-Jugend zu werden. Ich war Schlussläufer und erhielt den Stab mit einem Rückstand von einem Meter zum Führenden. Und den hatte ich auch noch im Ziel, obwohl ich an sich viel besser war …

Selbstverständlich habe ich im Berliner Olympiastadion auch viele Bundesligaspiele von Tasmania 1900, Tennis Borussia, Blau-Weiß 90 und Hertha BSC gesehen. Für mich als Neuköllner war das erste Spiel von Tasmania 1900 in der Ersten Bundesliga das absolute Highlight. Am 14. August 1965 wurde der Karlsruher SC vor 81500 Zuschauern mit 2:0 besiegt. Anschließend ging es mit Tas leider steil bergab, man belegte mit 15:108 Toren und 8:60 Punkten den letzten Platz, und heute gilt der Verein als der erfolgloseste aller Zeiten in der Bundesliga.

Erwähnenswert ist wohl auch, dass ich wegen eines Fußballspiels im Olympiastadion beinahe von der Rütli-Schule geflogen bin. Im Länderpokalspiel standen sich an einem Sonntag Berlin und Schleswig-Holstein gegenüber, und in der Halbzeitpause parodierte in der Nähe der »Führerloge«

ein Betrunkener Adolf Hitler. Das Volk grölte. Am daraufffolgenden Montagmorgen stieg ich vor meiner Klasse auf einen Stuhl und spielte das Gesehene nach. Offenbar kannte ich schon damals die These »Satire darf alles«. Da erschien der Rektor, ein Verfolgter des NS-Regimes, in der Tür, riss mich vom Stuhl, schäumte vor Wut und drohte mir schlimmste Sanktionen an. »Dein Vater kommt sofort in die Schule!« Mich rettete nur die Tatsache, dass meine Mutter jüdische Ahnen hatte.

Der Kiez Bundesplatz und der Hohe Bogen

Als ich das Musical *Linie 1* gesehen habe, gewann ich einen sehr negativen Eindruck vom West-Berliner Bezirk Wilmersdorf. Treten doch da die »Wilmersdorfer Witwen« Agathe, Kriemhild, Lotti und Martha auf und singen:

Ja, wir Wilmersdorfer Witwen verteidigen Berlin,
sonst wär'n wir längst schon russisch, chaotisch und grün.
Was nach uns kommt, ist schiete,
denn wir sind die Elite.
Wir Wilmersdorfer Witwen!

Das war mir zu konservativ und fremdenfeindlich. Ich war überzeugt: Nach Wilmersdorf werde ich niemals ziehen. Doch jetzt wohne ich dort schon einige Zeit. Und als mich eines Tages ein Journalist von einem Radiosender anrief und fragte, ob ich in der Reihe *Berliner und ihr Kiez* mitspielen wolle, sagte ich zu.

Wenig später treffe ich mich mit ihm und seinem Tontechniker auf dem Bundesplatz an der Skulptur »Winzerin«, die eine Kopie eines Werkes von Friedrich Drake ist. Wir wechseln ein paar Worte, dann machen wir einen kleinen Rundgang, und ich erzähle etwas über die wichtigsten Orte und Sehenswürdigkeiten in Wilmersdorf.

So erkläre ich dem Mann, dass der Bundesplatz 1875 als Straßburger Platz angelegt worden ist, 1888 in Gedenken an den verstorbenen Kaisers Wilhelm I. den Namen Kaiserplatz erhielt und 1950 schließlich in Bundesplatz umbenannt wurde. Verdeutlich werden sollte damit, dass West-Berlin zur Bundesrepublik gehörte. Deshalb ist auch aus der Kaiserallee, auf der Erich Kästners Emil und seine Detektive mit einer Straßenbahn der Linie 177 entlangfuhren, die Bundesallee geworden.

Der S-Bahnhof Bundesplatz, der hinter der Brücke gelegen ist, trug früher den Namen Friedenau-Wilmersdorf, später hieß er nur noch Wilmersdorf. Den U-Bahnhof gibt es erst seit 1971. Er zerfällt sozusagen in zwei voneinander getrennte Bahnsteige, zwischen denen ein Autotunnel liegt. Neben der Ringbahn haben wir die Autobahn, die für einen ziemlich hohen Lärmpegel sorgt.

Schließlich kommen wir an der Bronzeskulptur »Phönix« vorbei, gehen zum Bundesplatz-Kino hinüber und reden auch über die Langzeitdokumentation *Berlin – Ecke Bundesplatz.*

Dann werde ich gefragt, warum für mich und Manfred Matuschewski der Bundesplatz eine so große Bedeutung habe. Ich erzähle dem Journalisten, dass hier unser Lieblingsitaliener angesiedelt sei, und zeige auf das »Roma«. »Außerdem befinden sich hier mein Schreibwarenladen und mein HNO-Arzt. Das Alt-Berliner Restaurant ›Nußbaum‹ mit seinen vielen Zille-Zeichnungen ist leider geschlossen worden. Aber es gibt hier noch ein mexikanisches Restaurant, das ›Alcrataz‹, und ein griechisches, den ›Athena Grill‹, Ecke Mainzer Straße«, füge ich hinzu.

Der Herr vom Radio schlägt vor, sich diese Straße anzuschauen, und ich berichte, dass dort immer am Montag und Donnerstag ein kleiner Markt ist. Auch das Restaurant »Patrice« mit französischer Küche kann ich sehr empfehlen. Außerdem ist gleich um die Ecke in der Livländischen Straße mein Schriftstellerkollege Henry Lakenreißer zu Hause und in der Mainzer Straße der jugendliche Held meines Musicals *Heißt du wirklich Hasan Schmidt?*. An der Ecke zur Weimarischen Straße liegt zudem die Marie-Curie-Schule, an der meine jüngste Tochter ihr Abitur gemacht hat, und der gegenüber das Café »Le Petit Four«, das sozusagen mein zweites Wohnzimmer ist.

Anschließend gehen wir in die Detmolder Straße. Ohne die wäre unser Kiez verloren, denn hier habe ich meinen Hausarzt, meinen Optiker, meine chemische Reinigung, meinen Zahnarzt, meine Kirche, die Vaterunser-Kirchengemeinde, einen sehr kordialen Griechen, die Bäckerei »Czerr«, bei der ich sonnabends immer meine Schrippen hole, Getränke-Hoffmann und meinen Fleischer, bei dem ich mir einmal in der Woche mein Mittagessen ordere, entweder eine Kohlroulade, wie sie meine Mutter immer gekocht hat, oder Kaliningrader Klopse.

Als ich die Kalingrader Klopse erwähne, fragt der Journalist nach: »Was bitte?«

»Na, Königsberger Klopse. Ich wollte nur nicht, dass Sie das als revanchistisch bewerten und herausschneiden.«

Wir erreichen die Ecke Weimarische/Detmolder Straße und bleiben kurz vor der Gedenktafel für die Tierärztin Maria Gräfin von Maltzan (1909–1997) stehen, die in ihrer Wohnung zwischen 1942 und 1945 verfolgte Jüdinnen und Juden versteckte und ihnen in Zusammenarbeit mit der schwedischen Kirche und Widerstandsgruppen zur Flucht aus Deutschland verhalf. Zeitweise versteckte sie Männer, die von der Gestapo gesucht wurden, in ihren Sofakästen. Man erzählt sich, dass einmal Hitlers Schergen bei ihr in der Wohnung standen und eines dieser Sofas musterten.

»Da stechen wir mal mit einem Bajonett rein«, sagte der eine.

Maria Gräfin von Maltzan lachte nur. »Bitte, aber die Rechnung für die Reparatur bezahlt dann das Reichssicherheitshauptamt.«

Nichts passierte.

Bald darauf biegen wir in die Koblenzer Straße ein, und ich erinnere daran, dass Manfred Matuschweski in dieser Straße wohnt und hier die Birger-Forell-Grundschule sowie das Haus der Siebenten-Tags-Adventisten angesiedelt sind. Die Koblenzer Straße mündet stadteinwärts in die Hildegardstraße, an der die Buchhandlung »Siebenpunkt« liegt, die eigentlich für Kinder gedacht ist, in der ich aber immer wieder Bücher für Erwachsene bestelle.

Von der Hildegardstraße kommen wir auf den Birger-Forell-Platz, die Paretzer und die Blissestraße, und wieder weiß ich einiges Geschichtliche zu erzählen. Birger Forell (1893–1958) war ein schwedischer Pfarrer, der sich während des Zweiten Weltkriegs für Flüchtlinge, Vertriebene, Verfolgte und Kriegsgefangene einsetzte. Paretz liegt im Havelland, und im dortigen Schloss verbrachten König Friedrich Wilhelm III. und seine Gemahlin, die Königin Luise, gern ihre Sommer. Und die Blissestraße ist nach dem Grundbesitzer Christian Blisse (1823–1905) und seiner Ehefrau Amalie (1845–1907) benannt, die der Stadt drei Millionen Mark für die Einrichtung eines Waisenhauses vererbt haben. Am Paretzer Platz befindet sich das St.-Gertrauden-

Krankenhaus, in der Blissestraße Elektro Bahrke, mein Reisebüro, die Eva-Lichtspiele, die Haltestelle der Buslinie 101 und mein Postkasten, zudem erreicht man über die Blissestraße den Volkspark Wilmersdorf, der bis 1945 Hindenburgpark hieß. Zwischen Bundesallee und Blissestraße lag einmal ein See, der Wilmersdorfer See, an dem der Gastronom Otto Schramm (1845–1902) eine Badeanstalt und einen Tanzpalast erbauen ließ. Zu Kaisers Zeiten hielten hier gern adlige Offiziere nach Dienstmädchen Ausschau. Später wurde der See zugeschüttet, und heute findet man hier zwei Fußballplätze. Nicht weit entfernt ist auch die Auenkirche, die der ehemalige Bundespräsident Joachim Gauck gern besucht. Zwischen der Blisse- und der Rudolstädter Straße liegt tief in einer Rinne der Fennsee, durch ein Viadukt der U-Bahn-Linie 3 in zwei Hälften geteilt.

»Und was ist mit dem Hohen Bogen, Herr Bosetzky?«, erkundigt sich irgendwann der Reporter.

»Den erreichen wir über die Rudolstädter Straße. Der Hohe Bogen, eine 1974 erbaute Fußgängerbrücke, führt über die Ringbahn und die Stadtautobahn zwischen den S-Bahnhöfen Hohenzollerndamm und Heidelberger Platz. Auf ihm stehe ich gern und schaue auf die Ringbahn-Züge hinunter oder bewundere den märkischen Himmel über dem Internationalen Congress Centrum und dem Funkturm, der mit seinen Wolkenfeldern oft wie gemalt aussieht. Überquert man die Brücke, kann man, je nach Jahreszeit, das Sommerbad Wilmersdorf oder das Horst-Dohm-Eisstadion besuchen. »Auf der Eisbahn habe ich in jüngeren Jahren so manche Runde gedreht, sozusagen im Schatten der drei NATO-Raketen da hinten«, schließe ich meine Ausführungen.

»Aber das sind doch die Schornsteine des Spitzenkraftwerks«, verbessert mich der Journalist.

Ich lächele. »Ja, schon, aber ich sagte zur Zeit des Kalten Kriegs meinem Sohn immer, dass es NATO-Raketen seien, die die DDR-Volksarmee und die Rote Armee der UdSSR daran hinderten, in West-Berlin einzumarschieren.«

In und um Schmöckwitz

Schmöckwitz ist ein Ortsteil des Bezirks Treptow-Köpenick und war in meiner Kindheit und Jugend mein Paradies. Das lag vor allem daran, dass meine Schmöckwitzer Oma, Marie Schattan, geborene Quade, hier lebte. Sie hatte sich 1928 mit ihrem Mann Oskar an der Berliner Straße 41 (heute Adlergestell 741) ein Waldgrundstück gekauft. Bald war es gerodet und mit einem kleinen Häuschen bebaut. Das angrenzende Grundstück zur Goulbierstraße hin (heute Zum Seeblick) gehörte ihrem Schwiegervater, der auf sein Häuschen den hölzernen Turm des stillgelegten Flughafens Johannisthal setzte. Das brachte ihm den Spitznamen Turm-Schulze ein, der zur Unterscheidung von einem anderen Herrn Schulze in Schmöckwitz diente, dem Sumpf-Schulze, der dort ansässig war, wo sich heute ein Sportboothafen befindet.

Schmöckwitz ist umschlossen von Wald und Wasser, dem Langen See mit der Ausbuchtung der Großen Krampe, dem Seddinsee und dem Zeuthener See. Zum Ortsteil Schmöckwitz gehören auch die Ortslagen Karolinenhof, Siedlung Schmöckwitz, Schmöckwitzwerder und Rauchfangswerder. Dass Schmöckwitz einmal »Universitätsstadt« würde, hätte ich nie gedacht, aber heute liegt am Ufer des Zeuthener Sees ein Campus der japanischen Teikyo Universität.

Von Schmöckwitz kann man auch mit einer BVG-Fähre

nach Müggelheim übersetzen, wo sich früher das populäre Restaurant »Krampenburg« befand.

Gegenüber dem Grundstück meiner Oma liegen beziehungsweise lagen die Karnickelberge, die geschätzte 12,25 Meter hoch sind und zum Teil einem Parkplatz weichen mussten. An ihrem Fuße gab es eine Haltestelle der Bahnlinie 86. Am Hang der Karnickelberge habe ich im Sommer immer gesessen, um auf die Besucher aus der Stadt zu warten. Im Winter war das ein idealer Platz zum Rodeln, man musste nur aufpassen, dass unten auf der Straße nicht gerade die 86 oder ein Auto vorüberfuhr.

Im Wald auf der anderen Straßenseite haben meine Freunde und ich das Speer- und Diskuswerfen geübt. Als ich 18 Jahre alt war, habe ich dabei einmal eine ältere Dame übersehen. Mein Diskus ist nur knapp an ihr vorbeigeflogen. Die folgende Schrecksekunde dauerte an die sechzig Jahre – die Dame war DDR-Bürgerin und ich West-Berliner …

Als ich noch ein Jugendlicher war, gab es in Schmöckwitz eine Vielzahl von Geschäften. Den Schuster Pritzen, den Klempner Lewandowski, den Bäcker Braun, den Händler Neumann, die Kneipe Bober, ihm gegenüber die Tankstelle, den Eisenwarenhändler Küther, den Fleischer Porth (an dessen Reklameschild ein Buchstabe schadhaft war, sodass dort zu lesen war: *Kind- und Schweineschlächterei*), den Frisör Buggat, die Eisdiele Pretsch und die Drogerie Sennewald.

Beliebte Restaurants waren das »Waldidyll« am Fähranleger nach Krampenburg, das »Stippekohl« hinter der Kirche, wo sich heute eine große Brache befindet, und die »Palme« an der Schmöckwitzer Brücke mit dem weiten Blick auf den Seddinsee.

Auf der Schmöckwitzer Brücke habe ich oft gestanden und in einen vorüberfahrenden Kahn gespuckt. Schaut man von dort auf den Zeuthener See hinaus, erkennt man die frühere Villa Herzog und in der Ferne den Kirchturm von Zeuthen und den Holzlagerplatz Hankels Ablage, auf dem Theodor Fontane wichtige Szenen seines Romans *Irrungen, Wirrungen* angesiedelt hat. Auch die Schmöckwitzer Badewiese kann man von hier aus sehen.

Ein Stückchen hinter der Brücke stand das ehemalige Jagdhaus Friedrichs I., lange Zeit dem Verfall preisgegeben und inzwischen abgerissen. Ein paar Hundert Meter weiter kommt man zum Restaurantschiff »Strandlust«, wo man auf einem Ponton sitzen, einen einmalig schönen Blick auf den Seddinsee genießen und trefflich speisen kann. Mehrmals im Jahr reise ich eigens deshalb an.

Theodor Fontane hat Schmöckwitz mit seiner Geschichte *Der Fischer von Kahniswall* ein literarisches Denkmal gesetzt und war 1874 bei einer Fahrt mit der »Sphinx« auch selbst vor Ort. Nach diesem Ereignis wurde ich einmal bei einem Quiz im Rahmen des Schmöckwitzer Inselfestes gefragt, doch das Datum konnte ich zu meinem Bedauern nicht benennen. Das Inselfest, organisiert vom Ortsverein und dessen Vorsitzender Almuth Berger, findet jedes Jahr am ersten oder zweiten Sonnabend im September statt. Das muss man unbedingt einmal erlebt haben!

Möchte man nicht mit dem Auto anreisen, gelangt man am besten mit der Tram der Linie 68 vom S-Bahnhof Grünau aus nach Schöckwitz. Die 68 war 1912 noch die Uferbahn und fährt am Ufer der Dahme beziehungsweise des Langen Sees entlang, von wo man einen herrlichen Blick auf die Müggelberge hat, dann durch Karolinenhof hindurch und schließlich in der Mitte des Adlergestells nach Alt-Schmöckwitz. Vor Jahren haben wir mit Peer Hauswald an der Spitze gegen ihre Stilllegung demonstriert – und Erfolg gehabt.

Früher gab es auf dieser Linie auch einmal eine Haltestelle namens Waldidyll. Die wurde später in Reifenwerk unbenannt, weil im Jahr 1942 die Nationalsozialisten für ihre Kriegsproduktion das Berliner Reifenwerk in den Wald am Adlergestell setzten. Der wies an dieser Stelle beachtliche Dünen auf, und ich verlor meinen geliebten Buddelplatz. Die DDR betrieb das Reifenwerk, in dem auch Franek, mein Onkel aus Polen, arbeitete, noch lange Jahre und kontaminierte den Boden nachhaltig. Aus diesem Grund ist auch die Denaturierung so schwierig, seitdem man das Werk endlich abgerissen hat.

Gleich hinter den Karnickelbergen verlief die Grenze zwischen Ost-Berlin, das West-Berliner bis zum Mauerbau noch betreten durften, und der DDR, die für Letztere nach 1953 nicht mehr erreichbar war. Eine Zeit lang war diese Grenze zwischen der DDR und ihrer Hauptstadt nicht ausreichend markiert, und unsere Tante Trudchen aus der West-Berliner Siemensstadt, zu Besuch bei ihrer Schwägerin Marie Schattan, überschritt sie an einem Vormittag nichts ahnend beim Kienäppelsammeln. Sie war vielleicht 1,50 Meter groß, 72 Jahre alt, hatte wegen einer Rachitis in ihrer Kindheit starke O-Beine und trug eine Kittelschürze und sogenannte Klotzpantinen. Trudchen wurde von den Grenztruppen gestellt und nach Eichwalde abgeführt. Meine Schmöckwitzer Oma hatte kein Telefon, deshalb konnte uns keiner benachrichtigen. Vergeblich warteten wir auf die Rückkehr Trudchens. Auch ausgesandte Familien-Suchtrupps fanden sie nicht. Tante Trudchen war wie vom Erboden verschluckt.

Und wir befürchteten schon das Schlimmste. Nach einiger Zeit konnte meine Oma aber zum Glück den Abschnittsbevollmächtigten ausfindig machen, und der ließ nach ihr fahnden. Am späten Nachmittag wurde Tante Trudchen dann wieder nach Schmöckwitz überführt.

An Schmöckwitz grenzt auch Eichwalde, das nicht mehr zu Berlin gehört, sondern zum Land Brandenburg, Landkreis Dahme-Spreewald. Früher gab es an der Görlitzer Bahn auch einen Bahnhof Eichwalde-Schmöckwitz, eröffnet als »Schmöckwitz (Bude 18)«, und ich bin hier oft im Kinderwagen angekommen und nach Schmöckwitz geschoben worden. Heute befindet sich hier der S-Bahnhof Eichwalde, an dem ich oft mit der S46 eintreffe, um Freund Volker und seine Frau zu besuchen.

Mit Eichwalde verbinde ich schon seit 1950 positive Erinnerungen, denn dort hatte Dr. Schuchardt seine Praxis, der mich in den Sommerferien, wenn ich bei meiner Oma verweilte und erkrankt war, behandelte.

In einem Restaurant in Eichwalde haben auch meine Cousine Christine und Jochen Hochzeit gefeiert. Meine erste Frau und ich hätten an dieser Feier aber beinahe nicht teilnehmen können, weil wir zu dieser Zeit in Bremen wohnten und als Bürger der BRD nur Ost-Berlin betreten durften. Tante Gerda aber, die mit ihrem Mann Franek im Häuschen ihrer 1969 verstorbenen Mutter, meiner Schmöckwitzer Oma, wohnte, war Verkäuferin im Konsum gegenüber dem Grundstück und bestach die Grenzer, indem sie ihnen »Bückware« zukommen ließ. So rollten wir mit unserem grünbläulichen Käfer mit dem HB-Kennzeichen über die Grenze von Ost-Berlin in die »richtige« DDR.

Tante Gerdas Großvater war mein Urgroßvater August

Quade, und als der im August 1945 gestorben war, war die Überführung seines Leichnams zum Friedhof Baumschulenweg unmöglich. Da er damals nicht der einzige Sterbefall in Schmöckwitz war, legte man im Wald an der Grenze zu Eichwalde einen Notfriedhof an. Dorthin brachten meine Mutter, meine Großmutter und ich ihn auf einem etwas größeren Handwagen.

Von Tegel bis Heiligensee

Tegel, ein Ortsteil des Bezirks Reinickendorf, ist schon aus Goethes *Faust* bekannt: *Das Teufelspack, es fragt nach keiner Regel. / Wir sind so klug, und dennoch spukt's in Tegel.*

Im Schloss Tegel (auch Humboldt-Schloss) hat es jedoch nie gespukt, sondern nur nahebei in einer alten Försterei. Das Schloss war anfangs ein Renaissance-Herrenhaus und ist dann vom Kurfürsten Friedrich Wilhelm von Brandenburg zu einem Jagdschloss umgebaut worden. Seit 1766 war es im Besitz der Familie von Humboldt, und Alexander (1769–1859) und Wilhelm von Humboldt (1767–1835) haben hier viele Jahre verbracht.

Die Humboldt-Universität steht zwar Unter den Linden, die Humboldt-Bibliothek aber am Tegeler Hafen. Dort findet jedes Jahr die Reinickendorfer Kriminacht statt, 2017 schon zum 25. Mal.

Tegel ist mir seit früher Jugend ein Begriff, weil mein Onkel Erich Orth hier mit seiner Ehefrau Martha in der Marzahnstraße gewohnt hat. Onkel Erich, ein sehr patenter Mann und Oberingenieur bei Siemens, hatte ein Glatze, auf der eine Zyste prangte, sodass wir Kinder ihn »Onkel Erich mit dem Klingelknopp uff'm Kopp« nannten. Tante Martha, eine Schwester meiner Schmöckwitzer Oma, war in der Nähe der Kreuzberger Wrangelkasernen um die Jahrhundertwende 1899/1900 viel mit den dortigen Offiziersfrauen in Kontakt gekommen und sprach mit spitzem Mündchen so vornehm wie die. »Erich, würdest du mir bitte das Teekännchen reichen?«

Erich war Ruderer im Verein Markomannia und auch privat mit seiner Frau im Ruderboot unterwegs, wobei er sich in die Riemen legte und sie die Steuerseile in der Hand hielt, dabei immer rufend: »Erich, zieh durch!« Ich habe sie oft in ihrer Wohnung besucht, auch dann, wenn ich für einen Hundertmeterlauf ins Stadion Hatzfeldtallee fuhr. Auf dem Weg dorthin war die Bahnschranke an der Gorkistraße zu passieren, in deren Nähe im Jahre 2012 ein S-Bahn-Zug der Linie S25 entgleiste.

Tegel ist aber nicht nur mit der S-Bahn erreichbar, sondern auch mit der U6, die in Alt-Tegel ihren Endbahnhof hat. Nach einem kleinen Marsch vom U-Bahnhof durch die muntere Fußgängerzone mit ihren diversen Geschäften, Cafés und Restaurants gelangt man zum Tegeler See, an dem sich die Greenwichpromenade mit ihren vielen Dampferanlegestegen entlangzieht. Schlendert man auf ihr in Richtung Norden, kommt man an den Tegeler Hafen und die Mündung des Tegeler Fließes, das man auf der sogenannten Sechserbrücke überqueren kann, ohne wie früher etwas dafür bezahlen zu müssen. (Ein Sechser war ehemals ein halber Silbergroschen, und in meiner Jugend war die Fünf-Pfennig-Münze ein Sechser.)

Geht man den Tegeler See an seiner nördlichen Ausbuchtung, der Malche, entlang und wandert an der Villa Borsig, dem Strandbad und der Insel Scharfenberg mit ihrer Schulfarm vorbei, gelangt man nach Konradshöhe. Dieser Ortsteil Reinickendorfs verdankt seine Existenz einem preußischen Firmengründer, dem Kupferschmiedemeister August Rohmann (1828–1902), der hier 1865 eine Fabrik gründete, um die herum sich seine Arbeiter ansiedelten. Man erlaubte Rohmann, den Wohnplatz nach seinem Sohn Konrad zu benennen. Als sein »Dampfwerk für eiserne Verschraubungen und Apparatringe« nichts mehr einbrachte, machte er aus Schmiede, Kesselhaus und Stall eine Restauration mit großen Sälen: die »Konradshöher Terrassen«. Aus denen wurde dann später die »Feen-Grotte«, ein überaus beliebtes Ausflugs- und Varietélokal mit eigenem Dampferanlegesteg. Von 1913 an fuhr auch eine Berliner Straßenbahn nach Konradshöhe, die Linie 28.

Das Zentrum des Orts ist der Falkenplatz, an dem eine kleine Buchhandlung gelegen ist, in der ich mehrmals lesen durfte.

Von Konradshöhe kann man auch einen Ausflug nach Heiligensee unternehmen. Pilger, die von Berlin zur Wunderblutkriche nach Wilsnack wollten, zogen schon Ende des 14. Jahrhunderts hier entlang (siehe auch das Kapitel *Bad Wilsnack und die Plattenburg*). Passiert man die beliebte Badestelle Sandhauser Straße und geht an der Bushaltestelle Rallenweg vorbei, kommt man vor dem Städtischen Friedhof auf die Baumberge, eine Binnendünenlandschaft aus der letzten Eiszeit. Nach dem Krieg befand sich hier das Manövergebiet der französischen Schutz- beziehungsweise Besatzungsmacht. Und als unsere Kinder im nahegelegenen Schullandheim Walter May ein Wochenende verbringen sollten, hatten wir Angst, sie würden scharfe Munition finden oder von einem Querschläger getroffen werden.

Auch baden kann man im Heiligensee, das ist aber nur gegen Bezahlung in einem Strandbad möglich. Zur Havel hinaus kann man nicht schwimmen, da sie durch einen Zaun abgesperrt ist.

Mit Heiligensee verbinde ich viele Erinnerungen, weil wir hier am Damm der S-Bahn von 1974 bis 1982 eine Laube hatten. Bei den linken West-Berlinern galt das als schick. Und wer in der SPD Karriere machen wollte, der sehnte sich nach einer Einladung in Harry Ristocks Reinickendorfer Laube. Ich wünschte mir eine eigene, und wir konnten eine Notunterkunft pachten, die Borsig im Krieg für seine in der Stadt ausgebombten Arbeiter errichtet hatte. In den Sommerferien sind wir nicht verreist, sondern haben hier unsere freien Tage verbracht. Immer wieder musste ich meinen kleinen Sohn auf mein Fahrrad setzen, damals noch in ein Körbchen vorne am Lenker, um mit ihm seine geliebte »Bulledose« zu suchen, einen Bulldozer, auf dessen Sitz er zu gerne kletterte. Dabei lernte ich jede Straße in Heiligensee kennen, nur dass im Haus An der Wildbahn 33 die Malerin Hannah Höch (1889 bis 1978) gewohnt hat, habe ich erst später erfahren.

Die Müggelberge und der Müggelsee

Theodor Fontane liebte die Berliner Müggelberge und schrieb im Band *Spreeland* seiner *Wanderungen durch die Mark Brandenburg*:

Diese Müggelberge repräsentieren ein höchst eigentümliches Stück Natur, abweichend von dem, was wir sonst wohl in unserem Sand- und Flachlande zu sehen gewohnt sind. Unsere märkischen Berge (wenn man uns diese stolze Bezeichnung gestatten will) sind entweder einfache Kegel oder Plateauabhänge. Nicht so die Müggelberge. Diese machen den Eindruck eines Gebirgsmodells, etwa als hab' es die Natur in heiterer Laune versuchen wollen, ob nicht auch eine Urgebirgsform aus märkischem Sande herzustellen sei. Alles en miniature, aber doch nichts vergessen. Ein Stock des Gebirges, ein langgestreckter Grat, Ausläufer, Schluchten, Kulme, Kuppen, alles ist nach Art einer Reliefkarte vor die Tore Berlins gelegt, um die flachländische Residenzjugend hinausführen und ihr über Gebirgsformationen einiges ad oculos demonstrieren zu können.

Die Müggelberge entstanden am Ende der Eiszeit, wobei der Große Müggelberg und der Kleine Müggelberg voneinander zu unterscheiden sind.

Der Große Müggelberg ist mit seinen 114,7 Metern die

höchste natürliche Erhebung Berlins. Einst trug er auf seinem Rücken die vierzig Meter hohe Bismarckwarte, die aber am Ende des Zweiten Weltkriegs vom deutschen Volkssturm gesprengt wurde, um der anrückenden Roten Armee einen wichtigen Orientierungspunkt zu nehmen.

Auf dem Kleinen Müggelberg, 88,3 Meter, steht der Müggelturm. Sein hölzerner Vorgänger wurde von dem Wäschereibesitzer Carl Spindler finanziert und 1880 errichtet. 1958, zur DDR-Zeit, brannte er jedoch bei Renovierungsarbeiten ab. An seine Stelle ist daraufhin ein fast sechzig Meter hoher und in Stahlbeton-Skelettbauweise errichteter Turm getreten. Von dessen oberer Plattform, die über 126 Stufen zu erreichen ist, kann man einen einzigartigen Rundblick genießen. Der Gastronomiebereich am Fuße des Turms mit der ehemaligen Sonnenterrasse ist inzwischen verfallen, und seit der Wiedervereinigung kann man regelmäßig in diversen Tageszeitungen lesen, dass sich ein neuer Investor mit einer grandiosen Idee zur Rettung des Ensembles gefunden habe.

Nicht weit vom Müggelturm entfernt liegen der Teufelssee, die aufgelassene Rodelbahn und die Kanonenberge. Hier durfte ab 1884 Sand zum Aufbau Berlins abgebaut werden, und in der entstandenen Grube erprobten dann im Ersten Weltkrieg die AEG und das Militär ihre Stahlkartuschen.

Östlich der Müggelberge befindet sich der Ort Müggelheim, 1747 von zwanzig Familien aus der Pfalz gegründet, südlich Karolinenhof und Schmöckwitz, südwestlich Grünau, nordwestlich Köpenick und der Große Müggelsee mit Friedrichshagen, dem wir nun einen Besuch abstatten möchten.

Ältere Berliner erinnern sich noch an eine Komposition von Robert Gilbert: *Durch Berlin fließt immer noch die Spree. /*

Dichte bei ist noch der Müggelsee. Wir umrunden nun die Müggelberge von Schmöckwitz aus per Boot, wobei wir rund dreißig Kilometer zurückzulegen haben. Unternehmen wir noch Abstecher zum Kleinen Müggelsee, zum Bauersee und nach Neu-Venedig, werden es ein paar mehr. Wir entschließen uns, im Uhrzeigersinn zu fahren. Rein ins Boot und ab auf den Langen See beziehungsweise die Dahme, vorbei an der Stelle, an der ich schwimmen gelernt habe, beim Bootshaus des Vereins Tourensegler. Nach einem Kilometer erreichen wir eine Landzunge Karolinenhofs, den Platz 777, wo die befreundete Familie Bulgrin immer gebadet hat. Ich habe sie manchmal dabei begleitet, wobei ich, während mein Freund Gerhard und sein Vater ans andere Ufer schwammen, wieder umkehrte, sobald ich mit den Füßen nicht mehr den Grund erreichen konnte.

Nachdem wir an zwei Inselchen – dem Kleinen und dem Großen Rohrwall – und dem Bootshaus »Daheim« vorbeigefahren sind, erreichen wir »Richtershorn«. Das war früher eine deutsche Gaststätte mit Kegelbahn und Bier von Engelhardt, heute ist es ein Westernrestaurant. Rechts von uns ragen die Müggelberge auf. Auf der anderen Uferseite huschen oben die Wagen der Straßenbahn vorbei, und wir kommen zur Bammelecke, einer beliebten Badestelle, die auch eine eigene Haltestelle hat. Am Müggelberg-Ufer gegenüber gab es einmal die beliebten Ausflugslokale »Marienlust« und »Schmetterlingshorst«. Das Erstere ist inzwischen geschlossen worden, und das Letztere bietet nur noch kleine Imbisse an.

Wir paddeln nun auf der olympischen Regattastrecke von 1936, vorbei am Strandbad Grünau (links), den Regattatribünen (links) und dem Wendenschloss (rechts). Anschließend fahren wir Richtung Norden auf der Dahme weiter. Fast übersehen wir die Fähre F12, die die Wassersportallee in Grünau mit der Müggelbergallee verbindet. Dann haben wir etliche Kilometer nordwärts nach Köpenick zurückzulegen, wobei nur der links einmündende Teltowkanal etwas Abwechslung bietet. Doch irgendwann erkennen wir das Köpenicker Schloss vor uns, fahren unter der Langen Brücke hindurch, lassen unsere Blicke rechts zum Rathausturm emporschweifen und gelangen an die Stelle, wo die Dahme in die Spree mündet.

Ich suche am Ufer der Spree nach der Klinik, in dem ich am 1. Februar 1938 zur Welt gekommen bin, aber die ist wohl inzwischen abgerissen worden. Unter der Dammbrücke hindurch erreichen wir nun die Müggelspree. Es wird jetzt sehr städtisch und erst hinter dem Salvador-Allende-Viertel am rechten Ufer wieder etwas grüner, während sich links der Ortsteil Friedrichshagen ausbreitet. Endlich gleiten wir über den Spreetunnel hinweg und schießen geradezu auf den Großen Müggelsee hinaus, der mit über 7,4 Quadratkilometern Fläche der größte der Berliner Seen ist (maximal 4,3 Kilometer lang und 2,6 Kilometer breit). Bei Sturm kann es auf dem See sehr gefährlich werden, und einmal habe ich bei seiner Überquerung schon mit meinem vorzeitigen Ableben gerechnet.

Die Müggelberge liegen nun auf der rechten Seite, und wir kommen am Ausflugslokal »Rübezahl« vorbei. Wir sind todmüde, als wir endlich Müggelhort erreichen und kurz dahinter den Kleinen Müggelsee, an dessen Sandstrand es sich trefflich rasten lässt.

Nach einer Stunde Picknick geht es dann weiter. Zuerst machen wir einen Abstecher zum Bauersee inmitten der

Müggelheimer Wiesen, der nur ein Teich ist, dann kehren wir zur Müggelspree zurück und winken den Gästen zu, die im Restaurant »Neu-Helgoland« sitzen. Wenig später bestaunen wir die Fähre F24, die eigentlich nur ein größerer Angelkahn ist, und sehen zu, wie der Fährmann allein mit seiner Muskelkraft ein paar Leute vom Anlegesteg Spreewiesen (Ortsteil Müggelheim) nicht ganz fünfzig Meter hinüber zum Anlegesteg Kruggasse (Ortsteil Rahnsdorf) rudert.

Es folgt der schönste Teil der Müggelspree. Etwas weiter flussaufwärts liegt nördlich die Wohn- und Wochenendhaussiedlung Neu-Venedig. Die ist eigentlich ein von der Müggelspree gebildetes Delta, bevor diese den Dämeritzsee verlässt und ihren Weg nach Köpenick, Berlin und zur Mündung in die Havel findet. Wir paddeln im Labyrinth mal schmaler, mal etwas breiterer Kanäle und fahren am Rialtoring unter der Rialtobrücke hindurch. Nur erwähnt sei, dass zur DDR-Zeit verdiente SED-Funktionäre mit einer hier gelegenen Datsche belohnt wurden.

Am Ortsteil Hessenwinkel kommen wir zum Dämeritzsee und streben durch den Gosener Graben und über den Seddinsee Schmöckwitz entgegen (siehe auch die Kapitel *Die Gosener Berge* und *In und um Schmöckwitz*). Wir glauben nicht mehr, dass wir es noch schaffen, und denken schon an die Seenotrettung, doch schließlich gelangen wir vor Einbruch der Dunkelheit an unseren Ausgangspunkt zurück, völlig kraftlos und minutenlang nicht in der Lage, aus dem Boot zu klettern. Da erinnere ich mich an eine Formulierung von Heinz Florian Oertel, dem größten aller Sportreporter der DDR: »Erschöpft lassen unsere Jungs ihre Riemen ins Wasser hängen.«

Die Gropiusstadt und der Britzer Garten

Meine Schwiegereltern und andere Verwandte wohnen in der Neuköllner Gropiusstadt, und sie regelmäßig zu besuchen ist ein Familienritual. Vom Bundesplatz aus erreicht man die Gropiusstadt mit den öffentlichen Verkehrsmitteln am besten, wenn man mit der Ringbahn bis Neukölln fährt und dort in die U-Bahn umsteigt.

Auf dem Weg dorthin sehe ich im S-Bahnhof Hermannstraße, der sich in Tieflage befindet, in Fahrtrichtung rechts unten am verschmutzten Hang die Reste eines Bahnsteigs. Außer mir weiß wahrscheinlich kein anderer Passagier, was das zu bedeuten hat: Einst hatte hier die Neukölln-Mittenwalder Eisenbahn ihren Endpunkt. Eröffnet wurde sie im Jahr 1900, und der Personenverkehr wurde 1955 stillgelegt. Auf der 29 Kilometer langen Strecke passierte sie die Bahnhöfe Berlin Hermannstraße (anfangs Groß Rixdorf), Britz, Buckow, Rudow Nord, Rudow, Rudow Süd, Schönefeld Dorf, Selchow, Groß Kienitz, Brusendorf, Mittenwalde (Mark) Nord und Mittenwalde (Mark) Ost.

Haben wir es eilig, fahren wir nicht mit der U7 bis Lipschitzallee, sondern setzen uns am Bahnhof Hermannstraße in eine Taxe. Dabei kommen wir am Schloss Britz und dem Neuköllner Museum vorbei, in dem mir Heinz Buschkowsky die Neuköllner Ehrennadel an die Brust geheftet hat und in dem ich oft zu Lesungen gewesen bin. Und schon tauchen die ersten Hochhäuser vor uns auf.

Die Gropiusstadt, ein eigener Ortsteil im Bezirk Neukölln, ist von 1962 bis 1975 als Großwohnsiedlung auf dem Terrain der alten Gemeinden Britz, Buckow und Rudow entstanden. Die Frage, wer der planende Architekt war, ist schwer zu beantworten. Orientiert hat sich Walter Gropius an der benachbarten Hufeisensiedlung, die von runden Baukörpern mit viel Grün dazwischen dominiert wird. In der Gropiusstadt wurden dann aber Hochhäuser errichtet, und an der Fritz-Erler-Allee 120 entstand das höchste Wohnhaus Berlins.

Dort nun wohnen meine Schwiegereltern in der 17. Etage. Auf ihren Balkon wage ich mich nur selten, obwohl man dort eine atemberaubende Fernsicht hat, denn dort packt mich die Höhenangst. Wie eine Schildkröte liegt die Halle der Tropical Islands im weiten Grün, hinter dem Trümmerberg Dörferblick und Waßmannsdorf starten und landen die Flugzeuge auf dem alten Flughafen Schönefeld, die Höhenzüge des Flämings grüßen herüber, und man kann alle Türme und Hochhäuser Berlins ausmachen.

Die Gropius Passagen an der Johannisthaler Chaussee beherbergten dreißig Jahre lang die Buchhandlung »SoSch«, in der ich oft zu Lesungen eingeladen war. Ihr Name setzte sich aus den Initialen der Inhaberin zusammen: Dr. Sonja Schwestka. Die ist von Hause aus Österreicherin und Soziologin. Zum 25-jährigen Firmenjubiläum ist noch eine Festschrift mit einem langen Text von mir erschienen, aber am 31. Januar 2016 musste die Buchhandlung dann schließen. Ich weine ihr viele Tränen nach.

Die Idee, eine Neuköllner Trabantenstadt zu errichten, war sicherlich löblich, aber die Gropiusstadt entwickelte sich bald zum sozialen Brennpunkt. Davon zeugt auch das Schicksal von Christiane Felscherinow, die hier aufwuchs und die Vorlage für das Buch und den Film *Christiane F. – Wir Kinder vom Bahnhof Zoo* bot.

Inzwischen hat sich hier viel geändert. Kommt man heute von der U-Bahn und geht den Wildmeisterdamm entlang, wirkt alles sehr bürgerlich. Nebenbei: Der Wildmeisterdamm ist ein Fußweg und Nummer 15 der »20 grünen Hauptwege Berlins«, angelegt auf der Trasse der ehemaligen Straße zum Bahnhof Buckow der Neukölln-Mittenwalder Eisenbahn. Die gibt es heute, wie gesagt, nicht mehr, dafür kann man sich an der Britzer Parkbahn mit ihren fünf Haltepunkten Buckower Damm, Heidehof, Rosengarten, Festplatz und Kalenderplatz erfreuen.

Der Britzer Garten wurde 1985 als Landschaftspark für die Bundesgartenschau angelegt. Der Haupteingang liegt am Buckower Damm neben dem Parkfriedhof Neukölln, wo wir 1968 die Urne meines Vaters in die Erde hinabgelassen haben, und unweit der Britzer Mühle. In der feierte ich mit meinen ehemaligen Schulkameraden im Jahre 1987 die dreißigste Wiederkehr des Tages, an dem man uns das Abiturzeugnis ausgehändigt hatte. Neben mir saß meine ehemalige Deutschlehrerin, und ich bedankte mich bei ihr dafür, dass man mir 1956 beim Kurzgeschichtenwettbewerb der Albert-Schweitzer-Schule den ersten Preis verliehen hatte. Das habe mich doch sehr darin bestärkt, einmal Schriftsteller zu werden. Sie senkte schuldbewusst den Blick. »Lieber Herr Bosetzky, was sollten wir denn machen? Ihre Geschichte war die einzige Einsendung.«

Viele Male haben wir mit der Familie im »Café am See«, heute »Britzer Seeterrassen«, gesessen, das in einer Erdbautechnik errichtet wurde, und anschließend meinen Schwiegervater im Rollstuhl durch den Park geschoben, den ich als Neuköllner Ehrenbürger kostenlos betreten darf.

Einmal war ich auch zur Veranstaltung »Feuerblumen und Klassik Open Air« eingeladen, durfte neben dem damaligen Bürgermeister Heinz Buschkowsky sitzen und wäre beim anschließenden großen Feuerwerk fast kollabiert. Als die ersten Leuchtraketen in den Himmel stiegen, wurde mir schwarz vor Augen. Plötzlich fand ich mich in einer dieser schrecklichen Berliner Bombennächte wieder. Am Himmel leuchteten »Tannenbäume«, abgeworfen von alliierten Bomberverbänden, um die angepeilten Abwurfziele in der Stadt besser sichtbar zu machen.

Der Teufelsberg

Zur Zeit der geteilten Stadt war es für jeden West-Berliner ein absolutes Muss, mindestens einmal im Jahr den Teufelsberg zu erklimmen, war er doch mit seinen 120,1 Metern die höchste Erhebung auf unserer kleinen Insel im riesigen roten Meer. Benannt ist er nach dem nahegelegenen Teufelssee (nicht zu verwechseln mit dem schon erwähnten Teufelssee am Fuße der Müggelberge).

Mit dem Auto erreicht man den Teufelssee am besten über die Teufelsseechaussee, alternativ kann man mit der S-Bahn zum Bahnhof Heerstraße oder zum Bahnhof Grunewald fahren und von dort aus zu Fuß gehen.

Der Teufelsberg ist eigentlich ein Trümmerberg. Adolf Hitler wollte am Teufelssee im Grunewald in den 1940er-Jahren im Rahmen der »Welthauptstadt Germania« eine »Wehrtechnische Fakultät« errichten lassen. Nach Kriegsende wurde der Rohbau aber abgerissen und das so gewonnene Baumaterial zum Wiederaufbau der zerstörten Stadt verwendet. Die verbliebenen Reste des Gebäudes wurden anschließend mit dem Trümmerschutt aus den angrenzenden Stadtteilen aufgefüllt. Als die anderen West-Berliner Deponien – etwa der Insulaner, die Rixdorfer Höhe und das Gelände am Lochowdamm – nicht mehr ausreichten, brachte man die Trümmer von etwa

15 000 Gebäuden per Lkw zum Teufelssee, und der Berg neben ihm wuchs und wuchs. Schließlich wurde alles mit Sand und Mutterboden bedeckt und mit rund einer Million Bäumen bepflanzt. Sogar Wein wurde hier angebaut, und man konnte das Wilmersdorfer Teufelströpfchen verkosten.

Als alles fertig war, stellten die US-Amerikaner fest, dass sich hier – obwohl der Teufelsberg im britischen Sektor lag – ganz wunderbar eine Radarstation errichten ließe, mit der man weit in den Ostblock hinein Flugbewegungen verfolgen könne. Deren silbern glänzende Kuppel wurde dann sozusagen das Gipfelkreuz des Teufelsbergs.

Da es bis Bayern ein ziemlich weiter Weg ist, machte man später aus den Hängen des Teufelsbergs ein West-Berliner Wintersportzentrum mit Skihang, Rodelbahn, Sprungschanze und Schlepplift. 1980 fand hier sogar ein Parallelslalom mit den besten Skiläufern der Welt statt.

Und an Silvester bewunderten die West-Berliner gern von hier aus das Feuerwerk über der Stadt.

Und heute? Heute verfällt die Anlage zunehmend, aber man hat weiterhin einen herrlichen Rundblick und kann Mountainbikern sowie Drachen- und Gleitschirmfliegern bei der Ausübung ihres Hobbys zusehen. Manchmal werden hier auch Filme gedreht, beispielsweise Rudolf Steiners *Aufwind*.

Wer es nicht so bergig mag, kann sich an drei kleinen Seen in der Nähe erfreuen: dem Pech- und dem Barssee im Naturschutzgebiet Saubucht und dem schon erwähnten Teufelssee im Naturschutzgebiet Teufelsfenn. Es gibt auch eine Badestelle im Teufelssee, der zu den sogenannten Himmelsteichen zählt, weil er über keinen erkennbaren Fluss- oder Bachzulauf verfügt, sondern sich aus dem Regenwasser speist, das die Hänge herunterläuft.

Einen Besuch wert ist auch das Ökowerk Teufelssee, in dem ein ehemaliger Student von mir gewirkt hat.

Die Zitadelle Spandau

Die Zitadelle Spandau ist eine der berühmtesten europäischen Festungen der Hochrenaissance. Geplant und errichtet haben sie die Baumeister Francesco Chiaramella de Gandino und Rochus Graf zu Lynar, nach dem auch eine Straße in Spandau benannt wurde. Die Festung ist symmetrisch aufgebaut und besitzt vier Bastionen, die durch sogenannte Kurtinen, Wälle, verbunden sind. Das Torhaus der Zitadelle Spandau befindet sich in der Südkurtine und ist über eine Zugbrücke zu erreichen, über die ich oft geschritten bin, beispielsweise um meiner Tochter die kleinen Fledermäuse im Keller des Hauses 4 zu zeigen, genauer gesagt die Nilflughunde und die Brillenblattnasen. Denn einmal im Jahr gibt es im Fledermauskeller ein Fledermausfest.

2003 habe ich in der Schänke der Zitadelle meinen dokumentarischen Roman *Der letzte Askanier* vorgestellt, und einmal fand in einem der Säle eine Lesung statt, die so gut besucht war, dass mir der Satz entfuhr: »So viele Menschen habe ich eigentlich erst bei meiner Beerdigung erwartet.«

In früheren Zeiten haben viele preußische Untertanen die Zitadelle gefürchtet und gehasst, weil sie auch als Gefängnis für Staatsgefangene genutzt wurde. Zu den Häftlingen gehörten unter anderem:

– 1571 Anna Sydow (1525–1575), die Geliebte des verstorbenen Kurfürsten Joachim I.,

– 1702 Benjamin Raule (1634–1707), Generaldirektor und Begründer der brandenburgischen Flotte,

– 1733 Georg Christoph von Natzmer (1694–1751), dem später das Kommando über die »weißen Husaren« im schlesischen Trebnitz übertragen wurde, zu denen auch Friedrich Wilhelm von Seydlitz (siehe das Kapitel *Küstrin und Schloss Tamsel*) gehörte,

– 1821 Friedrich Ludwig Jahn (1778–1852), über den ich den Roman *Turnvater Jahn* geschrieben habe,

– 1828 Ludwig Rellstab (1799–1860), Dichter, Journalist und Theaterkritiker,

– 1844 Heinrich Ludwig Tschech (1789–1844), der ein Attentat auf Friedrich Wilhelm IV. verübt hatte (siehe das Kapitel *Storkow und der Scharmützelsee*) und auf der Zitadelle mit dem Beil hingerichtet worden ist.

Zur Zitadelle Spandau gehört auch der Juliusturm. Erbaut worden ist er im 13. Jahrhundert als Wehr- und Wachtturm, aber auch als Zufluchtsstätte bei drohender Gefahr. 1806 stattete Napoleon Bonaparte nach der Eroberung Berlins der Zitadelle einen Besuch ab, aber 1813 schossen die Franzosen die Mauerkrone herunter. (Schinkel durfte dann später einen neuen Zinnenkranz entwerfen.) Die Rache der Preußen kam rund sechzig Jahre später, denn nach Ende des

Deutsch-Französischen Kriegs von 1870/71 wurde hier im Turm der Reichskriegsschatz gelagert, der zum großen Teil in der französischen Kriegsentschädigung bestand.

Berühmt ist auch die Wendeltreppe im Innern des Juliusturms, die 1964 nach dem Vorbild der neugotischen Treppe von 1843 rekonstruiert wurde. 1980 beschlossen meine erste Frau, unser Sohn Sascha, die befreundete Familie Ingrid und Thomas Diebold mit ihrem Sohn und ich, sie hinaufzusteigen, uns an die Schinkel'schen Zinnen zu stellen und den Rundblick zu genießen. Doch ich zögerte, denn der Turm ist dreißig Meter hoch, und es sind 145 Stufen zu bewältigen. Schließlich gab ich mir einen Ruck. Der Aufstieg war kein Problem für mich, denn dazu war ich mit meinen damals 42 Jahren noch sportlich genug. Als aber Thomas auf dem Zinnenkranz einen Handstand machte, war ich einem Herzinfarkt nahe. Beim Abstieg packte mich eine Panikattacke, und ich brauchte viele Minuten, um mich zu überwinden und mich mit geschlossenen Augen die Treppe hinunterzutasten. Was für eine filmreife Szene!

Von der eigentlichen Zitadelle durch den Wassergraben getrennt, liegt die Freilichtbühne Spandau, die ich zweimal besucht habe. Einmal, um mit meiner Enkeltochter Lydia das Theaterstück *Pettersson, Findus und der Hahn* von Sven Nordqvist anzuschauen, ein andermal, um dem Chor zu lauschen, in dem Elke, die Frau meines langjährigen Freundes Jürgen Dittberner, mitsingt.

Als Wassersportler muss ich noch erwähnen, dass sich an der Zitadelle der Übergang von der Ober- zur Unterhavel befindet. Wird die Spandauer Schleuse geöffnet, kann man richtiges Wildwasser erleben. Mitunter trainieren hier deshalb Wildwasserkanuten, und Deutsche Schülermeisterschaften im Kanuslalom haben hier auch schon stattgefunden.

Bis zum U-Bahnhof Zitadelle, der in mittelalterlicher Backsteingotik erbaut worden ist, sind es nur ein paar Hundert Meter.

Berliner Dampferfahrten

Nur wer das Dampferfahren liebt, darf von sich behaupten, ein richtiger Berliner zu sein. Unternimmt der Hauptstädter nicht mindestens einmal im Jahr einen Dampferausflug, ist er so traurig wie der Sauerampfer bei Joachim Ringelnatz, der am Bahndamm stand:

Sah Züge schwinden, Züge nahn.
Der arme Sauerampfer
Sah Eisenbahn um Eisenbahn,
Sah niemals einen Dampfer.

Als Eingeborener bin ich natürlich auch ein leidenschaftlicher Dampferfahrer, obwohl immer wieder eine unangenehme Erinnerung aus den Tiefen meines Unterbewusstseins aufsteigt. Am 6. Juli hatte meine Kohlenoma Geburtstag, und es ging auf ihren Feiern immer sehr fröhlich zu – mit Ausnahme des Jahres 1951, denn da hatte es am Tage zuvor in Treptow auf dem Dampfer »Heimatland« ein schreckliches Unglück gegeben. An die hundert Kinder aus dem Bezirk Prenzlauer Berg wollten eine Dampferfahrt nach Hessenwinkel am Dämeritzsee unternehmen. Aber noch in Treptow ging das Schiff in Flammen auf, weil der Dieselmotor defekt gewesen war und der Kapitän fahrlässig einen ungeeigneten

Benzinmotor eingebaut hatte. Zwischen dreißig und fünfzig Kinder verbrannten oder ertranken, wenn sie schlecht oder gar nicht schwimmen konnten und in ihrer Panik ins Wasser gesprungen waren. Alle waren zwischen 7 und 14 Jahren gewesen. Ich war damals 13 Jahre alt und habe mächtig mitgelitten.

Ich weiß, korrekterweise müsste von Ausflugsschiffen die Rede sein, denn kaum ein Dampfer wird noch mit einem Dampfkessel betrieben, aba det sind nu mal bei uns in Berlin allet Dampfa.

Früher sind wir oft mit einem kleinen Dampfer von Schmöckwitz nach Ziegenhals gefahren oder mit einem großen von der Jannowitzbrücke über den Müggelsee zur »Palme« in Schmöckwitz, aber auch von der Kottbusser Brücke zur Woltersdorfer Schleuse. Heute sind diese Strecken nicht mehr so beliebt, und ich möchte mich auf fünf Routen beschränken, auf denen ich gern unterwegs bin.

Vom Bahnhof Friedrichstraße aus durch die City

Diese Route nimmt ungefähr eine Stunde in Anspruch. Zuerst fahren wir in Richtung Mühlendammschleuse. Dann lassen sich die Sehenswürdigkeiten nur noch im Stakkato aufzählen. Links: das Berliner Ensemble. Unter der Weidendammer Brücke hindurch. Hinter der Uferstraße mit dem Namen Am Kupfergraben (Wohnsitz der Bundeskanzlerin) rechts vor uns das Bode-Museum und die Monbijoubrücke. Am linken Ufer: der Monbijoupark mit

Theater, Strandbar, Kinderbad und Chamisso-Denkmal (früher Standort des Schlosses Monbijou). Weiter atemlos unter der Stadtbahn hindurch. Über uns rollen ICE und S-Bahn. Rechts wimmelt es von Museen – Pergamon, Alte Nationalgalerie, Altes Museum und der Dom. Links: die Spreepromenade mit dem DDR-Museum. Unter der Karl-Liebknecht-Straße hindurch. Rechts: Rekonstruktion des alten Stadtschlosses der Hohenzollern, jetzt Humboldt-Forum, der Alte Marstall und die Landes- und Zentralbibliothek. Links: das Nikolaiviertel mit dem Denkmal des Ritters Georg, dem Zille-Museum und dem Ephraim-Palais. Unter der Mühlendammbrücke hindurch, wir sind an der Keimzelle der Doppelstadt Berlin und Cölln, haben den signifikanten eckigen Turm des Märkischen Museums vor uns, kommen aber nicht näher heran, weil eine Schleuse uns den Weg versperrt. Wir wenden also und haben nun bis zur Weidendammer Brücke detselbe noch mal in Jrün. Keene Angst, det Neue kommt jleich, wenn wa unta die Stadtbahn durch sind.

Links: das Reichstagsufer mit dem ARD-Hauptstadtstudio, wo sie mich anlässlich meines siebzigsten Geburtstags einmal interviewt haben, dann das Reichstagspräsidentenpalais am Friedrich-Ebert-Platz, das Reichstagsgebäude, in dessen Kuppel man Menschlein sieht, und diverse moderne Gebäude für unsere Parlamentarier und unsere Regierenden im Spreebogen, bezeichnet als das »Band des Bundes«. Rechts: das Gebäude der Bundespressekonferenz. Dann die Kronprinzenbrücke und links das Ludwig-Erhard-Ufer mit den Ausläufern des Tiergartens. Rechts: die Einfahrt zum Humboldt-Hafen und der gewaltige gläserne Komplex des Hauptbahnhofs. Unter der restaurierten Moltkebrücke hindurch. Links: das Bundeskanzlerinnenamt (die »Waschmaschine«) und die Kongresshalle, das Haus der Kulturen der Welt. Kurz dahinter wenden wir und kehren zu unserem Ausgangspunkt am Bahnhof Friedrichstraße zurück. Uff – jeschafft!

Um uns zu belohnen, speisen wir im herrlich ruhigen Innenhof des Vietnamesen in der Georgenstraße.

Von der Tegeler Greenwichpromenade nach Heiligensee

Wir gehen an Bord der »Havelqueen«, die einem Mississippi-Dampfer nachempfunden ist, und ich denke an den Roman von Friedrich Gerstäcker aus dem Jahre 1848: *Die Flußpiraten des Mississippi.* Was das rechte Ufer zu bieten hat, habe ich schon im Kapitel *Von Tegel bis Heiligensee* beschrieben, wenden wir uns deshalb nun dem linken Ufer zu, wo wir zuerst das Aalemannufer mit einem schmalen Stichkanal und dann den Teufelsseekanal finden, aus dem das Kraftwerk Oberhavel sein Kühlwasser bezieht. Es folgt die Kolonie Erlengrund, die vom Mauerbau bis 1988 ein ziemliches Politikum war, weil sie als Enklave in der DDR lag und die West-Berliner Laubenpieper nur mit einem Passierschein, nach Voranmeldung und zu festgesetzten Zeiten zu ihren Parzellen gelangten. Wir erreichen den Anlegesteg von Nieder Neuendorf und wenig später nach Überquerung des Nieder Neuendorfer Sees den Ortsteil Heiligensee.

Vom Bahnhof Wannsee über den Kleinen Wannsee nach Potsdam

Hat man sich am Bahnhof Wannsee eingeschifft – ist also an Bord gegangen und hat nicht das getan, was auf Altberlinisch auch für »sich in die Hose pinkeln« steht –, dann kommt man unter der Brücke Königstraße hindurch auf den Kleinen Wannsee, an dessen Ufer nicht nur viele renommierte Ruderklubs zu finden sind, sondern auch das Kleist-Grab. Hier hat Heinrich von Kleist am 21. November 1811 gemeinsam mit seiner schwerkranken Freundin Henriette Vogel Suizid begangen. Murmeln wir in ehrfürchtigem Gedenken einige Zeilen von ihm:

Nun, o Unsterblichkeit, bist du ganz mein!
Du strahlst mir, durch die Binde meiner Augen,
Mit Glanz der tausendfachen Sonne zu!

Am Wehhorn, einer Landzunge, vorbei kommen wir auf den Pohlesee und nach einem Stückchen Kanal unter einer weiteren Straßenbrücke hindurch zum Stölpchensee. Hier ist der mitgebrachte Geigerzähler einzuschalten, denn hinter seinem rechten Ufer liegt das Hahn-Meitner-Institut mit seinem Forschungsreaktor. Wir passieren noch einen Kanal, singen »Wir ham den Kanal noch lange nicht voll«, werfen links einen Blick in den Teltowkanal und befinden uns nun auf dem Griebnitzsee. Linker Hand entdecken wir den Bahnhof Griebnitzsee, den West-Berliner einst gar nicht mochten, weil man hier, wollte man im Interzonenzug durch die DDR reisen, kontrolliert wurde. Irgendwo in der Nähe wohnt Volker Schlöndorff, und man streitet sich sehr heftig darüber, ob Privatgrundstücke bis ans Wasser reichen dürfen oder ob es einen freien Uferweg für alle Bürger geben muss. Wir erreichen die Glienicker Lanke und die Glienicker Brücke und damit Potsdamer Territorium. Potsdam ist die Landeshauptstadt von Brandenburg, ich weiß, aber Potsdam könnte genauso gut der 13. Berliner Bezirk sein.

Die Brückenfahrt vom »Estrel« zur Schlossbrücke

Wer gern einmal geköpft werden möchte und bedauert, dass es in Plötzensee keine Guillotine mehr gibt, der mache auf dem Oberdeck eines Dampfers eine sogenannte Brückenfahrt mit und stehe auf, wenn es unter sehr niedrigen Brücken hindurchgeht. Diesmal begeben wir uns an der Anlegestelle vor dem Hotel »Estrel« am S-Bahnhof Sonnenallee an Bord eines Brückenfahrtdampfers. Unmittelbar nachdem wir in den Kanal gestochen sind, dürfen wir am rechten Ufer einen riesigen Schrottplatz bewundern, dann kommen wir in den eigentlichen Neuköllner Schifffahrtskanal und fahren unter der Ringbahn hindurch. Über uns rollt ein Zug der S41 auf dem Weg vom Bahnhof Treptower Park zum Bahnhof Sonnenallee hinweg. Da jubele ich als alter West-Berliner innerlich, denn zu Mauerzeiten war der Ring auf diesem Abschnitt unterbrochen. Wir gelangen in meine Heimat im engeren Sinne, denn nach der Teupitzer Brücke (Nr. 1) kommt die Treptower Brücke (Nr. 2), und direkt neben der (nicht unter der!) habe ich von 1954 bis 1968 gewohnt. Ich kann durchs Fenster in mein ehemaliges Kinderzimmers gucken. Links haben wir nun das Weigand- und rechts das Kiehlufer. Dort hat es einmal eine Dachpappenfabrik gegeben, und auf deren Gelände habe ich den ersten Toten meines Lebens gesehen. Die Feuerwehrleute haben ihn nach einer Explosion aus dem ausgebrannten Gebäude getragen.

Es folgen der Elsensteg (Nr. 3) und die Wildenbruchbrücke (Nr. 4). Kurz hinter ihr macht der Kanal eine Biegung, und dahinter folgen der Weichselplatz und die Lohmühlenbrücke (Nr. 5). Rechts gibt es nun einen Kanal zur Spree, und schräg gegenüber hat es an der Kreuzberger Ratiborstraße einst das Studentenbad gegeben. Links liegt das Maybachufer mit seinem Sportplatz (siehe das Kapitel *Mein Neukölln*) und rechts das Paul-Lincke-Ufer, an dem eine mediterrane Atmosphäre herrscht. Die Brücke Nr. 6 ist die Thielenbrücke, die die Glogauerstraße (Kreuzberg) mit der Pannierstraße (Neukölln) verbindet. In einem an der Pannierstraße gelegenen Mietshaus ist im Jahre 1912 meine Mutter zu Welt gekommen. Es folgt die Hobrechtbrücke (Nr. 7), und da, wo die Hobrechtstraße spitz auf das Maybachufer stößt, ist die langjährige Gefährtin meines Lebens aufgewachsen.

Linker Hand haben wir nun den weltberühmten »Türkenmarkt«, dann kommt die Kottbusser Brücke (Nr. 8) und gleich rechts hinter ihr die Synagoge am Fraenkelufer. Schon sind wir an der Admiralbrücke (Nr. 9), im Sommer ein angesagter Szenetreff. Es folgt der Urbanhafen, und wir erblicken den Komplex des Klinikums Am Urban. Nach der Baerwaldbrücke (Nr. 10) und der Waterloobrücke (Nr. 11) sehen wir oben auf der Hochbahntrasse die gelben Züge der U1 dahingleiten. Es folgen nun die Fußgängerbrücke am Bahnhof Hallesches Tor (Nr. 12) und gleich dahinter die Mehringbrücke (Nr. 13).

Ich höre auf zu zählen, es wird zu viel des Guten. Bis wir

an der Charlottenburger Schlossbrücke den Dampfer verlassen, mögen wir an die dreißig Brücken passiert haben. Fast hätte ich vergessen zu erwähnen, dass wir hinter der Lohmühlenbrücke den Landwehrkanal befahren haben, der dadurch traurige Berühmtheit erlangt hat, dass Freikorpssoldaten im Januar 1919 die Leichen von Karl Liebknecht und Rosa Luxemburg hier ins Wasser geworfen haben.

Mit der Fähre von Wannsee nach Kladow

Wem die ersten vier Touren zu lang und zu teuer sind, der nehme die Fähre der Linie F10, die auch ein richtiger Dampfer ist, und lasse sich mit einem BVG-Ticket von der Anlegestelle am Bahnhof Wannsee in zwanzig Minuten nach Alt-Kladow übersetzen. Kla do, det zählt ooch schon als Dampfafahrt, du jehst damit als Berlina durch und kannst bei uns wohnn bleim.

Zoo und Tiergarten

Die ersten Bilder von mir, die ich im Familienalbum finden kann, stammen aus dem Jahr 1942. Da streichle ich gerade eine Ziege, die meine Tante Gerda füttert, und mein Onkel Gerhard, in Uniform und auf Fronturlaub, zeigt mir eines der Tiere vor dem orientalisch gehaltenen Antilopenhaus. Ob früher ich, später meine Kinder oder heute meine Enkeltochter – Kinder wollen immer zuerst zum Tierkinderzoo, wo man Futter aus Automaten ziehen kann.

Nach dem Krieg habe ich den Zoo oft mit meiner Schmöckwitzer Oma besucht, und schließlich habe ich ihn in ihrem Garten nachgebaut, wobei die Spielzeugtiere noch aus Blei waren und nicht aus Plastik. Wie das Dampferfahren gehört auch der Zoobesuch zu den Ritualen, die man vollziehen muss, um als ein Berliner zu gelten. Bei Ost-Berlinern darf es auch der Tierpark sein.

Der »richtige« Zoo ist für mich der am Bahnhof Zoologischer Garten, stilecht zu betreten durch das Löwentor am Hardenbergplatz (und nicht durch das Elefantentor am Olof-Palme-Platz). Er ist 33 Hektar groß und beherbergt 18 600 Tiere von rund 1400 verschiedenen Arten. Wer Lust hat, kann sich auch noch das angrenzende Aquarium anschauen. Von jeher wurden Besucher durch berühmte Tiere wie den Gorilla Bobby, das Flusspferd Knautschke, das als eines der wenigen Tiere den Krieg und die Luftangriffe überlebt hatte, den Pandabären Bao Bao oder neuerlich den Eisbären Knut angelockt. Im Jahre 2015 haben 3,3 Millionen Menschen den Zoo besucht.

Gegründet worden ist der Zoo 1841 auf Anregung des Zoologen Martin Hinrich Lichtenstein, an den eine Allee im angrenzenden Tiergarten erinnert. Insbesondere die Zoodirektoren Ludwig Heck, Katharina Heinroth und Heinz-Georg Klös sind den Berlinern im Gedächtnis geblieben. Aber auch an Bernhard Blaszkiewitz erinnert man sich aufgrund eines sehr bemerkenswerten Vorfalls gut: Da reicht er während einer Führung einem Schimpansen das Futter durch die Gitterstäbe – und der beißt ihm den Zeigefinger seiner rechten Hand fast zur Gänze ab.

Nun eine Preisfrage: Wo halten sich Kinder nach dem Tierkinderzoo am liebsten und am längsten auf? Im Affenhaus, im Flusspferdhaus, im Raubtierhaus mit dem im Keller gelegenen Nachttierhaus, bei den Seelöwen und den Pinguinen, bei den Zebras, bei den Elefanten, bei den Nashörnern oder im Vogelhaus?

Wer meint, die richtige Antwort zu kennen, der täuscht sich, denn Kinder wollen vor allem auf den Spielplatz inmitten der Anlage.

Nebenbei: Im Flusspferdhaus kann man sich trauen lassen. Das haben Verwandte tatsächlich getan, und wir waren als Gäste zugegen.

Zoo und Tiergarten stoßen am Landwehrkanal direkt aneinander, und ein neu angelegter Teil des Zoos reicht jenseits des Kanals ein Stück in den Großen Tiergarten hinein. (Einen Kleinen Tiergarten gibt es auch, aber der liegt in Moabit am U-Bahnhof Turmstraße). Der Große Tiergarten ist mit seinen 2,1 Quadratkilometern für das westliche Berlin in etwa das, was der Central Park für New York ist. Einige breite Straßen durchschneiden ihn, so etwa die Straße des 17. Juni, und alle treffen sich am Großen Stern im Kreisverkehr, in dessen Mitte die Siegessäule prangt.

Einst war er das Areal das Jagdrevier der brandenburgischen Kurfürsten, doch dann betraute Friedrich der Große den Architekten Georg Wenzeslaus von Knobelsdorff damit, es in einen Lustpark für die Bevölkerung umzuwandeln. Peter Joseph Lenné vollendete das Werk nach englischem Vorbild. Weite Rasenflächen wurden geschaffen, von kleinen Wasserläufen durchzogen und mit Baumgruppen geschmückt. Seen mit kleinen Inseln, so die Luisen- und die Rousseau-Insel, und etliche Brücken wie die Löwenbrücke kamen hinzu. Hugenotten durften hier Zelte aufstellen und den Spaziergängern Erfrischungen verkaufen, sodass der Straßenname In den Zelten aufkam. Und am 6. März 1848 fand hier die erste große Versammlung statt, die den Zündfunken für die Revolution gab.

Später wurde dann die Siegesallee mit den Statuen aller berühmten Brandenburger und Preußen seit Albrecht dem Bären errichtet, von den Berlinern auch gern Puppenallee genannt. Und weil diese Allee so lang war, pflegte man auch zu sagen, wenn jemand lange geschlafen hatte: »Der hat bis inne Puppen jeschlafn.«

Neu angelegt wurde auch der Königsplatz, heute Platz der Republik, auf dem Ernst Reuter am 9. September 1948 ausgerufen hat: *Ihr Völker der Welt, ihr Völker in Amerika, in England, in Frankreich, in Italien! Schaut auf diese Stadt und erkennt, dass ihr diese Stadt und dieses Volk nicht preisgeben dürft und nicht preisgeben könnt!*

Was ist noch erwähnenswert?

Dass es zu Theodor Fontanes Zeiten für die oberen Zehntausend der Bevölkerung selbstverständlich war, am Rande des Tiergartens eine Villa zu bewohnen oder als königlicher Offizier durch den Tiergarten zu reiten und im Winter die Angebetete auf einen Schlitten zu setzen und sie übers Eis zu schieben – nachzulesen in *Irrungen, Wirrungen* und *Effi Briest*, vor allem aber in *L'Adultera*.

Dass der Tiergarten nach 1945 fast vollständig abgeholzt wurde, weil man Brennmaterial benötigte und die freien Flächen zum Anbau von Kartoffeln und Gemüse genutzt wurden, und die so entstandenen etwa 2550 Parzellen alle fein säuberlich voneinander abgegrenzt wurden, mal mit rostigem Maschendraht, mal mit den Unterteilen von Bettgestellen.

Dass der Englische Garten 1952 im Beisein des britischen Außenministers Anthony Eden eingeweiht wurde und das »Teehaus« auf dem Fundament des ehemaligen Wohnhauses von Gustaf Gründgens errichtet worden sein soll.

Dass ich gern mit Sohn und Enkeltochter über die Seen und Kanäle des Tiergartens rudere.

Dass der Tiergarten von 1995 bis 2006 jeweils während der Loveparade zum größten Urinal der Welt geworden ist.

Dass sich die Massen jedes Jahr zu Silvester hier versammeln.

Dass im oder am Tiergarten das Haus der Kulturen der Welt, das Tipi, das Carillon mit seinem Glockenspiel, das Sowjetische Ehrenmal und das Regierungs- und Parlamentsviertel zu finden sind (siehe das Kapitel *Dampferfahrten*).

Die Orte meiner Täter und Stadtheiligen

Keine Angst, ich zähle in diesem Kapitel nicht alle Tatorte auf, die in meinen Berliner Kriminalromanen vorkommen und an denen meine Kommissare Hansjürgen Mannhardt und Hermann Kappe tätig werden, sondern ich möchte nur von den beiden Serienmördern Paul Ogorzow und Karl Großmann sowie von der Doppelmörderin Elisabeth Kusian berichten. Schließlich ist auf Bruno Lüdke einzugehen, dem die Nationalsozialisten über achtzig Morde zugeschrieben haben, der aber aller Wahrscheinlichkeit nach keinen einzigen davon begangen hat.

Im zweiten Teil dieses Kapitels soll nicht mehr von Mördern, sondern von Männern erzählt werden, die sich als Unternehmer und Künstler hervorgetan haben und die Berlin wie Heilige verehrt.

Ihnen allen widme ich mich in meinen sogenannten dokumentarischen Kriminalromanen. Diese sind weitgehend authentisch, nur wenn ich trotz intensiven Quellenstudiums nichts herausfinden konnte, habe ich meine Fantasie spielen lassen und mir spannende Szenen und Figuren hinzugedacht. Diese Vorgehensweise ist ähnlich der von Archäologen, wenn sie beispielsweise nur Bruchstücke einer Amphora finden und die fehlenden Teile beim Zusammensetzen durch Gips ersetzen.

Ich möchte chronologisch vorgehen und mit *Der Bestie vom Schlesischen Bahnhof* und Carl Großmann beginnen (1863–1922). Der hat drei Morde an Frauen gestanden, nach Meinung der Kriminalpolizei 23 weitere begangen, und in der Presse spekulierte man, dass er zudem 100 zwischen 1918 und 1921 verschwundene Menschen, deren Leichen im Engelbecken und im Luisenstädtischen Kanal gefunden wurden, auf dem Gewissen habe. Großmann wohnte in der Nähe des Schlesischen Bahnhofs (heute Ostbahnhof) in der Lange Straße 88/89, und sein »Jagdrevier« war der nahegelegene Andreasplatz. Nach seiner Gefangennahme hat er sich in seiner Zelle erhängt.

Der Roman *Wie ein Tier* handelt von dem S-Bahn-Mörder Paul Ogorzow (1912–1941). Von seinen acht weiblichen Opfern warf er fünf zwischen den Bahnhöfen Rummelsburg und Rahnsdorf aus der fahrenden S-Bahn, nachdem er sie mit einem Bleikabel erschlagen und sich an ihnen vergangen hatte. Die anderen Frauen tötete er in der Nähe seiner Wohnung Karlshorst, Dorotheastraße 24, und seiner Arbeitsstätte, dem Bahnbetriebswerk Rummelsburg. Hingerichtet wurde er schließlich mit dem Fallbeil in Plötzensee.

Bruno Lüdke (1908–1944) wird in meinem Doku-Krimi *Der Teufel von Köpenick* nicht als Serienmörder dargestellt, sondern als Opfer des NS-Regimes. Als am 29. Januar 1943 die 51-jährige Rentnerin Frieda Rösner im Köpenicker Stadtwald erdrosselt und vergewaltigt aufgefunden wurde, stieß man auf Lüdke und beschuldigte ihn der Tat, weil er als Mann mit »angeborenem Schwachsinn« bekannt und »zur Verhütung erbkranken Nachwuchses« bereits kastriert worden war. Zudem lag sein Wohnort in Köpenick, Ortsteil Wendenschloss, nicht weit vom Tatort entfernt. Der ermittelnde Kriminalkommissar Heinrich Franz begriff, dass dieser Fall seine große Chance war, Karriere zu machen, baute ein emotionales Abhängigkeitsverhältnis zum »doofen Bruno« auf, machte ihm falsche Versprechungen und brachte ihn schließlich dazu, 84 Morde zu gestehen, die in ganz verschiedenen Regionen Deutschlands begangen worden waren. Die NS-Justiz jubelte, man hatte einen Schuldigen gefunden, und Lüdke kam in Wien bei Menschenversuchen zu Tode. 1956 hatte der Film *Nachts, wenn der Teufel kam* mit Mario Adorf als Bruno Lüdke einen Riesenerfolg. Und 1994 konnte der niederländische Kriminalist Jan Blaauw nachweisen, dass Lüdke kein Serientäter war.

Elisabeth Kusian (1914–1958) ist die Hauptfigur meines Romans *Der kalte Engel.* Sie war Krankenschwester im Krankenhaus Moabit und ermordete 1949 einen Mann und eine Frau in ihrer Charlottenburger Wohnung, Kantstraße 54, aus Habgier. Anschließend zerstückelte sie sie. Da nach der Spaltung der Stadt die Kriminalpolizei in Ost und West nicht miteinander kooperieren durfte, verteilte Elisabeth Kusian die Leichenteile geschickt in verschiedenen Stadtteilen, besonders im Ostteil. Der Gerichtsmediziner Waldemar Weimann aus West-Berlin erkannte jedoch, dass zwei Körperteile, die in unterschiedlichen Teilen Berlins gefunden worden waren, zueinanderpassten.

Wenden wir uns nun den Personen zu, die für Berlin von positiver Bedeutung sind: August Borsig (*Der König vom Feuerland*), Berthold Kempinski (*Kempinski erobert Berlin*), Werner von Siemens (*Das Attentat auf die Berliner U-Bahn*) und Heinrich Zille (*Skandal um Zille*).

Der Name August Borsig wird gemeinhin mit dem sogenannten Feuerland in Verbindung gebracht, einem Industriegebiet nordöstlich des damals außerordentlich stattlichen Oranienburger Tores. Um 1847 glühten hier die Hochöfen von 33 metallverarbeitenden Betrieben, und die Schornsteine stießen riesige Rauchwolken aus. 1804 war hier die »Königlich Preußische Eisengießerei« in der Invalidenstraße errichtet worden, dann hatte Franz Anton Egells, bei dem August Borsig (1804–1854) das Handwerk erlernte, in der Chausseestraße eine Maschinenbauanstalt gegründet, und schließlich eröffnete Borsig 1937 seine eigene Fabrik in der Chausseestraße 1. (Wenig später siedelten sich hier noch die Pflug'sche Waggonfabrik sowie die Maschinenfabriken von Wöhlert und Schwartzkopff an.)

Berthold Kempinski (1843–1910) ist mit seiner Frau Helene 1872 nach Berlin gezogen, um in der Friedrichstraße 178 (Ecke Taubenstraße) eine Weinstube zu führen, in der bald auch Speisen angeboten wurden. Das Geschäft lief gut, und 1889 eröffnete er nicht weit entfernt, in der Leipziger Straße 25, in einem viergeschossigen Gebäude ein Restaurant mit mehreren Sälen. Hier konnten auch die unteren Bevölkerungsschichten gut speisen, denn es gab halbe Portionen zu halben Preisen. Einige Zeit später eröffnete Kempinski zudem im Berliner Westen ein Restaurant an der Ecke Kurfürstendamm / Fasanenstraße. Heute findet sich dort das Hotel Kempinski, an dessen Mauern eine Gedenktafel angebracht ist:

Hier stand seit 1928 ein Kempinski-Restaurant. Es war ein weltweit bekanntes Symbol Berliner Gastlichkeit. Weil die Besitzer Juden waren, wurde diese berühmte Gaststätte 1937 »arisiert« unter Zwang verkauft. Angehörige der Familie Kempinski wur-

den umgebracht, andere konnten fliehen. Das 1952 eröffnete Bristol Hotel Kempinski möchte, dass das Schicksal der Gründerfamilie nicht vergessen wird.

Hinzuweisen ist noch auf eine der größten Berliner Attraktionen der Weimarer Zeit, das 1929 am Potsdamer Bahnhof eröffnete »Haus Vaterland – Betrieb Kempinski«.

In der Nähe eines anderen Kopfbahnhofs, nämlich des Anhalter Bahnhofs, begann die Berliner Zeit von Werner von Siemens (1816–1892). Mit dem Mechaniker Georg Halske und seinem Bruder Johann Georg gründete er die »Telegraphen-Bauanstalt von Siemens & Halske«, die am 1. Oktober 1847 in der Schöneberger Straße 19 ihren Betrieb aufnahm. In das Gebäude, das heute an dieser Stelle steht, bin ich Ende 1956 zu einem ersten Vorstellungsgespräch eingeladen worden, um später bei Siemens eine Lehre als Indstriekaufmann zu absolvieren.

Heinrich Zille (1858–1929) kam im November 1867 mit Mutter und Schwester auf dem Anhalter Bahnhof an. Der Vater führte sie zu ihrer mehr als ärmlichen Wohnung in der Kleinen Andreasstraße 17. (Später kehrte Zille immer wieder in seinen alten Kiez zurück und aß dort gern Würste – bis er erfuhr, dass sie von Carl Großmann stammen könnten, der mit solchen Delikatessen handelte und sie aus dem Fleisch der ermordeten Frauen zubereitet haben soll.) 1874 zog Zille mit seinen Eltern nach Rummelsburg in die Fischerstraße 8, lernte dann in der Alten Jakobstraße, arbeitete am Spittelmarkt und in der Krausenstraße nahe dem Dönhoffplatz und zog schließlich nach Westend in die Sophie-Charlotten-Straße 88, Vorderhaus, vierter Stock. Das Haus steht heute noch, und eine Gedenktafel erinnert an Zille, das Restaurant mit seinem Namen an der Ecke Seelingstraße ist allerdings eine Art Sozialstation geworden.

Nu wolln wa mit een paar Zeilen aus det Zille-Lied schließn, det die Claire Waldoff einst jesungn hat und det sich der Walter Kollo ausjedacht hat, ooch eena von die alte Jarde:

Das war dein Milljöh,
Das war dein Milljöh.
Jede Kneipe und Destille
Kennt den guten Vater Zille.
Jedes Droschkenpferd
Hat von dir gehört.
Von N.O. bis J.W.D –
Das war dein Milljöh!

Standort Kudamm-Karree

Nachdem meine erste Frau und ich zweieinhalb Jahre in Bremen gelebt hatten, merkten wir, dass wir – so schön es in der Freien Hansestadt auch war – als geborene Berliner wohl an der Weser unser ganzes Leben lang »Reingeschmeckte«, also Fremde, bleiben würden. Es zog uns wieder nach Berlin zurück.

Zu dieser Zeit las ich in der Zeitung, dass man in Berlin gerade die Fachhochschule für Verwaltung und Rechtspflege Berlin (FHVR) gründen wollte, und da ich studierter Organisationssoziologe war und in Bremen seit 1970 in der Kommission für Verwaltungsreform gearbeitet hatte, bewarb ich mich um eine Stelle in der Entwicklungsgruppe. Ich hatte Glück, und zum 1. April 1973 wurde ich dann auch zum Professor an der FHVR ernannt (Fachbereich 1, Allgemeine Verwaltung).

Anfangs lagen unsere Büros in der Bayreuther Straße und die Hörsäle in der Potsdamer Straße, 1975 sind wir dann aber an den vornehmen Kurfürstendamm gezogen, genauer gesagt ins Kudamm-Karree nahe dem U-Bahnhof Uhlandstraße. Schon damals – und nicht erst heute mit dem Fughafen BER – waren Senat und Berliner Verwaltung zu Fehlplanungen fähig. Im Kudamm-Karree hatte man von 1969 bis 1974 nämlich auf einem 19 000 Quadratmeter großen Areal die später skandalumwitterte Architektin Sigrid Kressmann-Zschach ein 23-geschossiges Hochhaus errichten lassen, ohne sich um Mieter für die Räume von der siebten Etage an aufwärts zu kümmern. Die Lösung: Man brachte die FHVR dort unter, obwohl das Gebäude für wenige Büroinsassen und nicht für Massen von Studierenden konstruiert worden war. Die Folge: Morgens blieben die viel zu wenigen und überfüllten Fahrstühle nicht selten stecken. Oft bin ich die Treppen nach oben gelaufen, aber wenn ich im 14. Stockwerk ankam, hätte ich gern eine Dusche genommen und war den restlichen Tag erschöpft.

Als ich zum ersten Mal gehört hatte, dass mein Büro im 14. Stock liegen sollte und manche Vorlesungen in Hörsälen in der 17. Etage stattfanden, wollte ich sofort kündigen, so groß war meine Höhenangst. Aber ich hatte Frau und Kind zu ernähren, und es gab ja gute Beruhigungsmittel.

Langsam gewöhnte ich mich an die Höhe, zumal sich die Fenster nicht öffnen ließen. Ein Gutes hatte das Ganze auch: den herrlichen Weitblick Richtung Westen, also auf den Funkturm, das Zentrum des SFB (heute RBB) am Theodor-Heuss-Platz und die Radarstation auf dem Teufelsberg (siehe das Kapitel *Der Teufelsberg*). So saß ich oft am Schreibtisch und schaute sinnend in die Ferne, manchmal aber auch mit großem Erschrecken, denn damals flogen die in Berlin-Tegel ankommenden Maschinen bei bestimmten Windverhältnissen über dem Kudamm, und in Gedanken sah ich schon, wie sich ein Flugzeug ins Kudamm-Karree bohrte.

Der Vorteil des Standorts Kudamm-Karree lag darin, dass man mitten im Herzen West-Berlins angesiedelt war. Im Erdgeschoss des Gebäudekomplexes gab es eine Reihe von Restaurants und Geschäften, außerdem die Bühnen »Komödie« und »Theater am Kurfürstendamm«. Trat man auf den West-Berliner Prachtboulevard hinaus, fand sich dort alles, was der Großstädter begehrte – und so ist es auch heute noch.

An der Ecke Uhlandstraße steht das Maison de France, und geht man ein paar Schritte in Richtung Tauentzien und Gedächtniskirche, kommt man zur Fasanenstraße, in der auf der rechten Seite das Literaturhaus mit Café und Wintergarten und das Käthe-Kollwitz-Museum zu finden sind und links vor der S-Bahn-Trasse das Hotel Kempinski, das Jüdische Gemeindehaus und die Villa Ilse.

Wo sich Kurfürstendamm und Uhlandstraße kreuzen, geht nach schräg rechts oben auch die Grolmannstraße ab, in deren Haus Nummer 28 Kostas Papanastasiou, der Wirt Panaiotis Sarikakis aus der TV-Serie *Die Lindenstraße*, sein Restaurant »Terzo Mondo« betreibt.

Folgt man dem Kurfürstendamm Richtung Halensee, gelangt man zur Knesebeckstraße, in der seit Anfang der 1970er-Jahre eine Berliner Institution zu finden ist: die Marga Schoeller Bücherstube. Früher lag das Geschäft direkt am Kudamm, und Schriftsteller wie Erich Kästner, Elias Canetti und Bertolt Brecht gingen hier ein und aus.

Ein Stückchen weiter kommt man zur Bleibtreustraße, die von älteren Berlinern nur Bleistreustraße genannt wird, weil sich hier am 27. Juni 1970 eine aufsehenerregende Schießerei zwischen zwei Banden aus dem Rotlichtmilieu, einer deutschen, angeführt von Klaus Speer, und einer iranischen, ereignete. Es gab einen Toten und drei Verletzte.

Einmal, am Mittwoch, dem 1. Juli 1987, als ich die Pause zwischen zwei Lehrveranstaltungen nutzte, um zur Bank zu gehen, sah ich hier Stephen Roche, den späteren Sieger der

Tour de France, in seinem bunten Trikot über den Kudamm huschen. Denn anlässlich der 750-Jahr-Feier Berlins startete die 74. Tour de France in West-Berlin.

1994 fühlte ich mich dann auch als Verlierer der Wiedervereinigung: Die Fachhochschule zog nach Friedrichsfelde in ein ehemaliges Stasi-Gebäude, und mein Büro lag genau über dem einstigen Folterkeller.

Das Kudamm-Karree wechselt heute andauernd den Besitzer, und die Theater sollen geschlossen werden – ein einziges Chaos. Da bleibt einem nur mit den alten West-Berliner Insulanern zu singen: *Sehn Se, dit is Berlin!*

Zu Besuch in Kreuzberg SO 36

Die Kiezbezeichnung SO 36 leitet sich vom früheren Postzustellbezirk Berlin Südost 36 ab und umfasst das Gebiet zwischen der Spree, der Grenze nach Treptow, dem Landwehrkanal und dem inzwischen zugeschütteten Luisenstädtischen Kanal. Die Mitte dieses Karrees bildet in etwa das Viadukt der Hochbahn zwischen Schlesischem und Kottbusser Tor. Und genau hier sind die Berliner Wurzeln meiner Familie zu finden.

Als die hierherkam, lebten im SO 36 noch überwiegend Menschen, die der Mittel- und oberen Unterschicht der Gesellschaft angehörten, ab 1961 zogen aber vermehrt randständige Menschen, etwa Gastarbeiter, Erwerbslose, Studenten und Künstler, in den Kiez. Es entstand eine sehr kreative, aber auch explosive soziale Mischung. Die Alternativszene und die türkischen Migranten bestimmten die Atmosphäre. Erinnert sei nur an die von linken und linksradikalen Gruppen organisierten Straßenfeste und Demonstrationen am 1. Mai mit vielen Gewaltausbrüchen und an Aras Örens *Was will Niyazi in der Naunynstraße?*.

Mein Urgroßvater August Quade (siehe die Kapitel *In den Weiten der Terra Transoderana* und *In und um Schmöckwitz*) muss mit seiner Bertha kurz vor der Wende zum 20. Jahrhundert in den Wrangelkiez gezogen sein. Als Kunsttischler war er stets in aller Welt unterwegs, und immer, wenn er nach Hause kam, zeugte er ein Kind. Zehn waren es insgesamt, davon starben leider Gottes vier noch im Wochenbett. Überlebt haben im Hause Wrangelstraße 58, das zwischen Falkenstein- und Cuvrystraße zu finden ist, die drei Töchter Marie, Klara und Martha sowie die drei Söhne Reinhold, Berthold und Albert. Klara, Martha und Reinhold waren recht konservativ eingestellt, ihr Vater, Marie, Berthold und Albert dagegen waren Mitglieder der SPD, der USPD und der KPD. Sie schmerzte es, in einer Straße wohnen zu müssen, die nach jenem General benannt war, der die Revolution von 1848 niedergeschlagen hatte.

An sie alle habe ich 1953 gedacht, als ich mich auf dem Gelände der Wrangel-Kaserne aufhielt – zum Glück nicht als Rekrut, sondern als Fußballspieler. Der frühere Kasernenhof war zum Sportplatz umfunktioniert worden, und wir von der B-Jugend des 1. FC Neukölln spielten gegen Hansa 07. Da es ein fürchterlicher Schotterplatz war, habe ich blutende Schürfwunden an den Knien und an beiden Händen davongetragen.

Parallel zur Wrangel- verläuft die Muskauer Straße. Hier, dicht am Mariannenplatz, hat im Haus Nummer 24 ab etwa 1912 meine Schmöckwitzer Oma, Marie Schattan (1885 bis 1970), geborene Quade, mit ihrem Mann Oskar (1886–1937) gelebt, der Elektroinstallateurmeister und jüdischer Abstammung war. (Nach ihm habe ich auch meinen dritten Vornamen erhalten.) Und meine Mutter Hildegard (1910–2008) und ihre Schwester Gerda (1914–2009) sind hier aufgewachsen. Die Wohnung meiner Großeltern hat im ersten Stock gelegen, direkt über einer Bäckerei, sodass das Paar stets auf der Jagd nach Küchenschaben war.

Nebenbei, die Muskauer Straße ist nach Bad Muskau benannt, wo der Fürst Hermann Ludwig Heinrich von Pückler-Muskau (1785–1871), Schriftsteller und Weltreisender, seinen berühmten Park hat anlegen lassen. Und nicht zu vergessen ist, dass in dieser Straße Heiner Müller (1929–1995) in einer ehemaligen Fabriketage seine letzten Lebensjahre verbrachte.

Der Mariannenplatz verdankt seinen Namen dagegen der Prinzessin Marianne von Preußen (1785–1846), deren größter Verdienst darin bestand, eine enge Freundin der Königin Luise gewesen zu sein (siehe das Kapitel *Gransee und Zehdenick*). Zwei Bauwerke bestimmen das Erscheinungsbild des Platzes, der mehr ein kleiner Park ist: das Diakonissenhaus beziehungsweise Krankenhaus Bethanien (heute Künstlerhaus Bethanien) und die St.-Thomas-Kirche. 1848/49 hat Theodor Fontane in dem Krankenhaus als Apotheker gearbeitet, und 1960 hat meine Kohlenoma hier als Patientin gelegen. Meine Mutter dagegen hat im Chor der St.-Thomas-Kirche gesungen und hat ein Lyzeum besucht, das damals am Mariannenplatz lag. Zudem ist das Georg-von-Rauch-Haus zu erwähnen, benannt nach dem Anarchisten, der von einem Polizisten erschossen worden ist. Rio Reiser hat zeitweise am Mariannenplatz gewohnt und der autonomen Szene 1972 mit dem Lied *Keine Macht für Niemand* ein Denkmal gesetzt. Sichtbar auf dem Platz sind ein Kriegsdenkmal und der Feuerwehrbrunnen mit einer Skulpturengruppe von Kurt Mühlenhaupt.

Die Muskauer Straße kreuzt die Manteuffelstraße, die nach Otto Theodor Freiherr von Manteuffel (1805–1882) benannt worden ist, der in Preußen erst Innenminister, dann Ministerpräsident und Außenminister war. Hier lag im Haus Nummer 33 der Kohlenkeller meiner Oma Anna. Immer wenn mein Vater vor seinem strengen Stiefvater floh, schlüpfte er hier unter. Und ich habe an dieser Stelle bis hundert zählen gelernt, weil ich stets half, Briketts der Marke Troll in die Hucken der Kohlenträger zu stapeln, und dort meist an die hundert Stück hineinpassten. Als das Haus dann 1944 von einer Brandbombe getroffen wurde, brannte es wegen der im Keller gelagerten Kohlen aus.

Der jüngste Sohn meiner Oma, Helmut, ein Halbbruder meines Vaters, wohnte mit seiner zweiten Frau Irma und dem von ihr in die Ehe mitgebrachten kleinen Peter am anderen Ende der Muskauer Straße, also zwischen Wrangel- und Köpenicker Straße, in einem so heruntergekommenen Hinterhaus, dass wir, waren wir bei ihm zu Besuch, immer Bruce Lows Lied *Das alte Haus von Rocky Docky* sangen:

Dieses Haus ist alt und hässlich
Dieses Haus ist kahl und leer (...)
Dieses Haus ist halb verfallen
Und es knarrt und stöhnt und weint
Dieses Haus ist noch viel schlimmer als es scheint

Die Manteuffelstraße tangiert den Lausitzer Platz nicht direkt, dazwischen liegen noch ein paar Meter Waldemarstraße, aber der Platz ist zentral für den Kiez SO 36, nicht zuletzt wegen seines Ökomarkts und des Straßenfests zum 1. Mai, das sich nicht selten zu den Kreuzberger Mai-Krawallen entwickelte. Sein Schmuckstück ist die Emmaus-Kirche mit dem Sinnspruch *Herr bleibe bei uns, denn es will Abend werden* über dem Portal, den man deutlich lesen kann, fährt man auf der Hochbahn vorbei. Hier ist mein Vater konfirmiert worden, und die Pfarrer hießen Schubrig, Brasch und Böhlig. Die Jungen sagten deshalb früher: »Schubrigs Arsch is ölig.« Und gegenüber der Kirche hatte Onkel Richard, ein Schwager meiner Schmöckwitzer Oma, seinen Zeitungsladen.

Zu erwähnen ist auch die Naunynstraße, die ihren Namen dem Kommunalpolitiker Franz Christian Naunyn (1799–1860) verdankt und von der Manteuffelstraße bis zum Oranienplatz reicht. Kurz vor diesem weitet sie sich zu einem Viereck aus, das früher unter den Anwohnern Bullenwinkel genannt wurde. Hier ist mein Vater als Mann des demokratischen Reichsbanners Schwarz-Rot-Gold an Straßenschlachten mit den Nationalsozialisten beteiligt gewesen. Und im nahen Ballhaus Naunynstraße habe ich einmal mit der Berliner Ausländerbeauftragten Barbara John auf dem Podium gesessen und über irgendetwas diskutiert, das ich längst vergessen habe.

Die Skalitzer Straße, benannt nach dem Ort Skalitz in Böhmen, wo am 28. Juni 1866 die Preußen die Österreicher in einer kleinen Schlacht, mehr einem Gefecht, besiegt haben, beginnt am Schlesischen Tor und endet am Wassertorplatz. Sie ist breit genug, um in ihrer Mitte dem Viadukt der Hochbahn mit den Bahnhöfen Schlesisches Tor, Görlitzer Bahnhof, Kottbusser Tor und Prinzenstraße Platz zu bieten. Um 1900, als die Hochbahn errichtet werden sollte, wollten die Bewohner der gutbürgerlichen Viertel nicht, dass diese vor ihrer Haustür vorbeifuhr. Deshalb baute man sie schließlich dort, wo die Leute am wenigsten zu sagen hatten.

Zwischen der Wrangel- und der Zeughofstraße liegt ein Postamt, in dessen Telefonabteilung mein Vater einige Zeit in der Störungsstelle, eigentlich Entstörungsstelle, gearbeitet hat.

Schließlich zum Görlitzer Bahnhof, der ein Kind des Eisenbahnkönigs Bethel Henry Strousberg (1823–1884) war und zwischen 1865 und 1867 nach Plänen des Architekten August Orth im Stil der Neorenaissance erbaut worden war. Gern bin ich auf seinen Bahnsteigen abgefahren und angekommen. Außerdem habe ich mich mehrmals der Mutprobe unterzogen, durch den Fußgängertunnel zu gehen, der unter seinen Gleisanlagen zwischen der Liegnitzer und der Oppelner Straße verlief, wo mein Tante Claire nach dem Krieg wohnte.

Auf Betreiben des Berliner Bausenators Rolf Schwedler ist der Görlitzer Bahnhof dann bis 1967 abgebrochen worden. Eine Hochbahnstation trägt zwar immer noch seinen Namen, ist aber einige Hundert Meter von ihm entfernt und würde besser Wiener oder Oranienstraße heißen. Auf dem langgestreckten Areal hat man inzwischen den Görlitzer Park angelegt, der sich neben der Hasenheide zu einem zweiten Drogenumschlagplatz entwickelt hat.

Vor dem Görlitzer Bahnhof beziehungsweise Park liegt der Spreewaldplatz, der in meiner Jugend Wendeschleife der Straßenbahnlinie 26 war. Mit der bin ich immer gefahren, wenn ich von meiner Kohlenoma gekommen bin und nicht zu Fuß nach Hause gehen wollte.

Am Kottbusser Platz, dem »Kotti«, habe ich weder abgehangen noch gebettelt, sondern nur in der 1990er-Jahren mit der Gefährtin meines Lebens, die ein Stückchen weiter in der Adalbertstraße arbeitete, öfter zu Mittag gegessen.

Durch diese vielen Erinnerungen bin ich nun ganz verwirrt. An welcher Straßenecke stehe ich eigentlich? Mir ist, als hätte Carl Peter Fröhling mir zuliebe diese Zeilen geschrieben: *Der Vogel kehrt zurück, sucht sein altes Nest und findet es wieder. Der Mensch aber kehrt zurück, erblickt sein Vaterhaus und findet nicht mehr heim.*

Frohnau und der Friedhof an der Hainbuchenstraße

In Frohnau habe ich zwischen 1982 und 2002 viele schöne Stunden verlebt. Aber manchmal höre ich das H nicht mit und denke an die Aue der Fron, etwa an das ewige Rasenmähen, das stundenlange Sprengen bei großer Hitze und familiäre Katastrophen. Wenig froh stimmt mich auch der Gedanke, dass ich in nicht allzu langer Zeit auf dem Friedhof an der Hainbuchenstraße meine letzte Ruhe finden werde.

Frohnau hat seine Existenz dem Fürsten Guido Henckel von Donnersmarck (1830–1916) zu verdanken. Nach der Wende zum 20. Jahrhundert wuchs Berlin rasant, und die kaiserliche Metropole brauchte dringend Vororte, in denen sich die obere Mittelschicht im eigenen Häuschen niederlassen konnte. Da kaufte der Fürst 1907 der notleidenden Familie von Veltheim ein riesiges, links und rechts der Nordbahn gelegenes Waldgelände ab und beauftragte den Landschaftsarchitekten Ludwig Lesser, daraus unter der Regie der Berliner Terrain-Centrale die Gartenstadt Frohnau (Mark) zu machen. Ausgangs- wie Dreh- und Angelpunkt sollte das zuerst errichtete Bahnhofsgebäude der Berliner Vorortbahn werden. Deren Gleise wurden überbrückt, und zu beiden Seiten der Frohnauer Brücke wurden zwei Plätze angelegt, der Ludolfinger- und der Zeltinger Platz (so die heutigen Namen). Von denen ausgehend, wurden radiale Haupterschließungsstraßen durch den Wald geschlagen. Man teilte das Gelände in Parzellen und konnte die ersten Grundstücke an Bauwillige verkaufen, sodass 1910 als das Gründungsjahr Frohnaus bezeichnet werden kann. Bald aber kam der Erste Weltkrieg, und so geriet in Frohnau nur weniges richtig fürstlich, beispielsweise der Edelhofdamm. 1920 wurde Frohnau dann Teil Berlins.

Als Neuköllner Hinterhofkind wusste ich lange Zeit nicht, dass Frohnau überhaupt existierte. Erst als ein Wettkampf auf der Aschenbahn neben dem Frohnauer Poloplatz stattfand und Tante Lolo, eine Cousine meiner Mutter, und Onkel Kurt in die Benediktinerstraße zogen, erfuhr ich von dem Ortsteil. Zu Tante und Onkel waren wir äußerst selten eingeladen, waren wir ihnen doch zu »einfach«. Das änderte sich, als ich mich mit den Titeln Professor und Doktor schmücken durfte und wir eine Laube nebenan in Heiligensee pachteten (siehe Kapitel *Von Tegel bis Heiligensee*). Ab diesem Zeitpunkt habe ich die beiden öfter mit dem Rad besucht, meinen Sohn vorn im Körbchen am Lenker. Wir wohnten damals in der Nähe des Bundesplatzes, und meine erste Frau und ich wären nie auf die Idee gekommen, nach Frohnau zu ziehen. Erstens fehlte uns das nötige Kleingeld, und zweitens konnte ich mich nicht mit dem bourgeoisen Frohnau anfreunden. Bald aber starben zuerst Onkel Kurt und dann Tante Lolo, und meine Mutter erbte ganz überraschend ein Viertel des Hauses. Das schenkte sie uns, und plötzlich war das eigene Häuschen im Grünen, ein Traum eines jeden innerstädtischen Berliners, zum Greifen nahe. Irgendwie gelang uns die Finanzierung mithilfe von Bausparvertrag und Hypothek, die anderen drei erbenden Cousinen konnten wir auszahlen und im August 1982 in das Haus einziehen. Die Warnung von Tante Eva, die ursprünglich ebenfalls einen Teil des Hauses geerbt hatte, überhörte ich: »Da liegt kein Segen drauf.« Diese Warnung bezog sich darauf, dass Tante Lolo, die sehr schwergewichtig gewesen war, beim Sturz auf der steilen Treppe vom Ober- ins Untergeschoss auf ihre vor ihr hergehende und eher zierliche Mutter gefallen war, meine Tante Claire. Deren Beerdigung fand 14 Tage später statt – nachdem die Kriminalpolizei den Leichnam der alten Dame freigegeben hatte.

Wie auch immer, im renovierungsbedürftigen Haus konnte ich meine handwerklichen Fähigkeiten voll entwickeln, und wir machten uns daran, Frohnau zu erkunden.

Die Benediktinerstraße liegt im linken oberen Viertel des Ortsteils, beginnt fast am Bahnhof und kreuzt zwei der oben erwähnten radialen Haupterschließungsstraßen, nämlich die Alemannenstraße und den Sigismundkorso, aber auch die Straße Am Grünen Hof, in der Manfred Matuschewski lange Zeit gewohnt hat. An der Benediktinerstraße liegt außerdem die Evangelische Schule, und da sich deren siebenstellige Telefonnummer nur durch eine Ziffer von meiner unterschied, wurde ich oft von Eltern angerufen, die ihre Kinder bei mir anmelden wollten.

Obwohl unsere Freunde und Verwandten über den langen Weg nach Frohnau immer etwas murrten, waren stets welche von ihnen zu Gast. Fragten sie dann, wo wir gut essen könnten, empfahl ich das italienische Restaurant »Alla Fontana«, das heute »Pantalone« heißt.

Wahrzeichen von Frohnau ist der dreißig Meter hohe Casinoturm, der ursprünglich ein Wasserturm gewesen ist. Früher konnte man über eine Treppe den Umgang unter seiner Spitze erklimmen. Auf dem stand zu meiner Frohnauer Zeit (1982–2000) im Winter immer eine Bläserkapelle und ließ frohe Weihnachtsklänge über Brücke und Plätze erschallen.

Die evangelische Johanneskirche, die an eine mittelalterliche brandenburgische Wehrkirche erinnert, ist von den Brüdern Walter und Johannes Krüger entworfen und gebaut worden. Die sind vor allem als Architekten des Tannenberg-Denkmals berühmt geworden. Weihnachten ist die Kirche immer so gut besucht, dass man nur eine Chance auf einen Sitzplatz hat, wenn man mindestens eine Dreiviertelstunde vor dem Anorgeln an Ort und Stelle ist.

Wer sich mehr für fernöstliche Religion interessiert, der kann am Edelhofdamm das Buddhistische Haus besuchen. Und wer ein breites kulturelles Angebot schätzt, der eile ins Centre Bagatelle an der Zeltinger Straße 6, einem Überbleibsel der französischen Schutzmacht, in dem der Kulturverein mit mir meinen 75. Geburtstag gefeiert hat.

Auf dem Künstlerhof Frohnau im Wald am Hubertusweg dürfen sich Künstler aller Genres frei entfalten.

Gesprengt worden ist 2009 ein anderes Wahrzeichen Frohnaus, sozusagen sein Leuchtturm, nämlich der zwischen 1977 und 1979 errichtete, 358,58 Meter hohe Richtfunkmast. Mit seiner Hilfe konnte man von West-Berlin in die Bundesrepublik telefonieren, ohne dass die DDR einen abhören konnte.

Typisch für Frohnau sind auch die vielen Teiche und Pfuhle, 18 an der Zahl, die teils natürlichen Ursprungs sind, teils künstlich geschaffen wurden. Am bekanntesten ist der Hubertussee, der an die Bieselheide grenzt.

Wenn ältere Frohnauer von der »Franzosenchaussee« und dem »Entenschnabel« sprechen, schauen die jüngeren meist nur verständnislos. Der erste Begriff ist darauf zurückzuführen, dass Reinickendorf zum französischen Sektor gehörte und die höheren Offiziere in Frohnauer Villen wohnten, während das militärische Übungsgelände in Heiligensee lag. Wollte man nun von einem zum anderen Ort, musste man einen großen Umweg über Hermsdorf und Tegel machen. Um dies zu vermeiden, baute man mitten durch den Wald eine direkte Verbindung, die »Franzosenchaussee«, heute Rote Chaussee. Der heutige Name rührt nicht etwa daher, dass man sich der nahen DDR mit der Ortschaft Stolpe besonders verbunden fühlte, sondern daher, dass der erste Straßenbelag aus gewalztem rotem Ziegelsplitt bestand.

Auch der Begriff »Entenschnabel« entstand zur DDR-Zeit, denn ein Stück der DDR-Gemeinde Glienicke/Nordbahn, nämlich die Straße Am Sandkrug, ragte wie der Schnabel einer Ente nach West-Berlin hinein und unterbrach hier die B96 (Berliner Straße/Oranienburger Straße). Dies zwang wiederum die Frohnauer, die östlich der Nordbahn wohnten, zu erheblichen Umwegen.

Zu erwähnen ist noch der Kaiserliche Poloplatz, auf dem ich mir tatsächlich einmal ein Polospiel angeschaut habe. Außerdem sind noch einige Persönlichkeiten zu nennen, die mit Frohnau in Verbindung stehen:

– Paul Dahlke (1865–1928), Arzt und Begründer des Buddhistischen Hauses,

– Rainer Hunold (*1949), Schauspieler, lebt in Frohnau,

– Ingeborg Junge-Reyer (*1946), SPD-Politikerin, ehemalige Berliner Senatorin für Stadtentwicklung,

– Fritz Kuhn (*1955), Oberbürgermeister von Stuttgart, ehemaliger Bundestagsabgeordneter von Bündnis 90/Die Grünen, lebte in Frohnau,

– Oskar Loerke (1884–1941), Dichter und Schriftsteller, lebte und starb in Frohnau in seinem Wohnhaus in der Kreuzritterstraße 8,

– Reinhard Mey (*1942), Musiker, lebt seit vielen Jahren mit seiner Familie in Frohnau,

– Ursela Monn (*1950), Schauspielerin und Sängerin, ist in Frohnau geboren worden,

– Bettina Wegner (*1947), Liedermacherin, lebte in Frohnau.

Paul Dahlke und Oskar Loerke waren zu früh verstorben, als dass ich sie hätte treffen können, wenn ich mit dem Hund an der Leine oder auf dem Fahrrad durch Frohnau streifte. Aber ich bin auch nur drei der noch lebenden genannten Personen begegnet. Rainer Hunold hatten wir wegen seiner Hauptrolle in der Serie *Ein Fall für zwei* einmal zur Reinickendorfer Kriminacht eingeladen. Ingeborg Junge-Reyer kenne ich aus der SPD, zuletzt war sie unter den Anwesenden, als man mich in einer Reinickendorfer Gaststätte für mein Jubiläum »50 Jahre in der SPD« geehrt hat. Und ich habe sie einmal aufgesucht, als sie Sozialstadträtin in Kreuzberg war, und ich in ein Forschungsprojekt meiner Fachhochschule involviert war. Ab und an hat man sich auch morgens in der S-Bahn gesehen.

Reinhard Meys Mutter hat in derselben Straße gewohnt

wie ich und er selbst nur einen Steinwurf entfernt. Lange unterhalten haben wir uns allerdings nie, obwohl wir mit demselben Arzt befreundet waren, unsere Kinder zusammen die Renée-Sintenis-Grundschule besuchten und wir uns bei Spaziergängen oft begegneten.

Hätte ich nun doch einmal Oskar Loerke getroffen, hätte der gewiss zwei Verse aus seinem Gedicht *Blauer Abend in Berlin* zitiert: *Die Menschen sind wie grober bunter Sand / Im linden Spiel der großen Wellenhand.*

Abschließend möchte ich auf den Friedhof an der Hainbuchenstraße verweisen, auf dem bald einmal meine Urne neben denen meiner Eltern in den Boden versenkt werden wird. Entworfen hat ihn 1910/11 der bereits erwähnte Berliner Gartenarchitekt Ludwig Lesser, und der Architekt Carl Stahl-Urach hat ihn ein Jahr später mit einer Kapelle nach Art der alten Stabholzkirchen geschmückt.

Wie anders soll ich dieses letzte Kapitel nun beenden als mit dem Gedicht *Ausgang* von Theodor Fontane?

Immer enger, leise, leise,
Ziehen sich die Lebenskreise,
Schwindet hin, was prahlt und prunkt,
Schwindet Hoffen, Hassen, Lieben,
Und ist nichts in Sicht geblieben
Als der letzte dunkle Punkt.